人与经典文库

人与经典
史记

王令樾 著

花山文艺出版社
河北·石家庄

图书在版编目（CIP）数据

人与经典·史记 / 王令樾著. —石家庄:花山文艺出版社,
2022.3
（人与经典文库 / 张采鑫，崔正山主编）
ISBN 978-7-5511-5474-1
Ⅰ.①人… Ⅱ.①王… Ⅲ.①中国历史—古代史—纪
传体 ②《史记》—研究 Ⅳ.①K204.2
中国版本图书馆CIP数据核字(2021)第277799号

丛 书 名： 人与经典文库
主　　编： 张采鑫　崔正山
书　　名： 人与经典·史记
著　　者： 王令樾

策　　划： 张采鑫　崔正山
责任编辑： 张采鑫　李　鸥
特约编辑： 苏会领
责任校对： 李　鸥
装帧设计： 东合社-安宁
美术编辑： 胡彤亮
出版发行： 花山文艺出版社（邮政编码：050061）
（河北省石家庄市友谊北大街330号）
销售热线： 0311-88643221
传　　真： 0311-88643234
印　　刷： 北京天宇万达印刷有限公司
经　　销： 新华书店
开　　本： 880×1230　1/32
印　　张： 11.75
字　　数： 243千字
版　　次： 2022年3月第1版
2022年3月第1次印刷
书　　号： ISBN 978-7-5511-5474-1
定　　价： 76.00元

总序

一、今天我们为什么要读经典

意大利作家卡尔维诺（1923—1985）在《为什么读经典》这本书中，第一句话就说："经典就是你在重读的书，而不是你刚开始读的书。"这句话的意思是说，读经典不是只读一遍而已，而是要一读再读。卡尔维诺接着说："对于没有读过经典的人来讲，尤其重要，因为这是他重读的开始。"

那么我们该如何读经典呢？美国文艺评论家乔治·斯坦纳（1929—2020）在他的回忆录中的一段话很值得我们参考。他认为，我们在读经典的时候，应该注意三件事。第一，"我们要很清楚地知道经典在问我们：你读懂了吗？你知道我在说什么吗？你知道我想说什么吗？你知道我为什么要这么说吗？"换句话说，对于经典我们不只是读其表面意思，大概了解一下就行了，其实微言背后总是包含着大义，《中庸》说"人莫不饮食也，鲜能知味也"，就是这个意思。第二，他说："你既然知道经典在问你问题，你有没有运用你的想象力来回答？"意思是你要回答问题，就要发挥想象力与思考力，即《中庸》里所强调的“慎思之，明辨之”。第三，“你既然用你的想象力回答了问题，你自己在这个过程中有着怎样的收获？而这个收获将会使你产生哪些改变？”这就是孔子所强调的“闻义而徙”与“知之为知之”。读经典绝不能以望文生义的思维习惯去读字面的意思，读经典的目的是在启发你、接引你，发现自我，蒙以养正，最后让你有所改变，有所提升。

所以，我们读经典，应该深入其文本，思考文本的意涵到底在说什么，以及为什么要这样说，想象并体会作者在取材、书写时的思虑与用心，仿佛自己身临作者的境地，然后才能够代入自身体验，有所感动，进而化成行动——经典的阅读应以这样的态度来进行。

二、“人与经典”丛书的特色

“人与经典”丛书是一项人文出版计划。这项计划旨在介绍广义的中国经典作品，以期唤起新一代国民对中华文化的自信心，从而激发每个人生生不已的生命精神。取材的方向主要来自文学、历史、哲学方面，介绍的方法是对这些伟大作者的其人其事做深入浅出的概要介绍；以浅近的解析赏评为核心，并辅以语译或综述。“人与经典”强调以下三个特色：

其一，从人本主义出发，突出人文化成的功效，我们更强调“人”作为思考、践行，以及转化并提升生命、丰富生活的关键因素。

其二，我们不仅介绍经、史、子、集方面的经典，同时也试图将经典的范围扩大到近现代的重要作品。以此，我们强调重新诠释经典在为往圣继绝学，以及承先启后方面所产生的日新又新的时代意义。

其三，紧扣文本，正本清源解经典，不强调撰写者的个人感受，而特别体现出撰写者对经典的创新性解读与创造性转化的理念。

因此，今天我们重新解读经典与学习经典不应只是人云亦云。我们反而应该强调经典之所以能够流传长久，正因为其蕴藏的天人合一之常道及通古今之变的变道，每每成为后人温故而知新，以及经世致用的焦点，引起一代又一代人的思考与传承。只有怀抱这样对体用结合、形式与情境的自觉，我们才能体认经典所涵括的对传统的承继、人文精神的转换，以及政治理念、道德信条、审美意识的取舍等价值。

文学批评家萨义德（1935—2003）指出，经典的可贵不在于放诸四海而皆准的标杆价值，而在于经典入世的，以人为本、日新又新的巨大能量。

从《易经》《论语》《道德经》《诗经》《楚辞》到《左传》《史记》，从李白到曹雪芹，中国将近五千年的文化传统虽然只能点到为止，实已在显示古典历久弥新的道理。

人文是我们生活或生命中不可或缺的一部分。传统理想的文化人应该是文质彬彬，然后君子，若转换成今天的语境或许该说，人文经典能培养我们如何在现代社会里做个温柔敦厚、通情达理、知进退存亡而不失其正的真君子。

张采鑫　崔正山

2022 年 1 月 1 日

前言

一、为什么读史书

在正式进入《史记》之前，我们先谈谈为什么要读史书。也许你会觉得这是题外话，其实这是读《史记》之前应该有的一个认识，有此认识之后，你就不会在读《史记》的时候，只把它当作读古代的故事书。为什么呢？

《史记》中确实有很多精彩的故事，但读《史记》不是为了看故事、听故事，而是要借着历史中的古人古事，看到为人处世的道理，给自己的人生找方法、方针和方向。这样，《史记》才能够真正地经世致用。不管是读《史记》，还是读其他历史书籍，都需要对自己的现实人生有某种启迪或借鉴，这才是读史书的真正目的与意义。

谈到实用性，也许有人会说，当你读到史书中某一关键处时，就该问问自己："如果我是那个古人，处在那样的环境，我会怎么做？"这样的说法也没有错，换言之，也就是在强调实用，古书的实用。我或许会改变一个字，我会说："我'该'

怎么做？”

“会”和“该”，看起来只是一个字的区别，但是当我在问“我‘会’怎么做”的时候，我可以凭自己的理想、用我的想象，假设性地去想我会怎么怎么样做；可是当我问“我‘该’怎么做”的时候，也许是我已经知道我要怎么做了，我能够真实、真切地去做。或许用那个“要”字会更强烈一点儿：“我‘要’怎么做”，应该是借鉴古人古事，产生自我行为抉择的表现。

二、向古人学什么

因此，我们从所谓读古书要运用到自己的人生里，进一步谈谈读史书的实用性和读史书的目的。一般人所谓的以古鉴今是个笼统的说法，在此，我要更明确地说：读史书是为了学习与反省。学古人的长处，反省自己的短处；学古人的智慧，反省自己的不足。所以，我在读史书时，不会把重点放在批判古人上头。

大家读史书常有一个现象，就是直接简单地评断，断定这个人是好人、坏人、小人、奸雄等；或是这件事做得愚蠢、聪明……诸如此类，用简单的标签一贴论定，这样做其实没有太大意义。因为，凭个人的一种好恶或见解，轻易下结论，未必周延；而这样的结论就算正确，又有何意义？前人已逝，事不可追，仅抒发一己之见而已。

重点应摆在所谓“借古人反省自己”，反省是对自己最有用的一个部分。古人做错了，那个错已成为过去，成为历史，我却在古人的错误之中学会纠错，在古人的正确中悟得智慧。这部史书的人与事，对我而言就有了相当的作用，促使我在面对同样情况时，知道自己该怎么做。如此，增长自己的见识，增强自己为人处世的能力，很聪明地借助古人的所作所为，转换成一种客观的经验。应该说，这是读史书的最大意义。

三、六经皆史与六经之道

在帮助个人成长的实用功能之外，我们还要把眼光再放远些，以保证自己从史书中能有更完整的收获，那就是从中学习古代文化、制度、学术、发明等一切的文明发展历程。因为，这是后代文明的根源，也是每一时代的现实人生的反映。史书所记载的文明发展是一切学问的基础，故古人做学问必读史书，以见各代制度传承流变的利弊得失。

古人常说“六经皆史”，六经指《诗》《书》《礼》《乐》《易》《春秋》。此经籍内容是尧、舜、文、武、周公等圣王所奠定的制度、所阐述的意义道理。经孔子整理阐释，并发挥推衍其义而彰显中国学术的大道，后代由此建立六经大义，是中国学术的起源与根本。这六经虽阐述人生大义，但从其产生的根源，以及形式、功能来看，皆是当时的历史，故章学诚特别讲求经学促进文明发展的经世致用之功，不只是空言大道，流于微言大义的兴发，失去人事现象的考究。司马迁说《史记》的成书宗旨曰："究天人之际，通古今之变，成一家之言。"《史记》一书说的就是天人相合的道理，古今变化的现象。《史记》不只是人事传记，更重要的是借助人事现象，揭示宇宙人生的大道。因此，古人做学问不能不读"史"，"史"正是借人事寄寓大道理，使学问不致空虚，这是史书整体上的重要性。

文明发展是一个点线面的前后连贯，有所谓的根源，才有所谓的流变，在这古今发展的流变中，看到兴衰消长的现象。兴衰、起伏之间，内含大道，而这也正是我们后人获取智慧的一个来源，所以史书不能不读。

四、读史三部分

总体来说，读史书先要透彻地了解那个时代，那个时代中的那群人，那群人的所作所为。这三个部分——时代、人、事交互错综，让人看尽人间沧桑。借助古人的人生，让我们明白人生的道理。就算我们每个人的生命有限，可是我们可以借鉴古人的人生道理，来指引自己的人生方向，为自己的人生找到一面镜子，可以得到为人处世的法则。《史记·高祖功臣侯者年表》曰："居今之世，志古之道，所以自镜也，未必尽同。"所谓生活在自己的时代中，汲取古代人事的经验作为镜鉴，作为对照，当然不必然与古代完全相同。

因此，在此情况下，我们读史书，或者具体说到读《史记》，将把重点放在传递史事、分析原委、谈论其中的道理等几个方面。而后，不带有个人的好恶，还原出一个较为客观的历史，从中透视所谓的人生百态。读史书，看上去是向外观察，其实更重要的是向内省思。所以，在以下的讲述中，必然对人事有所分析论述，但不会是高谈阔论地大肆批评，或为了与前人论述不同而搜奇志怪，提出一些奇特意见去论断古人。较多时候是凭借圣贤之言，或史家见解为立论依据。

扫一扫，
进入课程

目录

扫一扫，
进入课程

导读

一、《史记》之《春秋》精神

鲁迅先生曾经赞美《史记》是："史家之绝唱，无韵之《离骚》。"说明《史记》不但在史学上有着很高的价值，在文学上也可以与屈原《离骚》中的那种情真义重的讽谏媲美。讽谏的"讽"是讽刺，"谏"是劝谏，也就是将劝谏的意思，寄托在文字之中委婉表达，不是正面的直述。《离骚》中有屈原对国君的忠心讽谏，《史记》里更承传了《春秋》的讽谏大义，这是他们的成就所在。

在史学上，《史记》建立了史书的体例（后面会谈到这个体例），同时使通史、传记的形式得以创建。最重要的是，全书中所发挥的微言大义的启示，也就是对历史中人与事的一种独到见解，是继承孔子的"《春秋》精神"。所以，司马迁的见解是后世官修历史所不能比拟的，这就是鲁迅先生称其为"史家之绝唱"的缘故。此外，司马迁面对古今人事，感同身受，有深刻的同理心，所以他的笔端是饱含着深情，热情去记录这所有人、事、物的，所以，《史记》读来分外感人，其缘故正在于此。

司马迁在记述中有情有义，是否就少了客观的态度呢？不，班固《汉书·司马迁传》称赞“其文直，其事核，不虚美，不隐恶，故谓之实录”，《史记》记述的历史是真实而可信的，是翔实而不虚的，所以称为“实录”，实录就是历史的真实性记录。当然，班固在《司马迁传》里也批评《史记》，说：“论大道则先黄老而后六经，序游侠而退处士……”不过，后世历史学家对这样的批评都已经做出解说，其中不当之处，我们在后面也会有所说明。

由以上的简单介绍，可以知道《史记》的可贵，同时也了解了读《史记》的必要。

二、《史记》导读

《史记》是史书中首重之作，大众多不陌生，谈的人也很多，但是，各人解读当然不会全然相同，甚而时有出入，故需要先说明我个人读《史记》的视角，也就是我是如何看待《史记》。这将涵盖《史记》作者及全书相关问题，它不仅是背景知识，更将有助于阅读《史记》内文时，作为理解判断的依据。

《史记》有一百三十篇，短时间内不可能讲完全书。因此，我们在这里阅读《史记》，只能有目的地选些篇章来讲，不过在讲篇章之前，基于前面已说的理由，故必须对作者司马迁以及《史记》这部作品，做一个综合性、整体性、深入性的重点说明。以下是重点说明。

三、关于《史记》作者的四个项目

第一个项目，有关他的史官家世，即他的祖先当史官的背景。谈中国史书不能不知中国的史官制度，这是中国史书之不同于西洋史书的根本所在，当然，这个史官制度下的职责，也就是司马迁之所以坚定写成《史记》的原因。此外，继承祖先的事业，完成父亲的遗愿，也是他写《史记》的一个原动力。

第二个项目，详细解说司马迁继承孔子《春秋》的褒贬大义，也就是所谓的《春秋》精神，这是司马迁治史的一个志向，也是《史记》一书的价值。

第三个项目，司马迁的学问背景，这个部分关乎他对人事的看待准则。他的学养背景影响着对人与事的判断。

第四个项目，必须说明他所经历的“李陵事件”，这个事件关系着司马迁的一生，由于这个事件，他遭受宫刑，从而赋予司马迁新的生命意义，新的生死观和荣辱观，他对于人事的光荣与耻辱，有了全新的价值判断。

以上这四个项目是对司马迁的最基本的认知。

四、关于《史记》成书的三个专案

第一个专案，《史记》成书经过。这是一个很基本的背景知识，所以我们只做简单的说明。

第二个专案，是《史记》的体例，体例也就是整本书的架构，而《史记》的体例出现之后，就成为后代所有史书的范例，“二十五史”的体例都不出其藩篱，只是做点儿小小更动，所以，这体例是必须要说的。详见后文。

第三个专案，必然要谈的是《史记》全书的宗旨，所谓“究天人之际，通古今之变，成一家之言”，这也就是《史记》全书的要点，读《史记》的人，对这一点不能不知道，不能不深究，讲《史记》的人更不可能忽略这个部分。这一宗旨看起来只不过是三句话，但似乎并无完全一致的解读，得到一个正确的解说就变得相当重要。

综合以上，提示《史记》全书的价值，读《史记》需注意的重点，以及说明司马迁如何写《史记》。

五、《史记》的重点内容

《史记》的内文是本书的主体部分，除了表和书，每篇都以人事为主线记载，但若因此而侧重于个人传记式的解读，显然有所不足，因为如此会忽略其微言大义。若侧重微言大义而将人事简单叙述，微言大义将无从寄托，唯有二者兼顾方能得其全貌。例如《五帝本纪》,《史记》是通史，以《五帝本纪》为中国历史的开端，从民族的根源说起，是极有意义的，这就是《五帝本纪》的深微要义。但为了论述要义，就需详述黄帝以来的所有建树与事迹。

至于各篇里的人、事、物等内容，从故事性来说，当然是活活泼泼、热热闹闹，每个人物都栩栩如生、如在眼前。从事情的过程上来说，则是充满人生的吉凶祸福、悲欢离合，而这一切不只是古代的、过去的故事，仔细探究你会发现，这是一代一代都在重演的人生现象。读《史记》之所以可以借古知今，正在于这所有情境的重演，情境的循环出现。更重要的是，司马迁对于人、事的历史分析、评判，提领我们深入了解所谓人、事之间的道理，而这个道理正是我们目前行为的准则。所以，读《史记》不是读古人的故事，而是能够运用在自己的人生里，能因为读《史记》而得到启发，而有所借鉴。

这就是我们讲评《史记》内文篇章的重点，希望大家能在深入浅出地读《史记》之余，引发深入的思考；在了解历史上发生的完整的事件之外，对道德精神的成长和进步有更大帮助。

扫一扫，
进入课程

第一章 伟大的开篇
——五帝本纪（上）

一、为什么从黄帝开始写起

现在，我们进入《史记》篇章的解读，首先谈《五帝本纪》。这是《史记》的第一篇，记载黄帝、颛顼（zhuān xū）、帝喾（kù）、尧、舜五位皇帝。前文曾简单说明过司马迁这部通史为什么要从黄帝开始，现在要说明的是他为何要写《五帝本纪》。

就一部通史的完整性而言，应该从一个民族的开端写起，或者从开天辟地说起，世界上各个历史悠久的民族的起源史都是“神话传说”，我们中国古籍《山海经》就有相关记述，也表达着历史的概念。这种原始历史是经过初民一代代口耳相传，而后才落实到文字，因此无法探寻其可靠性。中国可信的史书，最古老的是《尚书》，《尚书》因为尧、舜的记录都有凭据，所以从此开始记载，也称之为信史的开端。黄帝的资料不见得全都可信，有很多是传说，文字上也不那么典雅，读书的通达之士或者缙绅一类，对这些说法也不是很清楚，所以《尚书》不从黄帝开始。

那司马迁记录历史起源，为什么要从资料不可完全相信的黄帝开始？司马迁说自己对待历史文献资料的原则，是“信则传信，疑则传疑”，可信的资料当然要流传下去，对有疑问的资料也不完全抛弃不用，将存疑的资料保留下来，未尝不是解读历史有用的参考资料。例如《尚书·序》说：“伏羲、神农、黄帝之书，谓之《三坟》，言大道也；少昊、颛顼、高辛（喾）、唐（尧）、虞（舜）之书，谓之《五典》。”其中一些雅正、较可靠的部分，可以作为中国历史开端的资料。

司马迁参考《大戴礼记·五帝德》《孔子家语·帝系姓》，记述五帝的历史，还有《世本》记述帝王世系。司马迁取其可信、雅正的部分写了《五帝本纪》，并在《五帝本纪》的“太史公曰”里做了说明。但是他又为何不从更早的伏羲、神农说起？这是因为黄帝是最初建国的共主，开创政治组织、人事制度，建立国家管理的基本系统。尧、舜以降，根据此基本系统有所因革损益，轩辕黄帝这个开创的功绩，不容抹灭。

黄帝族跟炎帝族统一合并之后，后世子孙就叫作炎黄子孙，这是华夏民族的开头，对于写作《史记》这样的通史来说是非常有意义的。

二、黄帝与炎帝

根据《史记》记载，黄帝本姓“公孙”，名叫“轩辕”，因为在姬水边长大，所以又姓“姬”。相传黄帝出生在夏历的三月初三或二月初二，笼统地说距今有五千多年，实际上可能是六千五百余年。

黄帝轩辕氏与炎帝神农氏，同出于“少典氏”（也称“有熊氏”）这一族脉。这里说的炎帝神农氏，不是“三皇”里的神农氏，而是三皇那个神农氏的后代。炎、黄两个部落分别生活在姬水、姜水两河流域。这两条河流主要在现在的陕西省境内，姬水现在叫“漆水”或“漆水河”，姜水现在叫“清姜河”，都汇入渭河，是黄河上游的支流。换言之，炎、黄两部落都兴起于渭河的上中游的“关中平原”一带，是非常肥沃富庶的地区。

炎帝神农比较强势，经常欺负其他部落，于是那些部落就归顺黄帝轩辕。黄帝勤加管理，政治清明，安顿百姓，而且能顺应四时五行，教导百姓播种收获粮食，让百姓安居乐业。黄帝又整顿军队，率领士卒，与炎帝有阪泉之战，一共打了三次，最终将炎帝打败，统一了各部落。就此炎黄华夏民族所居的中原地区就成为文明程度最高的区域。

另有一个“九黎族”，也可以称为“九夷”，与炎黄华夏分属不同的民族。九黎的首领叫蚩（chī）尤，不听从黄帝的命令，常起来作乱，他骁勇善战，武器也比较先进。九黎族的发源地是山东曲阜，后来经过不断拓展，拥有的地盘越来越大，技术知识进步也很快，懂得农耕，会饲养家畜，手工艺很好，能制作很多新式的武器。随着人口和实力的增加，蚩尤就往西扩张，觊觎关中这块富庶的地方，最后终于往西进攻侵犯。黄帝征集四方各部落的军队，跟蚩尤在涿鹿之野激战了一场，史称“涿鹿之战”。涿鹿之野大约在现在的河北、山东、河南三省的交界处，主要在河北省境内。

三、中国历史上的首次大决战——涿鹿之战

《史记》对这场战争的经过没有详细说明，如同《周易》屯卦六二爻辞，《列子·黄帝篇》，叙述黄帝建国及涿鹿之战，都不如不尽可信的传说资料详细。《山海经》里有神话式记载，传说蚩尤用法术，让天地间充满大雾，困住黄帝。黄帝用指南车辨别方位，带着军队冲出浓雾。也有人说，双方都让巫师作法，黄帝让应龙先在水流上游筑坝蓄水，再放开水坝让大水倾泻而下，淹没对方军队。蚩尤请风神、水神和雨神相助，雷电交加，风雨大作，又把黄帝的军队给困住，于是黄帝请玄女阻止风雨，又率军队趁机快速进攻，打败了蚩尤。

且说黄帝打败蚩尤以后，真正统一了各个部落，成为一个民族的始祖，开创华夏文明。孔颖达《春秋左传正义》说：“中国有礼仪之大，故称夏；有服章之美，谓之华。”华夏这个称

号指的是文化高雅的礼仪之邦，文明兴盛、服制华美的中原民族。日后，华夏成为汉族或中国的代称，其外围的四方之地就叫作夷，东夷、南蛮、西戎、北狄统称为“四夷”，这就是黄帝的治国功绩。

四、黄帝的政绩

《史记》里说：黄帝小的时候就非常聪明、敏锐，很幼小就会说话，是个特殊的孩子。黄帝在治理国家的过程中，先农而后兵，首先重视的是百姓生活，教百姓耕种的技能，让他们懂得顺应自然节候来耕作，又教百姓织布，让他们能够有衣服穿。在安顿了百姓之后才进行征战的事，就是先安内而后攘外的作为，也是行仁政的表现。黄帝很懂军事，包括制作武器、规范训练、讲求兵法等，但他所进行的都是合乎正义的战争。黄帝设立官吏制度并加以监察，自己事事率先垂范、身先士卒。黄帝任命官吏，推算历数，建立历法，有助于百姓生活，也顺应天地的纲纪，明白死生的道理。黄帝仰观天文，俯察地理，并将其中的知识运用到人事上，放到生活里，并讲解给百姓听，让百姓逐渐开化。除了安定百姓之外，黄帝还顺乎自然，使鸟兽虫鱼、日月星辰等万物各安其所，减少了灾害；山水土石、金玉矿物等，善加利用，不去破坏；还有指南车、文字等发明。总之，黄帝德性的发挥，使华夏文明开始有了决定性的发展，其文治武功光耀日月，为后世奠定了很好的基础，黄帝的德泽可谓广布后代。

黄帝的“黄”指相应于“五行（金、木、水、火、土）”的“土德”，黄色似土地的颜色，古来称为正色；“帝”指轩辕氏的德性、恩泽可以相配于天地，故尊之为帝。东汉应劭《风俗通》说：黄帝开始戴冠冕，穿衣裳，造房屋，建立礼法制度，跟大地有同样的功绩，于是称“黄”。黄者光也、厚也，是中和之色；他是天下的共主，所以称之为帝。最后，归结其功绩如下：

第一，黄帝讨伐作乱的人，平定以后就立刻离去，并不去侵占人家的土地，尊重各个部落国的主权，奠定了华夏民族爱好和平的民族性。

第二，黄帝在治国理政方面，最重视安抚百姓，一切创造、建设都以百姓为主。这种以民为贵的做法，显然是施行仁政的开端和典范。之后的颛顼、帝喾、尧、舜诸帝都是继承这种仁政又将其发扬，而有顺天应人、仁慈爱民、节俭廉政、尊重礼法、尊德敬业、政治清明的绩效，以至于商汤、文、武、周公的圣王道统，最终由孔子进一步发扬光大。

第三，黄帝一切作为不违背自然规律，遵循“自然之道”的看法和做法，是对后世的重要启示。黄帝开启的中华文化，源远流长，造就中华这个古老文明的族系和国度，并使之屹立于世界几千年。始祖黄帝功绩不可抹灭，所以，司马迁以黄帝作为《史记》的开头，是有其道理的！

五、黄帝的继承人颛顼和帝喾

《五帝本纪》也记述了黄帝的后代颛顼帝、帝喾等。因为史料不全，甚至留传下来的资料互相冲突，有不合理之处，很难厘清、解释。例如称谓不同，辈分上的差异，年龄过长，都有争议。其实始民时代的一些生活方式，寿命的长短，都不能用现代人的思维方式去推断，只能保留《史记》记述，信其可信，存其可疑。

黄帝有二十五个儿子，得到姓氏的有十四个，其中黄帝的元妃嫘（léi）祖所生的两个儿子叫玄嚣、昌意。黄帝驾崩后，颛顼帝高阳氏登上帝位执政，高阳是昌意的儿子；颛顼帝传给玄嚣的孙子高辛，就是帝喾；帝喾传给儿子放勋，就是尧；尧禅让帝位给颛顼的六世孙重华，即舜；舜之后，帝位禅让给了颛顼的孙子禹（也有人说禹是颛顼的六世孙）。

颛顼帝个性很沉静、清明，有智谋，通达事理，依循着黄帝的制度，遵循天道，顺应四时，善用地利，对于天地鬼神也都用一定的法度去祭祀。这一切都是继承了黄帝的传统，符合以德泽去教化百姓、治理百姓的明君作为，是行仁政，因此四海之内社会安定而富足。

帝喾高辛氏天赋异禀，跟一般平凡人不一样，生下来就会说话，十五岁就辅佐颛顼。颛顼帝驾崩后，三十岁的高辛氏登上帝位。帝喾非常明智而有远见，治理上依然是承继黄帝以来的精神，顺天应人，仁慈爱民，严以律己，特别廉政俭朴，一心为了天下百姓，重视安顿和教化百姓，尊礼仪，敬鬼神，崇道德，是圣贤的作为，天下人莫不归心顺服。

扫一扫，
进入课程

第二章　伟大的开篇
——五帝本纪（下）

一、尧帝的功绩

尧十五岁时被封为侯，先封于陶，又迁徙到唐，号为“陶唐氏”，又称为“唐尧”；唐是现在的山西省临汾与襄汾地区。尧帝建都于平阳。按五行学说，尧以红色的火德为帝，所以也称“赤帝”。

帝喾驾崩之后，由挚代践帝位，挚的弟弟尧才十三岁，就能辅佐挚，但挚非常平庸，不具备处理政务的能力，尧则仁慈爱民，治理有方，德性品行也都为大家所称道，名闻天下，所以各个部落首领纷纷离开帝挚而归附尧。于是，帝挚在继位九年后，把帝位让给尧，这也可以视为禅让。历史上有所谓内、外禅之分，让位给同姓血亲称为“内禅”，让位给异姓而朝代更替称为“外禅”。

尧的仁德浩大如天地一般，智慧神妙如神一般。尧帝对任何人、任何事情都不敢骄傲、怠慢，一切顺应上天之道去行事。明廉清正地任用百官，以德泽教化百姓，懂得敦亲睦邻，让亲族之间能够和谐，更能让天下安定。且订定历法，精细算出春播、夏耕、秋收、冬藏，这样百姓即使在严寒的冬天，也能过个好日子。

尧问大臣："谁有才能可以治理天下？"有人推荐尧的儿子丹朱，尧说丹朱狡诈又喜欢跟人家争斗，不能用。有人推荐共工，尧说共工巧言善辩，用心邪僻，看起来好像很恭敬，其实是个邪恶的人，也不能用。尧找人治水，有人推荐鲧（gǔn），尧说鲧常违背命令，残害同类，不可以用。可是一时之间也没有人才可用，就暂且试用鲧，果然九年时间一无所成。可见尧有识人之明，擅长用人。

尧在位七十年的时候，想找一个贤德之人继位。人们也怕继位者的道德品性不足，不能像尧一样管理天下而玷辱帝位，所以就期待尧能继续称帝。尧要求人们推荐贤德之人，不管是帝族贵戚，还是平民百姓或隐居之人。当时就有四个人一起推荐舜。舜在二十岁的时候就以孝闻名。尧也听说过，就让他担任公职先试用。舜做事井井有条，接待宾客时，能让那些远道而来的宾客既高兴又和睦，也很敬重舜的为人，外交能力很强。舜有一次到山川林泽之地去办事，遇到了暴风雨，却能清晰地分辨方向而不迷路，证明其能应对复杂局面。尧看在眼里，认为这是上天要用舜，他能不迷路，也就是有"天命"的意思。

尧让舜代理政务二十年，尧很满意，就让舜继承天子位，自己告老还乡。舜自觉德性不足，心里很不安。尧驾崩的时候，百姓非常伤痛，像失去父母一般，全天下三年停止演奏音乐，以示哀悼、怀念。

以前有人推荐丹朱继承帝位，尧说："把天下传给舜，不给丹朱，是造福天下所有的人，难过的只有丹朱一个人而已。反过来，如果把天下给丹朱，全天下百姓可就都要难过了。"显然尧传位完全是为天下百姓来考虑，显现了"公天下"，而不是"私天下"的理念。尧试用舜，是让天下百姓考验舜的能力，看看他能否得到百姓及部落首领的认可，给了大家一个考验舜和选择首领的机会。

尧的三年之丧过了以后，舜把天子的位子还给了丹朱，自己避居到了南边。但是，各部落的人在朝见天子时，都不去见丹朱而去见舜。百姓间的诉讼，官吏遇到疑难问题，也还是去找舜解决。这明显地显示了人心向背，大家都肯定舜的德泽是可以居天子之位的，渐渐地舜才认为这也许就是天意，才从南边回来登上帝位。

二、舜是个大孝子

舜帝是颛顼帝的后代，不过在颛顼之后的历代祖先都没有做官，都是平民百姓。舜建立了虞国，建都在蒲阪，在今山西省永济市一带，所以又称"虞舜"。

舜的父亲叫瞽叟（gǔ sǒu），眼睛瞎了的一个老人。舜很小的时候母亲就去世了，瞽叟续弦，偏爱后妻和后妻生的儿子象。瞽叟受到后妻的蛊惑，只想带着象过生活，夫妻俩就想方设法谋害舜。象因为受到父母宠爱而骄纵、懒惰。舜很聪明，总是能警觉地躲开瞽叟他们的谋害，最难得的是，舜始终非常孝顺父亲和继母，友爱弟弟象。

舜勤奋工作，只为取得父母亲的一点儿欢心，每当被父亲责备，也总是扪心自问自己做错了什么，有时候也会忍不住跑到田间号啕大哭，反思自己为什么都没办法讨父母欢喜。于是对父母、弟弟就更加小心，希望得到他们的欢心。他的种种类似的行为在乡里人的眼里，格外受推崇。真称得上是“至孝感天”，孝到极致的时候，上天都会被感动。据说，舜长大后在历山耕田，跟山石草木、动物都能和谐相处，以致大象为他耕田，小鸟为他啄草，这就是感动了天地万物的意象呀！而大象耕田，飞禽鸟兽到田野间啄草觅食，也不是不可能的事情。

尧把自己的两个女儿都嫁给了舜，还送给他上好的细葛布衣服，一张好琴，帮他建了粮仓，还给了他一些牛羊。有一天，瞽叟叫舜去修理粮仓顶，瞽叟和象就在下面点火，要烧死舜。舜发现后，就借助两个斗笠保持平衡，平安地跳了下来。还有一次，瞽叟要舜凿水井，舜挖到一半的时候，因怕又受害，就偷偷地凿了个横向的通道，果然瞽叟和象从上面填土，想把舜埋在井底。舜赶紧从横道里逃走。象在填土之后，心想舜一定是死了，就到舜的屋里，想霸占舜的妻子、粮仓、牛羊，正当象高兴地弹着舜的那张琴的时候，却看见舜回来了。舜在频频被迫害的情况下，依然善待象，并更加孝顺父母，没有丝毫怨言，也不提他们谋害自己的事。舜的德行可谓孝悌双全。

除此之外，还有其他的事情也表现了舜的君子风范。历山那里的人都喜欢越界去占别人的田地，舜到那里耕种之后，就以身作则，礼让老人和弱小，把肥沃的土地先让给他们。舜的德行感动了人们，这个地方的人再也不争夺田地了。舜到雷泽捕鱼，看到年轻力壮的、有捕鱼技巧的这些人霸占好位置，舜就把自己水深鱼多的好地方让给老弱之人。短短一年时间，人们在捕鱼时已会互相礼让。舜到河滨制造陶器，用心想出很多制作方法，并耐心地教给这地方的人，从此以后，本来粗制滥造的陶器就变得非常精美。这些事情显然足以证明舜能够感化民心，改变当地风俗。因此，后来人们就说：只要舜居住的地方，一年就可以把那个地方变成一个村落，两年就可以变成一个城邑，三年就可以让那个地方繁荣富庶而成为一个大都市。可见百姓敬仰佩服舜，希望追随舜，是有其道理的。舜有治理天下的能力，具备仁、义、礼、智、勇的德行，是个极贤能的人，所谓舜合乎于天意，是拥有天命的人，诚然可信。

三、舜帝为政

舜在代理天子职位时，观察天象来验证自己行政措施是否失当。上古时候有天人感应、灾异符应的说法。风调雨顺就表示治理得很好，天旱水灾就表示为政不妥。舜始终保持与四方沟通管道的通畅，经常接见诸侯，关心各地状况，广泛调查采纳民意。又统一音律，设定度量衡，制订礼仪，巡视四方。更重要的是设立十二州，划分了行政区域，让主管的人职责清楚。打通十二州之间的河道，既让农业有更好的收成，又让各州之间彼此互利。舜对于官吏每三年考核一次，根据三次考核决定升迁或降级等。

舜亲近并任用贤能的人，例如高阳氏有八个好儿子，世称“八恺”；高辛氏有八个好儿子，世称“八元”。这十六个家族的后人，世世代代都继承其先辈的善行，弘扬优良的家风，让周围的人受益。尧帝时一直没能任用这些人才，舜帝用了这十六个家族的后代，用其所长，为国家做事。选贤用能是作为首领的一种极重要的能力，用对了人，治国理政才能有成就。

舜为了不受邪佞人的影响，疏远避开恶人，且对邪恶的人进行处罚。舜帝在道德教化之余，制定刑罚，既重视刑罚的公平，也重视刑罚的教育意义——允许宽恕有罪之人也允许其悔改，当然，对于十恶不赦的人，也用刑罚处理。舜帝曾放逐“四凶”，国中没有这些恶人作乱，四方皆宁。

舜帝使天下政通人和，连蛮夷之人都愿意服从他，足见其政治清明。百姓之间和睦，天下安定，百姓当然感戴舜帝。舜登位三十九年后，到南方巡视途中，于苍梧之野驾崩，葬于九嶷山。我们前面讲过，司马迁二十岁时壮游，曾登苍梧，到九嶷。舜帝的儿子商均，不够贤能；舜帝看到禹的治水能力和立下的功劳，以及治水之外的行政能力和个人品质，想把王位让给他，就像当年的尧一样，让禹代理天子职务，考验他的能力和品德。十七年以后，舜帝驾崩，三年之丧过去，禹也想把天子之位还给舜的儿子商均，但所有的诸侯也都来归顺禹，禹才接受天子之位。舜承袭尧为天下推荐贤能做天子的禅让做法，展示的正是公天下的胸怀。

黄帝创始制度，奠定伦常，开启知识教化，尧、舜将其继续发扬光大，在这样的基础上，才有后来的夏禹、商汤、文王、武王、周公这些圣贤之王的德泽普被。到周公制礼作乐，可谓是集大成的局面，然后圣人孔子整理六经，建立大道体系，完成中华道统。我们今天谈“复兴中华优秀传统文化”，最重要的就是发扬这个博大精深的道统。这个复兴，需要扎根在教育上，给学生们以伦理道德的教化，使其内心仁慈柔软，行为合乎于正义、道理，让他们懂得礼数，能与人和善相处，从修身，到齐家，从家庭的和乐到社会和谐，再到治国，平天下。把这个道统发扬光大，一定会有成效。

四、禅让之德

“太史公曰”是司马迁在《史记》中对于所写各篇内容做的一个归结或评论，有的是补充文章内没有提到的资料，比较多的是评论、论断，因此人们读《史记》都非常重视“太史公曰”的内容。

《史记·五帝本纪》的“太史公曰”存在四个意义，第一是作者上推开国的时间、人物，从黄帝开始，而这样做是有根据的，不是无稽之谈。第二是增加黄帝开端的部分，补充《尚书》之不足。第三是作者溯源到黄帝，循源探本，确立始祖，为炎黄子孙寻根。第四是取材的时候，选择原始资料中雅正的部分，这是其写作《史记》取材的原则。

接着谈“禅让”。最早记载尧、舜禅让的是《尚书》。尧、舜在位时，预先为百姓找贤能的人继位，而不传位给子孙，显示天下不是个人所私有，这就是“公天下”的理念，是以民为主的表现。为百姓福祉，行禅让德泽，是为公不为私。“禅”是指选择贤能者来治理，也指告天，经过上天的同意传位给这个继承人。“让”是礼让贤能者。所以，操作执行起来要非常谨慎，不是以自己的好恶偏私某个人，是需观察并仔细评断，如尧、舜一般。因此，正史里推崇尧、舜的禅让，认为是完善的政治制度。

禹晚年也曾推举贤人，也尝试用尧舜禅让的方式来试用和考察他们。禹先推举了皋陶（gāo yáo），可惜皋陶逝世了；禹又推荐伯益，但伯益的政绩还没得到称扬时，禹的儿子启就因为贤明能干和德泽众人，受到广大百姓的拥戴，于是，启就继承了帝位。后来，启把王位传给子孙后代，形成家天下的局面，开启了家天下的政治制度。后来的世代里也有所谓的禅让，但实质上是权臣篡权后，用禅让说法来美化其作为。1993 年，湖北省荆门市的郭店一号墓出土《唐虞之道》，其中记载了禅让和推崇禅让，认为“不禅而能化民者，自生民未之有也”，禅让是感化教导百姓、治理百姓、安顿百姓最好的做法。尧、舜禅让是十分可信的历史。

五、真的有禅让吗

《竹书纪年》里说，舜把尧放逐、囚禁起来，先立丹朱为帝，又从丹朱手里抢夺帝位。西晋初年，有人在汲郡盗战国魏襄王的坟墓，发现了大批竹简，盗墓者用竹简当火把而烧毁了一些，其他的被官府接收，用十余辆车运了回去。因为这批竹简出土于汲郡的古墓，所以《竹书纪年》又称《汲冢书》，包括很多部书和一些资料。《竹书纪年》被认为是中国古代唯一未经秦朝焚毁的编年通史，内容叙述夏朝至战国的历史。但《竹书纪年》的很多内容与正史不合，而且非常怪异，所以不受人重视，宋朝时逐渐散失，故很难用它去驳斥正史的内容。也有人依据《荀子·正论》《韩非子·说疑第四十四》反驳尧舜禅让这件事。现在看来，多数是由于文意解读错误造成。

六、夏朝开启私天下

禹的父亲鲧治水九年没有成效，且行为不端，后被舜帝所杀。舜让禹负责治水。禹认为舜帝杀鲧是公正的惩罚，因为洪水泛滥经年，天下苍生死伤无数，所以他接受了舜交给他的任务，并心无旁骛地去完成。舜帝对禹非常信赖。舜的孝和禹的忠，都是贤能的表现。禹治水三过家门而不入，一心想着治水；

禹生活非常节俭，但为百姓兴修农田水利很大方，也非常重视祭祀典礼上祭品的丰厚洁净。舜帝考察禹的功绩、能力、品德，都很满意。禹做帝王以后，创立新的赋税制度，治理九州有很多政绩。

夏朝开启家天下之后，很多帝王因放纵淫乐而衰败，造成商汤讨伐夏桀，最终夏朝亡国。所谓“家天下”，是指帝王把天下当成自家私有，因此就不再兢兢业业地为天下百姓服务，很容易专权独断用以满足私心私欲。必须碰到英明贤能的国君，虽天下当成自家私有，仍以百姓福祉为主要，方能把天下治理得好。

扫一扫，
进入课程

第三章　大丈夫当如是乎
——高祖本纪（一）

一、司马迁怎么称呼汉高祖刘邦

接着谈《高祖本纪》。这一篇讲的是刘邦一生，同时兼及项羽及与汉朝相关的其他臣子的事件，不如此不能全面反映到高祖的整体面相。

对司马迁而言，秦以后的历史资料十分丰富，所以写得格外详尽，以致笔下所有故事就显得活泼生动，栩栩如生。另外，他写历史人物极其传神，尤其是写刘邦、项羽。日本的有井范平认为，《项羽本纪》写来是奔腾澎湃，而《高祖本纪》写来是汪洋广阔。这番话说得极好，实际上可以这样看，《项羽本纪》是写一个英雄，而《高祖本纪》是写一个皇帝，两人显然不同，除了这种身份不同，更在于他们的为人处世、性情等各方面也有着极大差异。写项羽，写他的英雄气概，也写他的末路凄凉；写高祖，写他的长者之风，更写他的作为、气度、胸襟。所以，司马迁笔下的人物是极为立体的，在形貌事件之外，能够看到人物的风采，这是《史记》独有的韵味和气象。

《项羽本纪》《高祖本纪》所叙事件有重叠，最典型的是楚汉相争。司马迁在写法上详略运用得当，同一事件予以不同的处理，有的在《项羽本纪》里详细说明，而在《高祖本纪》里轻轻带过，有的则相反，这样读起来就无重复的感觉。我们读了这两篇，再综合辨识，也许可以更客观、更全面地分析评价这两个人物，得到一个比较全面的认识。因此，我们讲《高祖本纪》时，会参酌《项羽本纪》的内容，一并来看。

《高祖本纪》对刘邦，一开头称高祖，中间称沛公、汉王，最后称高祖，显然是依高祖当时的身份的变化而变化。在刘邦未发迹的时候，因为是汉朝开国皇帝，故尊称高祖。记录传说时，曾两度称刘季，后来有史学家为此批评司马迁失当，臣子不应该直接称国君名字。为了方便，我们且按刘邦生平当时的头衔来称呼他。

二、出身的传说

汉高祖姓刘，名邦，字季。汉高祖的父亲是刘太公，母亲是刘媪（ǎo），“媪”是老妇人的意思。《史记》记载说，刘媪曾经在一个大泽之陂休息，大泽之陂也就是河堤，梦见与天神相遇而交合，这时突然天空雷雨大作，刘太公去找刘媪，看见有条蛟龙在刘媪身上，后来生下的男孩就是刘邦。这段叙述也可以视为传言。

高祖鼻梁高挺，颜面带龙相，是个美髯公，左大腿上还有七十二颗黑痣，非凡人之相。再说刘邦的性情，仁厚爱人，喜欢施舍，为人豁达，胸襟开阔，宽宏大量。史学家董份说，《高祖本纪》原文中的“意豁如也”（豁达、开阔、开朗）是对刘邦最好的描摹，形容得非常妥帖。

另外，《高祖本纪》多次出现“长者之风”这四个字，长者有两种意思，一种指年纪大的人；另一种指有道德风范、受人敬仰的人，因为刘邦“意豁如也”，所以有长者风范。《史记》中还说刘邦不肯从事一般人的工作生产，壮年以后，试着做官吏，后来做了泗水亭长。秦朝、汉朝都设立十里一亭，十亭一乡，每亭设有亭长，掌管追捕盗贼，属于基层小官吏。刘邦做亭长时，常与办公室里的小吏们戏弄耍笑，可见刘邦不是个很严谨的人。

而且，刘邦喜好酒色，常常在两个小酒馆赊酒喝。有时喝醉了，就醉倒在地上不起来。两个酒馆的老板都见过醉酒后的刘邦身上有龙出现！而且，每逢刘邦来喝酒的时候，就会有很多人来买酒，酒馆生意因此加倍兴隆。这些情况让酒馆老板觉得讶异，认为刘邦不是凡夫俗子，到年底结账时，干脆就把欠账免掉，不用他还钱。

三、刘邦与项羽的志向

刘邦不事生产，又喜欢喝酒，还赊账……诸如此类，可大家都认为他是个仁厚爱人、豁达大度的人，可见的确是有他的长处。而项羽给人的感觉则是年轻气盛，贵族之后的贵公子，不好学、学什么都不专心，而且，世事经验不足，没有遭逢过挫折、屈辱。所以，两相比较，刘邦显然有更多的世事历练，这恐怕是两个人的根本区别。

一般帝王出巡的时候，为了安全，是不会让老百姓围观的。但是，有一次，刘邦到咸阳去，竟然看到始皇出巡的阵仗！刘邦看到那种威严和态势，感叹道："嗟乎，大丈夫当如此也！"这话是什么意思？王鸣盛说，刘邦这话表现出来的是"津津不胜其歆羡矣"，刘邦非常羡慕秦始皇。换言之，也可以这样解读，刘邦认为一个男人来到这个世上，应该要有远大的志向、很高的理想，闯荡出一番大事业来，而最高的事业，莫若做皇帝了，所以，对于帝王的那种气势非常羡慕。项羽也见到过秦始皇出巡，他说的却是："彼可取而代也！"意思是要取代秦始皇，自己做皇帝。王鸣盛评论说，项羽的言语听起来，"悍而戾"，凶悍而暴戾。也就是说，项羽的话显然是武勇之人的说法，是在马上争夺天下的武将的意志和想法。表面上看，两人的话很相似，但从格局、气象上来看差异极大。

四、刘邦与吕雉结婚

吕公跟沛县（秦时置沛县，属泗水郡。西汉拆分秦泗水郡，建沛郡，统辖沛县）的县令一直是好朋友，吕公是因为躲避仇人才搬到沛县的。地方上的一些豪杰乡绅听说县令有贵客来此，就登门来道贺。当时萧何做“主吏”，负责替县令收来宾的赠礼。萧何定了规矩说：凡是礼金不满一千钱的，就请坐在堂下。刘邦写了一张贺钱一万的礼单，但是实际去的时候一分钱也没带。当刘邦进沛县县令家中拜见吕公时，吕公非常惊讶，亲自到门口迎接刘邦。吕公一向擅长看面相，看到刘邦的样貌，知其非寻常之人，就对刘邦特别敬重，迎入上座。萧何对吕公说：刘邦这个人喜欢说大话，而真正做成的事情很少。在沛县县令家中，刘邦对在场那些人非常轻视，毫不谦让客气地坐上座，泰然自若。吕公看出刘邦有异相，于是在酒宴过程中，用眼神示意刘邦，散席后留下来单独说话。

来宾散了后，吕公就对刘邦说：“臣（古人对谈时的自谦之辞）从年轻时候就给人相面，看的人可多了，但是没有一个人的面相像你这样贵重。希望你好好珍重自己。臣有一个亲生女儿（吕雉），愿意嫁给你做妻子。”吕公的妻子吕媪，对吕公这个决定非常生气，她说：“你平常总是让你的女儿跟其他女子不一样，非常珍爱女儿，要把她嫁给贵人。沛县县令和你那么好，他家也愿意求娶我们女儿，你都没答应，为什么现在却要让她嫁给这个刘邦呢？”吕公就说：“这不是你们女人所能了解的事。”吕公最终坚持把女儿嫁给刘邦，就是后来的吕后。她嫁给刘邦之后，生下一儿一女，也就是后来的孝惠帝和鲁元公主。

刘邦做亭长的时候，常请假回家，到自家的地里看看。有一次，吕雉带着两个孩子在田里锄草，有个老人路过，想要口水喝，吕雉不仅给了老人水还给了他一些吃的。老人就给吕雉相面，然后说：夫人相貌是天下的贵人。吕雉赶紧请老人给两个孩子也看看。老人看了看那个男孩说：你之所以能够大富贵，就因为这个男孩。老人看完女孩说：未来也是富贵人。老人走后不久，刘邦恰好来了，吕雉把老人看相的事告诉他，刘邦就追上去问刚才看相的事，老人说：你夫人和孩子相貌上的高贵之气都像你，你的相貌更是贵不可言，无人可及。刘邦听了对老人说：“如一切真如您所言，我日后一定不忘此恩德。”后来刘邦真成为天子后，要找寻这老人，老人已经不知去向。这段传言，可信可疑，但是很多资料都有记载，而司马迁之所以要把这样的传言都记录下来是有道理的，这个问题后面再说。

五、刘邦的传奇故事

刘邦在泗水亭长任上时，有一次押送一帮苦役犯到骊山。中途很多苦役犯都逃走了。刘邦意识到真到了骊山时恐怕这些人就逃光了，交不了差。于是干脆停下来和他们一起喝了顿酒，到了晚上，就替这些苦役犯解开枷锁，说："你们都走吧，我也从此远走高飞了。"这样的一个决定，是他脱离小官吏生活的开端，为未来打开了一个新的局面，应了"大丈夫当如此也"的宏愿。

再说那些苦役，多数人都高兴地跑了，但还有十余精壮少年愿意跟随刘邦。刘邦和这些年轻人借着酒劲儿一起往前走，夜间，走的又是山间小路，就让一个士卒在前面开路。走了一阵，开路的人报告说，前面有条大蛇挡路，咱们还是掉头回去吧。刘邦酒醉，一听就说：壮士只有向前行，有什么可怕的。于是快步直前，拔剑把蛇斩成两段就走了过去。走了几里之后，刘邦醉到无法行走，只能躺下来休息。走在后面的人经过刘邦斩蛇的地方，看见一个老妇人坐在那里哭泣，问她为什么哭，老妇人说：有人杀了我的儿子。问她儿子何以被杀，老妇人说：我儿是白帝子，如今被赤帝子杀了。这些人听了这番奇奇怪怪的话，以为她不诚实，想进一步质问，可这老妇一下就不见了。这些人见到酒醒后的刘邦，把遇到老妇人的事以及老妇人所说的话告诉了刘邦。刘邦心里暗自欢喜，越发自信，而那些追随他的人，也因此一天比一天敬畏他。刘邦高兴是因为所谓白帝、赤帝，皆是天帝，从五行来说，白帝是金，属于西方，赤帝是火，属于南方，秦朝自认为是白帝之后，供祀白帝，如今赤帝之子斩白帝之子，意味着刘邦将夺取秦朝的天下。这也是一段很奇特的传说。

秦始皇的时候，人们相传"东南有天子气"，所以，他决定出游巡狩东方，想要以他的帝王威严来镇服东南的天子气，不让别人起来夺秦朝的天下。刘邦就开始疑惑自己会不会就是有天子之气的那个人，如果是的话，岂不就惹祸上身了吗？于是，刘邦就藏匿在邙山和砀山之间的岩洞里。别人找刘邦总找不着，但吕雉一直都能找着，刘邦觉得奇怪，问其缘由，吕雉说：你藏身的地方，上方常有一种云气，所以就能找到你。刘邦一听心中就更高兴，这“云气”莫非就是那天子之气？沛县的一些人听说后，有更多的人来追随刘邦。

司马迁在《高祖本纪》的开头就用了六段之多的奇异传说，是因为刘邦以布衣之身取得天下，没有辉煌的家世，也没有任何可凭借的势力，这样一个人怎么能灭秦而拥有天下呢？这是件不可思议的事情，如果一定要解释的话，莫非这就是天意或天命？是上天要让他做皇帝。因为这个缘故，所以司马迁写这些奇异故事，说明这不是用当时的常理可以推论的。

扫一扫，
进入课程

第四章　大丈夫当如是乎
——高祖本纪（二）

一、刘邦在沛县起义

现在，我们正式回到高祖闯天下的过程。

秦二世元年的秋季，陈胜、吴广起义，经过一个时期的征战后，他们的军队到了陈这个地方，陈胜称王，就是“陈王”。他们的口号是“张楚”，就是呼吁复兴和扩大楚国，因为楚国在秦所灭亡的六国中最为无辜，所以陈胜、吴广以此作为揭竿起义的理由来号召大众。当年，楚怀王受到秦国邀请访问，周边臣子都说千万不能去，那个秦王如虎狼一般，是要把你骗去杀了。可是楚怀王听了佞臣的话，去了秦国，果然没能回来，楚国最后也被秦灭亡。楚国百姓都非常痛恨秦王。反秦起义爆发后，楚国百姓的意志最为坚定，楚地的起义力量成为亡秦的主力。

陈胜自称陈王后，一时之间，其他各郡各县有很多人起来，杀了秦朝所任命郡县的官吏，响应陈王的号召，起义军的影响越来越大。沛县县令害怕被当地的反军杀害，就想去投靠陈王。他手下的萧何、曹参就说：你是秦朝的官员，若起来造反，投靠陈王，恐怕沛县的人不会服从你；不如召集从外面逃亡到此地的人，形成一股势力，去威胁沛县的子弟，让他们听从你的命令，一起投靠陈王。县令就命令下属樊哙（kuài）去找正在逃亡的刘邦，刘邦答应了，这时刘邦手下已有上百人，没想到后来沛县的县令又反悔了，害怕刘邦真的率众进城，局面失控，就命令紧闭城门，不让刘邦进城，还要杀了给他出主意的萧何、曹参。萧何、曹参在这种情况下，偷偷地逃出去归顺了刘邦。

刘邦给沛县全体父老写了一封信，把这封信用箭射进城墙内。这封信说得简单明白：对于秦朝的严刑峻法，天下之人都感到非常痛苦，如果你们还为秦朝县令守城，等到各个诸侯国统统起来反秦时，沛县一定会被攻陷，所有父老乡亲都可能被起义军杀害，你们何必死守县城呢？不如自己选个首领响应各地的起义，以保全性命。而且，为秦朝县令而死，毫无意义。沛县父老觉得刘邦讲得很有道理，就率领子弟共同杀了县令，打开城门迎接刘邦，并拥戴刘邦担任首领。刘邦并没有欣然受命，而是说："现在天下正纷扰，如果我不能妥善安排你们，一旦县城被攻破，就对不起各位，我不怕牺牲自己，怕的是不能保全你们所有人，所以，还是慎重地选择一个可以担当大任的人吧！"

而当时他身边的萧何、曹参等人都是文职官吏，胆子也不大，又害怕起义失败，甚至家族都会被灭，所以共同拥护刘邦带领。沛县的父老说：我们平时常听到刘邦的一些特异的事，也听说他有天子的贵气。经过占卜，也是刘邦带头最适合。刘邦再三推让，最终大家坚持立刘邦为首领，称其为“沛公”。沛公非常慎重，特地举行了祭祀黄帝、蚩尤等先圣的仪式；因为传说其为赤帝之子，军旗定为赤色。从一再谦让，能看出刘邦以退为进，善于权谋；从重仪式，可知刘邦做事情讲求稳妥。

二、项羽在会稽起义

再看项羽最早起事的经过。刚起事时，项羽二十四岁，跟着叔父项梁，由项梁主持大局。此时会稽郡郡守殷通也起义，他手下有两员大将，项梁、桓（huán）楚。秦朝设置会稽郡，郡治在吴县，即现在的苏州。统辖的是春秋时长江以南的吴国、越国的旧地。西汉末年，会稽郡辖境大致相当于今江苏南部、上海西部、浙江大部以及福建地区，是当时地域最广的一郡。

话说项梁见会稽郡郡守殷通时，桓楚正逃亡在外，不知人在何处，项梁就说项羽知道，叫项羽去找他。然后，项梁走出营帐，先和项羽交代了一下，又回到营帐里跟殷通说：项羽现在就在外面，可以召他进来，命他去做事。殷通召项羽进帐后，项梁使了个眼色，项羽立马挥剑斩了殷通。项梁提着殷通的人头，带着郡守的大印，走出营帐。郡守府众人大惊失色，乱成一团。项羽二话不说，接连杀了近上百人，所有人跪伏在地不敢起来。项梁召集以前的一些豪强官吏，说明自己想干的大事，大家都赞成，于是项梁自号为“上将军”，接收了原属吴郡的军队，得精兵八千，这就是后来所说的“江东八千子弟”。

刘邦、项羽都是从别人手中取得军队，但两个人的做法完全不同。项羽残忍杀殷通、篡军权。刘邦却是用射箭发信的方式，真受拥戴而做了沛县的新县令，得的是人心和军心。刘邦做事充满谋略，他明知在当时的状况下，没有人比他更能让沛县父老子弟信任，却要推辞再三，让沛县父老子弟对他更加拥戴而衷心归附。显然，项梁叔侄手法残暴又冒进，凡事以武力夺取，当谋略不足时，就成为匹夫斗勇。

刘邦得到两三千人，组成了他的第一支军队，然后出发攻打胡陵、方与，再回到丰邑（丰邑与沛县皆属四川郡，刘邦是丰邑人）。秦二世二年，战国时代六国的后人纷纷揭竿而起，自立为王；项梁、项羽也在吴地带兵起事。当时的秦朝已是危机重重。沛公这时还不是主要将领，他曾跟随项梁一个多月的时间，因此，项羽后来一直都觉得刘邦在他们项家之下，为项家带兵打仗的，他一直没有明白沛公跟着项梁，不过是权宜之计。

三、新立楚怀王

刘邦在沛县起义，有兵两三千；项梁、项羽在会稽郡起义，有吴地的子弟兵八千人。各地起义军有时彼此合作，有时各自攻打秦军，目标都是推翻秦朝，报亡国之仇。后来项梁势力扩展得非常迅速，拥有六七万人之多，驻军在下邳（pī），现在的江苏省境内。这时秦嘉找到一个楚王的后代，并立他为楚王，来抗拒项梁。项梁对此很不满意，就以另立楚王对最先起义的陈王是背叛为由，带军队攻打秦嘉，秦嘉战死，所立的楚王最后也死了。项梁又收编了秦嘉的军队。

接着，项梁召集将领们在薛地共商大事，沛公也参与了。项梁拨给沛公五千人力，还给武大夫十人。武大夫是较高地位的人，可以帮忙参谋事情或扩展势力等。另外，已经七十岁的范增，因为一向喜欢研究奇计异谋，是很好的幕僚或军师人才，他此时来到薛地，给项梁献了一计。他认为当年楚怀王死在异乡，楚国百姓都非常怀念楚王，怨恨秦国，当时坊间流传着“楚虽三户，亡秦必楚”的说法，意思是楚国哪怕只剩下三户人家，将来灭亡秦朝的也一定是楚人。面对这种民心所向，陈胜不立楚王的后代而自己称王，所以长久不了。项家世代在楚国为将，一定要立楚王的后代为王，以获得人心的拥护。项梁听从范增计策，找来流落民间的楚怀王的孙子心，立其为“楚怀王”。其实，楚怀王这名号不应该再用，项梁行事的草率由此可见。

四、项梁牺牲了

项梁所率的部队每次都战胜秦军，于是项梁就有些骄傲，开始轻敌！俗话说“骄兵必败”，将军宋义曾劝谏项梁，可是项梁不肯听，还把宋义派到齐国去。宋义在路上碰到齐国来楚国的使者高陵君显。宋义就跟显说："以我的判断，项梁的军队一定会吃败仗，你如果到他的军队里，就会与他一起被杀，所以最好慢些走，可以逃过一死。"这个使者听了宋义的话，就把行程推迟下来。而这时，秦国大将章邯增强兵力，果然项梁兵败战死。项梁战死是个大事情，因为当时的项梁几乎有能力号召其他所有人。项羽怕项梁军队军心不稳，就去跟刘邦商量援助项梁。此后，项羽的军队驻扎在彭城西面，刘邦的军队驻扎在砀郡，两人的势力都渐渐强盛起来。

章邯打败项梁后，认为不用再担心楚军，就带军进攻河北的赵国，打败赵军。章邯命令手下两员将领，带军包围巨鹿城（县治在今河北省境内），自己守在巨鹿城的南面，修筑栈道，运输粮食，准备长久围困巨鹿。陈余带着数万人守在巨鹿的北面，称作河北之军。

秦二世三年，楚军败于定陶，秦军甚强，楚怀王很忧虑，就到彭城把项羽和吕臣的军队收编至自己的麾下，可见楚怀王并不是个傀儡，很有自己的想法。楚怀王让吕臣做司徒，吕臣父亲吕青为令尹，沛公刘邦为砀郡郡长，封其为武安侯，掌管砀郡的军队。

前面提到的那个齐国使者显，见到楚王后，说出了宋义讲项梁的那番话，并提醒他宋义是懂得兵法的人。后楚怀王召见宋义讨论国事果然十分满意，于是令宋义做"上将军"；封项羽为鲁公，做宋义的副将；范增为末将，出兵救赵。诸将皆归宋义领导，封为"卿子冠军"，也就是最高统帅。

五、项羽夺权与巨鹿之战

宋义率军走到安阳，在此停留四十六天按兵不动。项羽劝宋义赶快往前行，宋义却说："秦军跟赵军作战，秦军不管是赢是输，长久作战以后一定兵困马疲、粮草匮乏，等这个时候再进攻秦军，就是以逸待劳，胜利的机会就很大。"因此下令凡是强悍不听从命令者都处以斩刑。同时又派他的儿子到齐国，临去前还设宴会饮酒作乐，这一举动正好给了项羽讨伐他的借口。项羽对军中将士们说："现在正是破秦的关键时刻，宋义将军却驻扎此地，为了送他儿子赴齐国为相，竟然大宴宾客，我们士卒却又冷又饿。他说是在此以逸待劳，其实秦灭赵国之后，只会更强大，哪来的以逸待劳的机会？何况我军刚打了败仗，如今宋义不体恤国家的将士而徇私，实在不配当国家的臣子。"

第二天清早，项羽进宋义的营帐，杀了宋义，然后提着宋义的人头出来，对众将士说："宋义谋反，我奉楚王密令杀宋义。"此时诸将皆慑服于他勇猛，不得不归顺于他。项羽又追杀了宋义的儿子，楚怀王也就传令任命项羽为上将军。项羽很快就带领军队开拔上路，到巨鹿去救赵军，但没什么进展。

项羽率军渡过黄河，然后"破釜沉舟"，船都弄沉，把做饭的锅碗等都敲碎，把营帐也烧光，只留下三天的干粮，以昭告将士只有往前冲，没有往后退的余地。这个置之死地而后生的策略果然有效，将士都骁勇无比，经过九场恶战，巨鹿一战，项羽大胜。杀了秦将苏角，俘虏了秦将王离。这期间，其他诸侯国有十多支军队来援助赵国，可是他们到巨鹿扎营后不敢出兵，只是在营寨上观战。项羽军队以一当十，勇猛作战的情景，让诸侯国的将士非常震惊和畏惧，当然也应该有些惭愧吧！

项羽取得巨鹿之战的胜利后，就召见各国军队的将军们，这些将军在进项羽军营的时候，都吓得跪着来到他面前，没人敢抬头看项羽。通过这次战役，项羽声望大振，这些诸侯国的军队就归属在项羽麾下，项羽成了统帅。

六、项羽大破秦军主力

秦二世派使者来责问战败的秦军主力章邯，章邯派长史司马欣赶到咸阳城找赵高，请求赵高替自己在秦二世那里说一点儿好话。可是，赵高避而不见，司马欣担心被赵高追捕，回程时就换了一条路，赵高确实派人追杀过司马欣，只是未能追上。司马欣向章邯说明了情况，同时，赵国将军陈余派人送信给章邯，晓以利害，劝他反秦，章邯接到此信后，不知其是善意还是恶意，就暗中派人去跟项羽联络。项羽置之不理，继续带军攻打，章邯最后只有请降了。双方结盟后，章邯涕泪面见项羽，诉说赵高的暴虐、玩弄权势，表达其真诚投降的意思。项羽收编章邯的秦军，还封其为雍王。

秦军当年攻占六国时，曾凌虐六国的俘虏。现在，秦军变成俘虏，这些诸侯军队的人就进行报复。秦军将士不堪忍受，偷偷议论说：最后如果是秦朝真的亡了，那也就罢了，如果没亡，秦军将士在关中的妻子儿女一定会被杀，所以还不如反叛的好。项羽知道这个消息，就跟重要部属商量，最后决定只留下章邯、司马欣和董翳（yì）三个将领，而把其他的秦军将士都杀掉，免生后患。于是，楚军在一个夜间于新安城南坑杀了二十万秦军。项羽之前攻下襄城，就把守城的兵将全杀了；后来屠杀城阳守军。后人批评项羽坑杀降军，残暴不仁。其实在春秋战国时就多次发生坑杀降敌事件，最大的一次是战国时代，秦将白起在长平之役打败赵军，坑杀赵军的降卒四十五万人。战争的悲惨，除了人员伤亡外，为了征收作战的粮草，掠夺百姓，以及造成的生离死别的痛苦，是无止境的。圣人常说君主要行仁政，德化天下，莫要征伐，正是这个道理。项羽坑杀降军，的确残暴不仁。古代杀害降卒，主要有两个原因：一是怕降卒在作战的时候不忠心；二是养这批人要消耗很多粮草，而要保证粮草供给非常困难。

巨鹿之战和章邯投降这些事情，《高祖本纪》里没怎么记载，其重点是写楚怀王派刘邦西进入关中攻打秦国。巨鹿之战是项羽的重要表现，章邯率领大军投降项羽，是导致秦朝灭亡的关键因素。所以项羽对于秦朝的灭亡，具有很大的功劳，因此这一大段是要放在《项羽本纪》里说的。依据楚怀王与各将领的约定，谁先攻入关中，谁便是关中之王。刘邦先入关，自是极具意义，《高祖本纪》当然着重写刘邦“入关”一事。项羽积极争取带兵攻进关内，做关中王是很大的诱因，但其实还有一个重要原因，就是项梁因章邯而死，项羽一直有为项梁报仇的心理，希望能攻打章邯，灭了秦国。

当年项梁立楚怀王后，旧时楚国留下来的将领，纷纷回来归顺楚怀王，称之为宿将、老将。这些老将对楚怀王说，项羽为人急躁、凶悍、残忍，所到之处不留活口，所过城池残破不堪，应该找一个宽厚仁爱的人，率军西进，要让秦朝当地百姓明白，我们是不会暴虐地对待他们的，这样就容易打下关中。最后，楚怀王派有长者之风的沛公刘邦领军西进，派项羽去巨鹿救赵国。司马迁在文中再三使用长者之风描述刘邦，并不是他词穷，而是要将此形象，根深蒂固地烙在大家的心中，因为刘邦这个形象，对于他得天下是有直接的影响的。

七、沛公向西前进

沛公往关中之地前进，过程并不十分顺利。过高阳时，有一个高阳人叫郦食其（lì yì jī），是个有名的说客，对管城门的人说："这么多将领带兵攻打经过高阳，我只见到沛公有长者之风。"于是想依附到刘邦门下。去求见沛公时，沛公在洗脚，郦食其也不下拜，只是拱手长揖，然后说："你如果要入关伐秦，做这种大事，恐怕就不该这样接见我。"沛公一听立刻站起来，整理衣冠，然后向郦食其道歉，请他上座。由此可见郦食其是个有雄心的人，而沛公是个大度的人，知错立即改正，这是做大事者应该有的一种气度。

然后，郦食其就进言，劝沛公现在一定要去打陈留（相当于现在河南开封的东南部），因为陈留是秦朝囤积粮食的地方，得到陈留军粮就有了保障，继续往西攻打无后顾之忧。沛公一听非常有道理，就打下了陈留。之后，沛公封郦食其为广野君，郦食其的弟弟郦商为将军。

沛公进攻关中的中途，要打下很多城市才能往前走。攻下南阳郡时，南阳郡守逃到宛城固守，因为前有秦军的阻拦，后有宛城守兵的攻打，沛公处于腹背受敌的局面。张良认为这从兵法上说是非常危险的局面。于是用计把宛城围了三圈，黎明时，南阳郡守一看被围三圈，以为大势已去，唯有一死，其舍人陈恢说，现在还不到死的时候，并表示愿意出面帮他处理此事。陈恢出城见沛公说："你现在腹背受敌，不如跟宛城定个和约，接受宛城投降，再给南阳郡守一个官位，留在这儿替你保住宛城，未来西进经过的每个城池，看到这种情形也都会争相开城门相迎，你往后将一路通行无阻。"果然，此后各个城市没有攻不下来的，这就是沛公后来能顺利西进的一个缘故。

当然，沛公也不可能没有一点儿阻碍。沛公派魏国人宁昌到秦地去，暗中联络秦朝丞相赵高，但赵高没有派使者回应。其时正是项羽攻下巨鹿，章邯率大军归降，其他诸侯将领都归附项羽的时候。其后，赵高杀秦二世，派使者来见沛公，想要跟沛公定约，分割关中，各自称王。沛公害怕这是赵高的诈降之术，所以就用张良的计谋，派郦食其利诱秦朝还未投降的将领，结果这些将领都愿意跟沛公联合起来，沛公也就趁大家都松懈之时，利用突击的方式攻破武关。由以上诸事，可见刘邦既善于用人，又善听人言，知人善任，广采博纳，用计多能得逞。

八、秦的灭亡

《秦始皇本纪》里说：秦始皇病重时，曾给太子扶苏写过一封信，信上盖着皇帝大印，叫扶苏赶快回来参加他的葬礼，负责丧葬事宜。但是，赵高掌管的办公室还没有交给信使送出，秦始皇就死了。李斯怕一时之间有人造反，就隐瞒消息，而把秦始皇的棺木放在温凉车里。温凉车是一种卧车，出巡在外可以坐卧的车子，车上有窗，天气热就开窗，天冷关窗就可以保暖，后来这个车就用于秦始皇的丧事。赵高因管理玉玺得以伪造假诏书，责备将军蒙恬和扶苏在外作战不力而赐死。蒙恬怀疑诏书的真假，扶苏还是认为父亲下诏，就应该听令，也就自杀了。

赵高又以假诏立秦始皇的小儿子胡亥为太子，以备将来继承皇位。赵高、李斯用温凉车载着秦始皇的棺木，赶往都城咸阳，可随着天气渐热，只好每天在每个人的车里都装上一担鲍鱼，以乱温凉车上的尸臭。回到咸阳才公布秦始皇已死。

胡亥继位为秦二世，宠信赵高，由赵高掌理大事，实施的法令更严苛。秦二世元年，陈胜、吴广起义，接着武臣自立为赵王，魏咎自立为魏王，田儋为齐王，刘邦起义于沛，项羽起兵于会稽。秦二世三年，赵高指鹿为马震慑大臣。后派人杀胡亥，胡亥被逼自杀。赵高立秦王子婴，子婴听说沛公和赵高暗中联络，于是，在祭祀祖庙的这一天，说什么也不出来，逼着赵高亲自来请，子婴趁机杀了赵高。后来秦灭亡，子婴只当了四十六天的皇帝。

九、沛公入关与秦朝灭亡

沛公攻破武关，又跟秦军在蓝田作战。沛公用计，军队插满军旗，让对方认为他兵力非常强，又让兵士凡是经过的地方，秋毫无犯，使得秦地百姓非常高兴，促使秦军自然瓦解，秦朝到此也就结束了。

沛公军队首先进入关中，驻军霸上，大约是现今陕西省西安市东南一带。秦王子婴出咸阳城，乘素车驾白马，用丝绳绑着脖子，把皇帝印信、符节等封装，在轵（zhǐ）道向沛公投降。沛公身边将领提议杀子婴，沛公说："当初楚怀王派我西征秦，因为我能够宽宏大量，如今杀投降的子婴，全不是宽厚长者所该做的事，就不吉祥了。"之后，沛公把子婴交付给官吏看管，自己就进入咸阳城。沛公想在秦朝的宫殿休息，樊哙、张良劝他不可如此，他也接受了。沛公下令将秦朝宫殿中的珍贵之物，以及政府府库之类的地方，均贴上封条，而后自己仍率军回到霸上驻扎。

扫一扫，
进入课程

第五章　大丈夫当如是乎
——高祖本纪（三）

一、约法三章

沛公还军霸上，招来各县的父老豪杰，告诉他们，天下受严刑峻法已经痛苦很久，所以仅“约法三章”。第一，杀人者死。第二，伤人就犯罪，当然要受刑罚的处置。第三，抢夺人家东西做盗匪也是有罪。除此三条，秦朝原来所有旧法都废除。秦时实行的真是严刑峻法，例如百姓聚集说话是死罪，诽谤朝廷的不仅被杀，还要灭族，可见其严苛。沛公约法三章是笼络人心的最佳法子，也是高祖建立其仁慈形象的高招儿，更是其日后成功的要素。

沛公也对父老说：我来是为大家除害的，不是来骚扰大家的，请大家安心。我回到霸上后，就等待诸侯们到来，然后依约定先进入关中就做关中王，我就可以治理这个地方，让百姓们从此都安定下来。秦地的百姓当然非常高兴，争先恐后设置酒食来犒劳沛公的军队。沛公谦让不受，老百姓更为景仰沛公，唯恐沛公不称王。此时，就有人来游说沛公说：秦地的富饶，可以说是十倍于天下，地势又险要，你现在已经拥有关中，就该赶快入关称王。听说项羽已经打败章邯，如果等到项羽带军进来，恐怕你就做不了关中王了。所以，你要赶快派兵守住函谷关，别让项羽的军队进来，同时增强军力抵抗各个诸侯的军队进来。沛公觉得这个说法很对，从其计。而司马迁在描述这一段时，先说秦人喜，又说秦人大喜，再说秦人益喜（更加欢喜），充分说明了人心所向。

十一月中，项羽果然率领各路军队，向西要进入函谷关，一见关门紧闭，又听说沛公已经平定关中，守关不让大家进来，项羽非常生气，就率军攻打沛公，拿下了函谷关。这函谷关非常重要，是河南通往关中地区的重要门户。

二、项羽火烧咸阳

十二月中，项羽军队又向西进攻。沛公的左司马曹无伤派人告诉项羽说："沛公做了关中王，带走了所有的珍宝，而且还令子婴为丞相。"这更激起了项羽的愤怒，项羽让士卒饱餐一顿，打起精神，奋力准备第二天攻打沛公。当时，项羽有四十万大军，而沛公仅有十万兵力，从兵力看，显然沛公不敌项羽。

接下来就是历史上有名的“鸿门宴”的序曲。项羽的叔叔项伯与张良是好朋友，项伯早年曾杀人，张良帮忙藏匿，所以不忍看到张良蒙难，就连夜潜入沛公军营，告诉张良赶快逃走。张良将项羽的意图告诉了沛公，项伯为帮助沛公，就促成了“鸿门宴”，让沛公当面向项羽道歉，表示自己的诚意，说明自己绝没有到关中称王的意思，以求解除这一场危机。鸿门宴的全过程，《项羽本纪》里做了极为细致的描写，包含其中每个人的一言一行，如“项庄舞剑，意在沛公”等，有着戏剧般的张力，是一段精彩描述。可是这一段在《高祖本纪》里只字未提，当然主要是为避免重复，何况对刘邦而言也不是什么得意的事。

鸿门宴之后，沛公没了做关中王的机会。项羽进了咸阳城，火烧咸阳宫殿，大火三个月不灭，所到之处皆残破不堪。秦国人对项羽表现大失所望，但是因为畏惧而不敢不服。项羽派人回彭城告诉楚怀王，楚怀王说按照原来约定来办理。项羽非常记恨楚怀王当初不让他和沛公一起西进入关，以至于害得自己入关这件事落在沛公之后。项羽说：楚怀王是我项家所立，他没有任何征战的功劳，也没有任何其他表现，凭什么来主持盟约？安定天下的是各位将士和我项羽。于是，项羽表面改楚怀王尊号为“义帝”，实际上并不听楚怀王的命令，而自立为王。

三、刘邦赢得人心

在这段历史记述中，有许多事情内含着重要的意义的。现在我们就来谈谈司马迁的深意。

第一件事，沛公入咸阳城，子婴投降，这在《高祖本纪》的纪元中称为“汉元年”。前面提到过，司马迁称呼刘邦前后有变化，刘邦做沛公时称沛公，封汉王时就称汉王，统有天下以后称为高祖，称呼用得十分细腻，为的是符合事实。在纪元方面也是如此，子婴向刘邦投降，依约定受封汉王，所以从此用汉王的纪元，而之前还是秦朝的天下，所以用“秦二世”等秦的纪元。

但是对项羽来说，此时刘邦并未被分封为汉王，项羽进咸阳后，自称“西楚霸王”，所以不能说这段时间已经是汉朝的天下，因此，在《项羽本纪》里，从这一年开始，司马迁用的是“汉之元年”“汉之二年”“汉之三年”等，加了一个“之”字，这个“之”字加得很重要，也很微妙，也就是与《高祖本纪》的“汉元年”“汉二年”等做了区别，表示实质上汉王在前五年还没有真正统一，天下还在项羽的掌握之中。直到《项羽本纪》的最后，项羽自刎，刘邦称帝，司马迁才把这个“之”字去掉。从这个地方可以看出，司马迁反映历史真实的用心是多么细微，这就是司马迁的史笔，是《史记》十分可贵的地方。

其次，沛公进了咸阳城，又还军霸上，这个作为是十分不容易的。军队在胜利之余，欢欣鼓舞的时候，还能用军纪让部队回到霸上，这是很节制的，让所率之兵服从纪律，十分不容易！人在得意时往往会失了分寸，忘了节制，尤其是进了咸阳城后，许多珍奇宝物就在眼前，沛公一声令下加以封存，不准碰、不准拿，这显然是支有纪律的军队，而沛公本人也表现出了对欲望的节制。人总是有贪欲的，但是他显然是有理想在，有更重要的事要做，所以欲望扰乱不了他的心。

还有沛公的约法三章，更是一个重要的态度和行为。约法三章，造就了沛公一个宽厚长者的具体形象，也是获得人心的巧妙作为。在这样的基础上，沛公获得人心，之后所到之处能受到尊重，让许多人甘愿臣服于他，与此都有很大的关联性。由此也就铺陈开了他未来的帝王气象，奠定了他统一天下的基础。在司马迁叙述刘邦的所作所为的时候，你看到的就是一个帝王打天下的过程，刘邦的丰功伟业是这样一步步完成的。刘邦让“秦人大喜”，司马迁连用三次“喜”字，说明百姓对他的向往与归顺之心，这正是要完成统一大业者的基础所在。

《孟子》里有个记载，说武王伐纣的时候，周武王对商朝的老百姓说：“大家不要害怕！我这样做是为了让天下百姓都能安定，我来不是与百姓为敌的。”再想想沛公的约法三章，不也等于对老百姓说了同样的话吗？不是同样的一种帝王姿态吗？只是，汉高祖不能跟周武王相提并论，汉高祖的有些作为称不上是仁圣之君，但正是因为如此，汉高祖宽厚长者的形象，就更耐人寻味。

刘邦入关之后，有赖于张良、樊哙的谋略，萧何替他将咸阳城中所有图集簿册搜集起来，完整地保留下来，对于后来处理内政有很大的帮助。更重要的是，若没有项羽打败章邯，让秦军主力投降，几乎也就没有刘邦率先入关的可能，也许先入咸阳的就是项羽。刘邦进咸阳城为了维护宽宏大量的风度，没有杀子婴，子婴最后是被项羽所杀，可见项羽就不懂得如何树立形象。可以说在刘邦完成帝业的过程中，项羽做错的许多事，反而成就了刘邦。这些事情，司马迁在文字中都寓含着深意，当然，从这寓含之意，也可以帮助我们理解为什么要把项羽放在本纪里。

四、项羽失去人心

项羽在司马迁笔下，是个勇猛的武将，完全只在乎征战的胜利，想凭借着征战的胜利而统有天下，没有任何其他的谋略，不知何为帝王气象，也不懂民心士气可用的道理，这就是项羽称帝的障碍所在。项羽火烧咸阳，百姓对他大失所望，对他的臣服是因为恐惧，完全不能与沛公相提并论。至于大火之所以烧三个月不灭，是因咸阳城里有上百座宫殿，还有离宫，在宫殿与宫殿之间筑甬道来相连，形成一个非常广大的咸阳宫，就像一个繁华的大都市，所以才会火烧三月不灭。《秦始皇本纪》记载，“每破诸侯，写放其宫室”，这个“写”是写真的意思，“放”是仿照、仿作的意思，也就是说，秦国当年每攻下一个诸侯国，就仿照那个诸侯国的宫殿在咸阳逼真地再造一座，因此咸阳宫殿极多。

在鸿门宴里可看出刘邦跟项羽个性的不同，个性直接决定命运，鸿门宴最后刘邦、张良得以脱逃，让刘邦能在之后还有机会，还有征战的余地。刘邦走后，范增非常生气，他明白失去这次杀刘邦的机会，以后就再也没机会了。觉得项羽是一步错步步错！鸿门宴上的项羽是“妇人之仁”，判断力、魄力、决断力都不足。还有就是不听左右人的切实之言，如果项羽能听从范增的建议，照着范增的计策去做，恐怕历史就要改写了。对项羽个性描写如此重要的一段，自然是要放在《项羽本纪》里。

五、刘邦成为汉王

汉之元年，项羽自立为“西楚霸王”，建都彭城。西楚指的是楚地彭城一带，也就是现在的江苏省徐州市一带，其霸王也不是现今霸王的意思，而是指统帅诸侯的盟主，就像“春秋五霸”所谓的霸主，换言之，项羽统领各个诸侯国，天下当然为其所有。项羽有了天下，就分封诸侯国。因为当时各诸侯国各自立后人为王，所以项羽就重新分封，跟随他的那些大将，打天下立下战功，也会分封为诸侯王。

《项羽本纪》与《高祖本纪》都叙述了项羽分封的内容，看起来好像是重复，其实是司马迁强调了项羽分封的不公。项羽完全按照自己的好恶去分封，显得十分轻率。《高祖本纪》则说出刘邦的委屈，表面看是依照“先入关者为王”的约定封其为“汉王”，统有巴蜀汉中之地，但是巴蜀汉中虽属“关中”，却不能等同真正富饶险要的关中之地。

项羽把富饶险要的关中之地一划为三，分成三部分，封给章邯、章邯手下的司马欣、董翳，等于封了三个投降的秦将在关中称王。项羽的考虑是，这样分封，任何一个人都不能统有完整的关中之地，这样其势力就不会坐大，同时他们也是替项羽看着刘邦最好的力量。汉之元年正月项羽分封各诸侯国。四月，各诸侯王陆续到其封地去；汉王刘邦也启程到巴蜀汉中，项羽还派了三万部队护送，结果，诸侯中自愿跟随汉王的就好几万人。

六、明烧栈道，暗度陈仓

古代从关中地区往巴蜀汉中的道路非常险峻，一路有很多高山，交通极不方便。古人用木头在山中架了一些空中的甬道，是行走的唯一道路，称为“栈道”。

汉王走过栈道后，到达巴蜀汉中后就把它给烧了，此称为“明烧栈道”。有两个用意，一个最直接的意思是让有野心想要攻打刘邦的进不来，其次是要告诉项羽，从此以后不必再担心了，没了栈道，刘邦将安安分分地待在巴蜀汉中之地，不会再企图往东发展。汉王建都南郑，在今陕西省汉中市。项羽也真的相信了汉王，所以此后就用全部力量去攻打齐国，而没防范刘邦，这给刘邦提供了一个特别好的机会。

韩信在《高祖本纪》里的出现并没有仔细交代，在《淮阴侯列传》里，对韩信跟刘邦的往来有较详细的说明。有句话说：“成也萧何，败也萧何。”指的是因为萧何的推荐，刘邦才重用了韩信，使得韩信有了发挥自己才能的机会，应该说刘邦对韩信有知遇之恩。汉王到南郑以后，很多将士因为想家而逃走了，留在军营的也常因思念家乡而感伤，唱着故乡的歌，一心想要东归。韩信看到这个状况，向汉王建议，趁着天下未安定，人心思念故乡，打回关中以夺天下。这一年八月，汉王趁机发兵，攻打陈仓，此即“暗度陈仓”。汉王打败章邯等人，占有了关中三秦之地，势力扩大很多。项羽派兵在阳夏抵挡，汉王部队一时间前进不了。

七、项羽杀了义帝

项羽把关中之地分封给章邯等三人，自己出关往东回到了彭城。并派人迁徙义帝楚怀王，说古时候作为帝王的地方要有千里之大，而且必须住在上游。于是义帝被迁到湖南的郴县一带，虽说是上游之地，也很广阔，但实际上非常荒芜。不仅如此，项羽还暗下令，派人在途中击杀义帝。

杀义帝这件事看起来似乎无关紧要，因为义帝在灭秦和楚汉相争中，也没有发挥太大的作用。项羽就曾告诉诸侯将领们：这个天下是我们大家打下来的，义帝没有上战场，也没有出力。但杀义帝这一举动可以看出项羽政治智慧上的不足，因为项羽因此背上了以臣弑君的罪名，给了刘邦一个讨伐项羽的借口和理由。刘邦果然带着诸侯王们去给义帝发丧，然后趁机讨伐项羽。

再说项羽出关回彭城这件事情，更可以看到项羽见识太浅，他竟然不知道关中之富贵和险要是足以称王的，离开关中而东归彭城是很严重的错误。有人为此曾劝过他，他竟然说，“富贵不还乡，如锦衣夜行”，说人富贵之后若是不归故乡，就好比穿着很好的衣服，夜晚走在路上，没人知道。项羽见识之浅陋由此可知，那人就说楚人是“沐猴而冠”。楚国原本是南蛮之地，是在文明程度不高的情况下慢慢壮大起来的，就如同沐猴学人戴帽子，虽外表扮成人，却虚有其表，未脱其粗鄙本性。项羽原本就不能接受谏言，更不容侮辱，直接把那个人杀了。刘邦原来也没想居关中，听到别人的劝说以后，他恍然大悟，立刻接受建议。因此，能否接受别人的劝谏，实际上对于事情的成败，有时是有绝对的影响的。

扫一扫，
进入课程

第六章　大丈夫当如是乎
——高祖本纪（四）

一、刘邦向东反攻

汉王刘邦听从韩信的计策，暗度陈仓，回师关中，咸阳的地盘又都归汉王所有。这时汉王就派人去找父亲刘太公、妻子吕雉等。

随着司马欣、董翳等人的陆续投降，汉王势力壮大了起来。汉王告诉众将领，如果手下有一万兵力，且有一个郡这么大的地方，若来投降，就封万户给他。这个封赏很高，很多人前来归降。汉王也整顿河川水利，开放土地给当地的百姓耕种，这都是治理天下的开明作为。汉王还大赦天下罪人，又到关外慰问父老，并废了秦的社稷（古时天子、诸侯封土立社，祭祀土神、谷神，表达对土地与五谷的感恩），建立了汉的社稷，显示了一个王者的领导力和雄心。

汉二年三月，汉王听说项羽杀了义帝楚怀王，大哭，然后亲自给义帝发丧。汉王告诉天下诸侯说：义帝是天下人的君王，如今被项羽所杀，我汉王刘邦愿意追随各位诸侯王，穿着孝服，共同攻打大逆不道的项羽。汉王以正义之名号召大家，而且很谦逊地说自己愿意追随各诸侯王。项羽杀义帝一事，又给汉王一次为自己建立威信的机会。杀义帝对争夺天下的人来说，扫除的是障碍，刘邦何尝不似项羽一般称心如意？如今他却还以正义之名联合诸侯攻打项羽，真可谓颇有心机。

这时，齐国田荣被项羽打败，在逃走的过程中被百姓杀了，齐国投降。楚军烧齐人城市，俘虏齐人子女，齐人因此反叛，田横立田荣儿子田广为齐王。汉王的军队长驱直入项羽的首都彭城。项羽此时正在攻打齐国，听到这消息怎能不急，立刻带兵离开齐国，与汉王的军队大战于彭城的灵璧之东，睢（suī）水之上，大破汉军，以致“睢水为之不流”。

二、睢水之战刘邦吞败仗

睢水之战《高祖本纪》中没有细写，《项羽本纪》却写得非常清楚，两方军队都连连征战，非常疲惫。汉王军队进入彭城，获得很多财物、珍宝和美女，每天设宴犒劳士卒。一天清晨，项羽挥兵从西向东进攻汉军，中午时就大破汉军。项羽军队继续追赶汉军到泗水这个地方，杀了汉军十余万人。汉军溃散向南逃，走山路，楚兵继续追，追到睢水之上，汉军无船可渡河，不得已只好向后退，可是后面又有楚兵进攻，在前后夹击之下，汉军损伤严重，十余万人落在睢水中，以致睢水都流不动了。项羽军队把汉军围困起来，汉王也受困其中。就在这非常危急的时候，忽然大风从西北刮起，风势非常狂烈，吹断树木，吹倒房屋，刮起的沙尘漫天飞扬，一时间天昏地暗。楚军也迷失方向，布阵队形受到破坏，汉王趁机带领数十人马悄悄逃了出去。

大风自西北刮起这件事情，无法解释，只能说是天意，天助汉王，反过来也可以说是上天没有站在项羽这一边。这种天意实在是无可奈何的事情。项羽照理应该留在关中，不应该让出关中那块具有肥沃土地和险要地势的地方，而回到彭城去，这是项羽自己做的选择，属于人为。所谓天时、地利、人和，天时没有站在项羽一方，地利项羽自己不知道把握，至于人和，项羽就更没有了。刘邦的长者之风，就是造就他的人和的这个部分，让他能去换取民心；与之相反，项羽所过之处都是残破状态，哪来的人和呢？凡事如果没有天时、地利、人和的话，要成功何其难也！所以，刘邦的胜利，项羽的失败，是有一定的道理的。

再说汉王逃出重围以后，收拾残兵，又游说九江王反叛项王，协助自己，稍做喘息。此时，想要经过沛县带上自己的家属，而项羽也派人追到沛县，想要扣住汉王的家人。可是，汉王的家人早都已经逃走，汉王没见到家人，不得已离开了。在半途之中，汉王看到他的一儿一女，于是就把孩子带上车。但问题是，楚兵还在后面拼命地追赶，车上坐的人多了就跑得慢，汉王觉得事情紧急，就把儿女给推下车去。这个时候，跟在刘邦身边驾车的滕公夏侯婴，就把这两个孩子给抱上车，就这样一推一抱前后三次。夏侯婴最后没有办法，就跟汉王说：“虽然眼前形势的确很危急，可是你也不能抛弃儿女啊。”汉王这才不再把子女推下车，一车人最后也得以逃脱出去。

不过这段在《高祖本纪》里没有写，司马迁身为臣子有所避讳，以示尊敬。只记载了汉王找回了儿子，立为太子，大赦罪人。并命太子驻守栎阳（今陕西省境内），令当时在关中的各诸侯的儿子，也戍卫在栎阳。还有，引水灌注废丘（今陕西省境内），废丘军民投降，章邯自杀而死。废丘改名为槐里，命令祠官祭祀天地、四方、山川，以及令驻军驻守边境要塞。这都是建立国家体制，巩固国家根本的标志，毫不轻易行事，显见汉王建国的理念及心志。

汉王也一直在寻找父亲刘太公和妻子吕雉，可是一直没有找到。原来他们由审食其（shěn yì jī）（舍人，照顾刘邦的妻子儿女，渐为吕雉所亲信）在身边保护着，从偏僻的小路上逃走，一面走，一面也在找汉王，希望能够会合。可是，很不幸的是，刘太公一行人遇到了楚国的军队！楚军就把他们带回去，项羽就让人把刘太公等作为人质，安置在军中。

三、范增之死

汉三年，汉王命令张耳与韩信去井陉（关塞名称，在今河北省境内）攻打赵国，斩了赵王歇及大将陈余，次年立张耳为赵王。

睢水一役，汉王侥幸逃脱，可是项羽并没有放弃继续追打，这一路打下来，项羽也攻占了很多地方，进展极为顺利，无奈这连续的征战让项羽的军队十分疲惫。汉王这时收拾起残兵败将，萧何又把关中未登记在册的老弱都送到荥（xíng）阳来，虽然声势大振，但也没有作战能力。楚汉两军就都停在荥阳对峙起来，对峙的时间有一年多。荥阳在今河南省郑州市西边，东有鸿沟连接淮河和泗水，北依邙山毗邻黄河，南临索河连嵩山，西过虎牢关接洛阳、长安，地势险要，交通便利。

汉三年，汉王驻扎在荥阳的南面，加紧修筑甬道，连接河运，以便能取得敖仓的粮食。甬道两旁有墙壁，可以阻止别人进攻或掠夺。敖仓在荥阳的鳌山上，是秦朝留下来的最大粮仓，山东、江淮一带的粮食运来都存在这里。项羽当然也知道，所以就屡次出兵抢夺甬道，汉王的运粮计划难以进行，汉军开始缺粮，战斗力就更匮乏。汉王不得已只好向项羽求和，提出割荥阳以西之地为汉王的土地，荥阳以东就归项羽的条件。项羽一听很好，那不如大家就别打了，准备答应，可是老臣范增说：“绝对不可以答应，不趁着汉军没有作战能力的机会把刘邦一举攻下，将来就再也没有赢他的机会了，这可是一个好机会，不要放弃。”项羽听完也觉得有道理，就没有答应这个以鸿沟为界的停战办法，而是加紧了围困荥阳。

汉王无奈，不知如何是好，此时陈平出了一个离间计，离间范增跟项羽的关系。有一次，项羽的使节出使汉地，汉王派人送上佳肴，送饭的人故意仔细地打量项羽的使者，很惊讶地说：哎呀，原来你不是范增的使者，你是项王的使者，然后就很快地把美食佳肴给撤了，换上一些粗茶淡饭。这使者回去一五一十地告诉项羽，项羽开始怀疑范增跟汉王之间有私下的交情或约定，从此越来越不信任范增，甚至疏远范增。范增当然也感觉得到，就对项羽说："看来天下大事已定，你已经可以自己处理，让我回到兵卒中去吧！"也就是想告老还乡了。范增万万没想到的是，项羽竟然一口答应了，这让老年的范增伤心欲绝，于是就真的带着内心的难过与遗憾离开了。走到半路，就因病去世，项羽身边再也没有人为他出谋划策了。

四、刘邦逃命纪信被烹

荥阳城汉军缺粮又被包围，显然是到了生死存亡的关头。汉王的一个忠心耿耿的臣子纪信，想出一个主意，就在晚上，先从东门放出很多妇人孩子，就像是把人质先放出来一样，随后有两千多穿着盔甲、带着武器的士兵也跟着出来。楚军一看，就要去围击这些人。可是这个时候，又出来了一个人，这个人是谁？就是纪信，他穿着汉王的衣服，坐在汉王的车上，假装汉王出来投降。楚军看了非常高兴，大呼万岁，因为这就表明以后再也不用打仗了，当然就很高兴，就都跑去东门观看。这时西门开了，汉王带着几十个随从，偷偷从西门逃了出去。

项羽捉拿到纪信，就问汉王现在在哪里，纪信很大声地告诉项羽说，汉王现在早已离开了。项羽一怒之下，令人把纪信烧死了。从忠心于汉王的角度看，纪信是杀身成仁，是不惜一死的忠臣。舍己为主的忠臣作为，在历史上并不少见，每个时代里都有这种豪杰之士，可是恐怕没有多少人像纪信这样，明知项羽对他不是坑杀就是烹煮，还甘愿赴死而没有一句怨言、一点儿犹豫。后来汉高祖册封纪家的后代，以此回报誓死效忠的功臣。

汉王逃离荥阳之后，入关聚拢了一些兵力，想再继续跟项羽作战。谋士袁生说："楚汉两军对峙，汉军多数时间处在困境，现在出兵攻打项羽，不见得能打得胜，最好还是坚守不战，就这样牢牢地牵制住项羽军队，让他困在荥阳，汉军也得以休息。同时，让韩信等联合各诸侯国的军力，等把他们聚集起来，再跟汉王一起攻打荥阳也不晚。这样项羽就要应付各方军队，他的力量会分散，而汉军经过休整，重振军力，一定可以完胜。"汉王刘邦听从袁生的计策，率兵来到宛（今河南省境内）、叶（今河南省境内）两县之间，与黥布一同巡行招募士兵。项王听说汉王在宛，就出兵来攻击，汉王坚守城池不应战。项王转攻彭越，彭越是帮助刘邦打败项王的功臣之一。汉王则驻军到成皋（gāo）（今河南省荥阳市境内），项王就包围成皋，汉王和夏侯婴又轻装出城逃脱了。

五、楚汉战争的转折

汉王从成皋脱身，跑到修武（今河南省西北部），把韩信手下的部分军队接过来自己指挥，然后又命令韩信往东去进攻齐国。韩信还在途中，汉王却又派郦食其到齐国去游说齐王田广背叛楚国，与汉王合作打项羽。齐王投降汉王后，跟郦食其畅饮，完全撤掉了防备，却没想到遭到韩信大军的攻击，所以怀疑是上了郦食其的当，因此就烹了郦食其。齐王田广往东逃到高密，向楚求救，楚国派龙且（jū）率二十万大军救齐国。

说起来，韩信在这件事上是不仁不义。而汉王既然让韩信带兵打齐国，却又让郦食其去游说，无视郦食其的安危，此岂真长者？实际上本来韩信听说齐王已经投降汉，决定不去攻打齐王，范阳辩士（能言善辩之人，游说之士）蒯（kuǎi）通说："你韩信一年才攻下五十多个城，而郦食其凭着三寸不烂之舌，竟然在这么短的时间内就劝服齐王，让齐国七十多个城市都投降汉王，两相比较之下，你是不是太不如郦食其，那么你在汉王面前的作用和功劳就不如一个说客。"韩信听了觉得有理，为了展现自己的作用和能耐，因此才又去攻打齐国。

项羽听说韩信带着诸侯国军队统合起来的"河北之军"击败赵国、齐国，就派龙且和周兰两个将领率兵去攻打韩信。韩信派灌婴去夹击楚兵，大败楚兵，杀了龙且。其实龙且原本是不会战败的，当时有人劝龙且要坚守阵地，千万不要跟韩信正面交锋，要让齐王田广的亲信去招抚一些人到齐王麾下，加上楚兵，可使众人叛汉降齐，然后齐楚两军合作，断绝汉军的粮食，就一定可以取胜。龙且是位名将，曾跟随项羽屡立战功，因为韩信战绩威震八方，要是战胜韩信，功劳和封赏极大。于是，龙且求功心切坚守阵地，在潍水与韩信勇猛作战，最后战败被杀。

此一战役，韩信的战术是深夜命令士兵用沙袋堵上游的水，然后又假装投降。就在龙且率领大军渡水往西要追杀投降的逃兵时，韩信让军队除去沙包，大水冲下，龙且大败。龙且被杀后，齐王田广投奔彭越，彭越的军队驻扎在梁地，此时不断地攻击楚军，并且断绝楚军粮草，功劳极大。

汉四年，项羽不得不亲自率军攻打彭越。在临走之时，对大司马曹咎（jiù）说："你要很谨慎地守住成皋，千万不要轻易与汉军交战，只要阻止汉军进攻就可以。我一定能在十五天之内把梁地拿下，到时候立刻回来和你共同去应对汉军。"汉军果然屡次挑战，而曹咎记得项羽的嘱咐，不肯应战。汉军就派人辱骂楚军，连续骂了五六天，曹咎实在受不了了，一怒之下就出兵，渡汜水。渡到一半时，汉军突击，打败了楚军，夺走了楚国在当地所有的财产。曹咎和长使司马欣都自刎于汜水。项羽听闻后带兵赶回来，汉军已经选险要之地迅速撤走，项家军很难追上。

六、韩信成为齐王

这其中有件事情，可以看清项羽这个人。什么事情呢？项羽在梁地打外黄（今河南省境内）的时候，外黄誓死反抗，不肯投降。项羽很生气，打下以后，要坑杀十五岁以上的所有男子。这时外黄有个年仅十三岁的孩子，去劝项羽说："你如果一怒之下坑杀外黄的男丁，那梁地其他很多城绝对不敢投降，因为怕投降后被坑杀，倒不如赦免外黄，其他城听到以后，就会自愿投降归附你。"项羽觉得有理，就照做了，果然其他很多城池都迎接项羽进城，不做反抗。从这件事上看，项羽也是听人劝谏的，并不是只会残忍地滥杀无辜。如果在坑杀降军的时候，旁边有策士给出很好的理由劝说，想来他也不一定做坑杀之事，但无奈他身边缺乏这种人才。相比之下，汉王身边却有极多这类人才，而更重要的是汉王还善用人才。可见人要做大事业，善于与人相处十分重要，而对于做主管、首领的人，善于识人和用人都非常重要。

前面说到韩信听了蒯通的计策攻下齐国，郦食其因此被烹杀。后来，韩信派人传话给汉王说："齐国邻近楚国，如果由权势太轻不能代理齐王的人来管理，恐怕不能安定齐国，我愿权且代理。"汉王懂得其中意思，韩信是要求封自己为齐王，跟项王抗衡。汉王听后非常生气，认为自己目前被困荥阳，盼韩信来救，没想到他却要求封王，马上就要带兵打韩信，张良此时赶紧在桌子底下用脚碰了汉王一下，在耳旁轻声说："以今日情势，怎能禁止得了他称王？不如立韩信为齐王，要韩信自己守住齐地，不然会发生变故。"刘邦立刻领悟其中道理，就说："大丈夫平定诸侯，就做真王，说什么代理！"刘邦立即封韩信为齐王，可见刘邦时时听从谏言，真有其高明之处。

龙且已亡，项王担心，就派武涉游说韩信三分天下，韩信以当年刘邦"解衣衣我，推食食我，言听计用"，对他颇多照顾，不能背叛为由而拒绝。蒯通认为现在决定天下的大权全在韩信，就用更有力的说辞劝其叛汉，韩信仍犹豫不忍心背叛刘邦。同时他认定自己打天下的功劳甚大，刘邦肯定不至于夺他齐国。后人读史至此，多数人都对韩信当日的忠心，换得日后的被杀不胜唏嘘，对他是否真存心叛变，也难以不心存怀疑。

七、分一杯羹

《高祖本纪》中对"分一杯羹"只字不提，因为对汉王来说不是好事，但司马迁把这件事情详细地写在《项羽本纪》里，可以说是放在了一个更恰当的地方。

楚汉两军驻扎在广武（今河南省境内），相持不下几个月，彭越也多次从梁地出兵攻打楚军，断绝楚军的粮草供应，这让项羽很焦虑。于是把汉王的父亲刘太公放在高桌上的砧板上面，让汉军都看得见，然后告诉汉王："你现在如果不赶紧投降，我就烹杀你的父亲。"汉王怎么回答？汉王回应说："我跟你两人都是义帝楚怀王的臣子，怀王曾说我们约为兄弟，那我的父亲也就是你的父亲。如果你一定要烹杀你的父亲，那么就请分我一杯羹吧！”这话听起来似乎让人不易接受，但这是一个计策，汉王料到会有人劝阻项羽，当然这个计策存在着相当大的风险。

果然，项羽大怒，要杀刘太公，关键时刻，项伯说：“天下事还不可预料，谁胜谁负还不知道，不必做得太过分。”项伯还说：“况且争天下的人常不顾家，他们是不惜让家人受害的。”项伯这句话对于刘邦恰恰是说得非常准确，否则刘邦就不会说分我一杯羹。于是项伯继续对项羽说：“即使你杀了他爹，对事情没有任何好处，徒然增加一些麻烦罢了。”项伯所言极是，刘邦显然不是个为救父亲而愿意投降的人，杀其父也于事无补。因此，项羽也就没杀刘太公。项羽的确是一个阳刚之人，但这件事情，更足以证明项羽其实也非绝对残忍，而且也不是一个完全不可理喻的人。

八、斗智不斗力

此后，楚汉双方在广武，分处东西两城，近在眼前却相持不下，分不出胜负。年轻力壮的男丁苦于从军或服劳役，老弱的人运输粮草也多疲惫不堪。项羽也许是为解除百姓苦难，当然更可能是基于匹夫之勇，于是对刘邦说：“天下混乱不安，几年来都不能平定，这个状况其实就只因为你我二人而已。所以，不如我与你一决胜负，百姓也可以从此脱离苦难。”刘邦并不在意于此，仍想在对峙中找寻机会，所以笑着推辞说：“吾宁斗智，不能斗力。”这话说得也算诚恳，因为他身旁有那么多谋略之士，项羽却连一个范增也没能留住，怎么斗智呢？如果斗力气，哪能比得上力能扛鼎的项羽呢？即便手下有韩信这样的大将，也未必是项羽的对手。

于是，项羽命令军中的壮士出来挑战，而汉王就命一个非常善于射箭的部下，来对抗项羽派来的挑战者，项羽军中的壮士挑战三次，都被汉王部下给射杀。项羽大怒，就自己披甲执剑上阵了。这人一看项羽瞪大的眼睛、勇武的状态，吓得不敢发箭，赶快躲回军营里。汉王派人问这人为什么跑回来，这人说见到项王就畏惧，不敢射箭。汉王听了非常惊讶，可知项羽是多么勇敢威武。

九、刘邦的智虑

汉王不肯单独对决，反而当面数落项羽十大罪状，项羽非常生气，令弓箭手向汉王射箭。汉王被射中胸部，却握住脚趾大喊：“敌人射中我的脚了！”为什么？为了让对方认为他伤得不重。实际上这一箭将汉王伤得很重，需要卧床。张良在此时又出一计，要汉王勉为其难地起来，巡视军队，以安定军心，否则，军心不稳，士兵难免反叛汉王，投靠项羽；同时散播消息，项羽就不至于带兵追打汉王。此事，既表明了刘邦的深沉、机敏，又表明了张良的足智多谋。两相配合的精妙，岂是身边没有谋士又粗犷的项羽可以抗衡的。

汉王伤好之后就西行入关，设宴款待慰劳当地的父老，深得人心。汉王“得关中之力”，又回到广武，将关中之兵全聚拢到他手下，兵力越来越多。汉王能得关中之力，得关中人心，跟他当年入咸阳城，秋毫无犯，约法三章，树立的良好长者形象，是同样的做法。再看看刘邦数落项羽的十大罪状，日后二人的成败也就可以预知。

这十大罪状是什么呢？第一是约定先入关者为王，项羽背约，封刘邦到巴蜀汉中。二是项羽假传楚怀王旨意，杀宋义，夺取军队。三是项羽救了赵国，未回报楚怀王，即擅自率诸侯军队入关。四是楚怀王曾经约定入秦后，不可抢夺、暴虐、烧宫室，但是项羽没做到。五是强杀投降的子婴。六是项羽以欺诈方式在新安坑杀秦军二十万人，而封其将章邯为王。七是项羽分封不公正，把诸侯将领分封在好地方，无理驱逐原来的诸侯王，导致他们的臣子叛逆。八是项羽把义帝驱逐出彭城，自己建都彭城，夺取韩王的地方，兼并了梁、楚土地为自己的地盘，既自私又贪婪。九是派人杀义帝。十是总体来说，为人臣而弑君，杀投降的俘虏，为政不公，不守君主的约定而无信用，这些是天下人都不能容忍的过错，可说是大逆不道。所以，汉王说：“我以正义之军，随各诸侯讨伐你这有罪的贼人，我何苦接受你一对一的挑战呢！”项羽的确作为不当，可是刘邦所为也未必是真心实意，光明正大，一路用尽阳谋阴招，又何尝完全正当？但两相比较之下，不能不说刘邦的确比项羽高明，展现长者之风，不落人口实。所以，刘邦就有资格数落项羽的罪状，而自称为正义之师，这就是两人的不同之处。

十、项羽的末路

彭越带兵在梁地，常常去侵扰楚国军队和断其粮草，而韩信也带着军队去攻打楚国，项羽在不断被攻打的情况下，不可能不恐惧。于是，项羽就要跟汉王定约“中分天下”，以鸿沟为界，鸿沟以西归汉王，鸿沟以东属于楚地，项羽把汉王的父亲、妻子送还。这样做以后，两边军队听到不用打仗的消息，都非常高兴。

项羽在定约后就带军东归而去，这时候张良、陈平又献计策，他们对汉王说：“你不能在这个时候放掉项羽，这是打败项羽最好的机会，赶快带兵追击项羽。”汉王自觉没胜算，就约彭越、韩信一起去打，可是彭越、韩信都没来，汉军打了败仗。

汉王因此很不高兴，可怎么办呢？张良就说：“彭越、韩信不来是因没有给他们好处。”汉王立刻按张良的意思许诺给他们利益，彭越、韩信果然都领兵而至，这对汉王是莫大的助力。当初割鸿沟为界，尚不能说胜负已定，因为项羽还是有作战能力，可是现在三支军队会合，恐怕胜负就已定，而且还有其他诸侯的军队参与，这么多力量联合在一起对抗疲惫的项家军，力量对比相当悬殊。

接下来就有了项羽的“垓下之围”。《项羽本纪》中的垓下之围写得非常慷慨凄凉，感人至深，把英雄末路说得深入人心。对项羽来说，英雄末路，不能不呼喊苍天，而认为是“天亡我也”。其实纵观项羽这一路征战的过程，也没有说错，天助刘邦是十分清楚的，若说项羽失败是因不善作战，是绝对说不过去的，若说项羽失败中没有天命的意味也不准确，总在一些关键时刻，因为种种原因错失战胜刘邦的机会，也是实情，但更重要的是，项羽常常自己放弃机会，比如在鸿门宴上放走刘邦。

汉五年，汉王与诸侯军一起攻击楚军，在垓下决战，垓下在今天的安徽省灵璧县东南沱河北岸。刘邦有三十万人，由韩信统一指挥，项羽是十万人。夜间，被围困的楚军，听到军营四周都在唱楚地的歌，在“十面埋伏”“四面楚歌”中，项羽败走，结果兵败如山倒，被灌婴等追杀斩首了八万多人，项羽自刎而死。自此，刘邦终于将天下握在了自己手里。

项羽被消灭之后，除了鲁地坚守不降，各地都投降了刘邦。鲁国不投降，是因为当年项羽曾经被封到鲁地，鲁地老百姓认为项羽是鲁王，所以不能轻易投降。刘邦就将项羽的头提给鲁地父老看，告诉他们：“项羽已经死了，你们再坚持已无用了。”鲁国乃投降。刘邦封项羽为“鲁公”，把他葬在鲁国的谷城（今山东省境内）。

十一、汉王刘邦当皇帝了

前面说到韩信指挥三十万大军，打败项羽，立下了莫大功劳。那刘邦是不是应该感激他呢？非也！刘邦拿下鲁地之后，立刻飞奔进入齐王韩信军中，夺了韩信的军队和兵权。从这一点上看，刘邦手下的功臣们是否应该有点儿危机意识？韩信被夺军权已经不是第一次，刘邦这种喜欢猜疑的个性已经非常明显，是不是应该有所警觉？可是韩信竟然没有防范，而依然忠于刘邦、信任刘邦，这其中除了因为刘邦当年有恩于他，给了他施展才华的机会，还因为他自认为功劳如此大，刘邦应该不会对他下手。

汉五年正月，诸侯将相们共同推汉王刘邦当皇帝。刘邦仍然用老方法，先是谦让再三，告诉大家实在不敢当帝位，最后实在推不掉才接受了。还说："各位既然一定要认为我应接下君位，那么我也就为国家来着想吧！"刘邦总是以退为进，跟当年的做法一模一样，表现出谦让的长者风范，让人忠心不二地追随着他。于是，刘邦在泛（fán）水之北（今山东曹县北边）登基做了皇帝，这就是后来的汉高祖或高帝。泛水有"泛爱宏大而润下"之意，就是将皇帝的恩惠普及于天下百姓的意思。

汉高祖下诏令分封天下。其中比较重要的是，义帝楚怀王没有后嗣，就叫齐王韩信到楚地去当楚王，理由是韩信比较熟悉楚国风俗。实际上楚小而齐大，汉高祖换了个小一点儿、弱一点儿的楚地给他，其对韩信的猜忌之心昭然若揭。汉高祖一开始封的是七位异姓诸侯王（不是汉高祖刘家的子弟），目的是安抚有功之臣的心，告诉大家，你们的功劳我都记得，现在天下平定，你们也理应受赏，大家可以安心跟着我。但是没有多久，汉高祖就找各种理由，陆续地或把这些诸侯王杀了，或除去诸侯王身份，只有长沙王吴芮得以善终。这样有心机地为人处事，才是汉高祖的真性情，至于长者气度，仁者胸怀，想来恐非真意。此后，开始分封刘姓诸侯王，立下了“非刘姓不得封”的规矩。

汉高祖建都洛阳，各诸侯皆是高祖的下属。但原来的临江王驩（huān）为了项羽而叛汉，汉军最后平定了他。五月的时候，汉高祖让诸侯的兵均解甲归家，种田的种田，归隐的归隐，各自回到故乡。诸侯国的将领愿意留在关中的，免其赋税十二年，诸侯国之子不愿意留在关中的，也让他们回去，并免除赋税六年，给俸禄一年。久战之后，汉高祖让百姓和所有的征战将士，都能够休息生养，能够安定过日子，这也是德政。

十二、汉高祖谈自己凭什么得天下

汉高祖在洛阳南宫摆酒宴，对在场所有文臣武将说：“大家不必避讳，可以坦白地告诉我，你们认为为什么我会胜利，而项羽会失败呢？”王陵起来说：“陛下傲慢而侮辱人，项羽仁厚而爱人。但是，陛下所得土地肯封给攻战的将领，能与天下共享利益；项羽正好相反，有功的人他忌妒，贤能的人他怀疑，战胜后不酬劳有功者，得到后不肯予人以利，因此失去天下。”

高祖说：“你们只知其一，不知其二。论到打仗时在军营中的谋略、计划，决战于千里之外取得胜利，我不如张良。论镇守国家，安抚百姓，管理内政，负责运送粮草，保证前方供给，我不如萧何。统帅百万大军，打仗一定胜利，我不如韩信。他们三个人可都是人中豪杰，我能用这三个人，这是我之可以取得天下的道理。而那个项羽有一个范增，可是不能善加运用，这是项羽所以被我所擒的缘故。”汉高祖分析得好极了，这的确就是他成功的重要原因。纵然刘邦不学无术，可是有张良、萧何、韩信为他所用，如虎添翼，等于他自己同时拥有这三个人的能耐一样，怎能不得天下呢！

扫一扫，
进入课程

第七章　大丈夫当如是乎
——高祖本纪（五）

一、汉高祖迁都关中

齐国人刘敬建议高祖定都关中而不是洛阳，因为关中是险要地方，留侯张良也这么认为。汉高祖觉得有道理，所以当日就迁都关中。六月，大赦天下，这是新王德泽普被的表示。回想当年有人曾劝项羽占据关中，项羽却唯恐“锦衣夜行”无法炫耀自己而拒绝。游说的人说了句“沐猴而冠”，项羽一怒之下就杀了他，还把这险要之地分封给秦将，这是两人间多大的差异。可见楚汉相争，刘胜项败是有道理的，项羽的胸怀气度确实不如刘邦。

想要得天下必须能运用人才，用人就要大度量，不然就容不下人。项羽败就败在不知道人才的可贵，不能知人善任。故在外面做事，想成为一个好领导，就要有能力选拔人才，还要以宽广的胸襟善用人才。而这种胸怀气度不是生来就能拥有的，需要培养，靠学习明理而来。古人讲究学而优则仕，原因正在于此。学习明理，除了知识丰富，更重要的是将知识转化为智能，自然胸襟扩展，气度扩大。所以道理要活用，要能内化成智慧，灵活应变。以此点评高祖，他真是有智慧的人吗？还是权且应对，出于计算而已？若说他是读书明理有智慧，又怎么会有“不学无术”的说法？再说他“高鸟尽，良弓藏”的无情作为，胸襟哪是广大？又岂是真的爱惜人才，善待有功于汉的这些人臣？那么他何以能成为天子？事情没有那么简单。

二、兔死狗烹，鸟尽弓藏

汉六年，发生了一些事情。

第一件事情是封“太上皇”。汉高祖刘邦跟父亲刘太公，一向见面的时候用的是父子之礼，可是刘太公的家臣（替他管家务的臣子）告诉刘太公不可如此，因为这样将有损皇帝的威望声势。因此汉高祖第二次来的时候，刘太公就双手抱着扫帚站在门前迎接高祖。这是古代的礼仪，当贵客来的时候，主人用扫帚把道路扫得很干净，拿着扫帚是表示尊敬之意。刘太公完全是用臣子见皇帝之礼，不敢背对汉高祖，而是面向皇帝往后退着走，刘邦看了非常惊讶。得知原委后，刘邦非常高兴，就尊刘太公为太上皇，又赏了那个家臣很多钱。这事看上去不大，不过按照上古礼法是“子尊不加于父母”，舜至为孝顺，但当了天子以后，并未以土地、爵位封给父母。所以，汉高祖封刘太公为太上皇并不是非常妥当。

第二件事情是杀韩信。有人说韩信要谋反，汉高祖就问身边的人，他们说这很简单，带兵打他就是了，但汉高祖没有采纳这个建议。而是用了陈平的计谋，号称汉高祖要到云梦大泽，在陈这个地方大会各诸侯王，这样韩信当然得来，高祖借此机会拘捕了韩信。用陈平的计策是对的，因为出兵打韩信不一定能赢，反而打草惊蛇，韩信会有所防范，乃至于真的谋反，后果不可收拾。由此事更能证明高祖从起兵至称帝，处处事事都用计策，对计策非常娴熟而且能够精确分辨优劣。不过再精明如高祖，因猜忌而杀韩信这件事，也有些过分了。

拘捕韩信这件事，《高祖本纪》里说得很简单，《淮阴侯列传》却是叙述得非常生动，颇值得玩味。当年，项羽手下有一员大将叫钟离眛，一向跟韩信交情不错，所以，项羽死后，他就投奔了韩信。汉高祖一向忌恨钟离眛，于是就要求韩信交出钟离眛。接着就有了高祖要大会诸侯于陈之事，也就是到楚国的国境里去。韩信虽不知内情，可是在高祖将要抵达楚国国境时，也觉得有点儿不太对劲。

韩信想的是：如果高祖是来夺他军权，或是要拘捕他的话，那还不如先造反，可是他转念又一想，自己只有功没有罪，所以就想不如亲自去见皇帝，跟他当面说清楚，如果有人告密，还可以解释。当然，韩信也怕这一去就被捉。韩信的顾虑不是没有道理，正在两难之间，有人就劝他把钟离眛杀了，提着他的头去见皇帝，皇帝一高兴就没事了，韩信决定用钟离眛的头保自己的性命，就以商量公事为理由约钟离昧来。钟离昧何尝不懂韩信的意思呢？钟离昧来了以后就说：“你要知道刘邦之所以不来攻打你，就是因为有我在这里，如果你把我杀了，自动去讨好的话，我今天死了，你很快也会跟着我送命。”钟离昧的意思是，你韩信收留我，刘邦为了要捉拿我，也许还有些顾忌，不至于立即下杀手。钟离昧说完，大骂韩信不仁不义，然后就拔剑自刎。

韩信提着钟离昧的头去见高祖，高祖立刻叫人把韩信捆起来放在后面的车上。这时韩信说：“果然是人们说的那样，‘狡兔死，走狗烹；高鸟尽，良弓藏；敌国破，谋臣亡。’”打猎时捉到兔子以后，猎狗也就没有用了，可以宰烹了；射天上的鸟需要好弓箭，等鸟射完了，弓箭也没用处而可以收藏起来了；攻打敌国需要谋臣，但打败敌国后，谋士也没有用了，就可以杀了。如今天下已安定，我也该死了。高祖说：“不是的，是因为有人告你谋反，才捉拿你。”然后把韩信押解到洛阳，后来又赦免了韩信，只是收了韩信的封地，降级封为“淮阴侯”。把楚国一分为二，分封给刘姓王。韩信怕高祖忌妒自己的能力，就称病不上朝。汉十一年，因与陈豨谋反一事，被吕后拘拿，被斩，夷三族。临死，韩信后悔当初没用蒯通的建议。

吕祖谦曰：“天下既定，本是饥渴易为饮食之时，只因伪游一事，叛者九起。”足见用计策虽巧妙，但是若非真正得人心，总归是无法服人的。高祖统一天下本是喜事，好比原本饥饿，变成得到饮食，本是好的状况，可惜假借游云梦，实则捉拿韩信，让人看清了高祖猜忌的本性，而引起一连九起的反叛，说来真是得不偿失！

接着田肯劝高祖说："陛下现在已经控制住韩信，又定都关中，地势险要，广阔千里，如此治理天下是居高临下，十分有利。说到齐国，东有琅琊（láng yá，今山东省诸城市）、即墨（今山东省平度市东南，青岛市东北）的富饶之地，南有坚固的泰山为屏障，西有黄河的阻隔，北有渤海的地利。军队百万，地方广袤，齐国的作用远远超过其他国家多倍，所以这正是东有强大的齐地，西有险要的强秦旧地。若不是刘姓自己的子弟，绝不能封为齐王。"高祖听完十分满意，赏赐田肯五百斤黄金。这正是当年高祖不让韩信当齐王，而改封为楚王的原因。而高祖后来不仅齐地要封亲子弟，所有诸侯国皆是刘姓，萧何等功臣也仅是封为列侯而已。

三、高祖亲征韩王信

韩信被拘后所说无误，汉高祖是一个生性多疑好妒之人。当时征战天下的时候，他用了很多的谋士、将领，也非常倚重这些人，可是，打下天下，不需要这些人的时候，高祖就一一去除，展现出其多疑又不仁不义的一面。造成人心不稳要叛变，第一个起来反叛的是韩王信。韩王信是战国时期韩王的后裔，汉高祖封他为诸侯王，移驻太原。

汉七年，韩王信被匈奴攻打，他不仅不奋起抵抗，还与匈奴勾结起来一起打汉朝。正值天寒地冻之时，很多兵卒的手指都被冻得掉了下来。在平城，匈奴把高祖军队围困起来，汉军七天里几乎没有东西可吃。高祖出城登上白登山，被匈奴骑兵团团围住。最后靠陈平出奇计，高祖才得以罢兵回来。韩王信投奔了匈奴，后来多次率军攻打汉朝，最终还是被斩。

四、与老父谈无赖

汉八年，萧何主持建设未央宫，非常壮观。高祖攻打韩王信回来，见豪华的未央宫，大怒，对萧何说："天下连年征战，成败尚不知，怎可建造如此过度奢华的宫殿？"萧何说："正因天下未定，所以趁此建宫殿，不建得壮观，不能显示您的威望，而且也是不让后世超越。"高祖这才高兴起来。

汉九年，汉高祖在未央宫前殿大会诸侯，设酒摆宴，款待诸侯、群臣。汉高祖亲自执玉杯给父亲敬酒，祝他健康长寿，然后说："我小的时候，父亲大人认为我是个无赖，不能为家庭去做事赚钱，认为我不如二哥刘仲勤奋努力。现在你看，我打下的这份家业，跟二哥比一比，谁的多呢？"说完，所有人都高呼万岁，高祖大笑。虽然无赖一词说的是不事生产，无法赖以为生，不是如今我们所说的无赖之意，但是高祖的这番话，真不是一个主宰着天下万民的皇帝在诸侯群臣面前该说的话，反而真像是一个不学无术之人的说话风格。所以古人一再说人要知书达理，言谈举止才能符合自己的身份。

汉十年，太上皇驾崩，汉高祖赦免当地的囚犯，以行大善。八月，代国的陈豨造反，高祖听说陈豨部属从前多是生意人，就以重金收买陈豨手下将领，许多将领投降，最后陈豨被杀。汉十一年，陈豨手下将领赵利守东垣，高祖久攻不下，赵利让人连骂高祖一个月，高祖当然很生气。东垣城投降后，骂高祖的人全遭斩杀，没骂的均得以宽恕，这种赏罚分明的做法，与意气用事的项羽很不一样。高祖还立儿子刘恒为代王，建都在晋阳（今山西省境内）。刘恒就是后来的汉文帝。

这一年淮阴侯韩信、梁王彭越谋反，结果都被杀，夷三族。封皇子刘恢为梁王，刘友为淮阳王。高祖将彭越制成肉酱分送各诸侯，黥布见状惊恐万分，也谋反，高祖去攻击他。同时封皇子刘长为淮南王。实际上此三人的谋反，或是被迫，或是高祖为除功臣而罗织的莫须有的罪名，总之多是被高祖或吕后迫害。回首他们为高祖打天下的勇猛尽力，不禁令人唏嘘长叹，真所谓利害中没有真正的朋友或敌人，一切皆在乎利益而已。

五、《大风歌》

汉十二年，高祖打退黥布叛军，黥布逃走，高祖派人去追，自己班师回朝，经过沛县，就停留在沛县，设酒宴款待当地父老子弟。汉高祖挑拣出沛县儿童一百二十人，教大家唱歌。喝酒喝得高兴之下，高祖击筑，作了首诗歌，唱道：“大风起兮云飞扬，威加海内兮归故乡。安得猛士兮守四方！”后人称为《大风歌》。汉高祖叫当地的儿童都跟着唱。汉高祖又趁机起舞，慷慨伤怀，颇多感慨，于是流下眼泪来。对沛县父老说：“我这是游子思念故乡的伤悲。我人虽在关中都城，但是将来的魂魄还是思念故乡的。而我从当沛公开始讨伐暴逆贼子，如今才能有天下，就以沛县作为汤沐邑（汤沐邑指周朝时，天子赐以王畿以内的封邑，供诸侯朝见天子时，支应斋戒沐浴等开支。后指皇族受封的私邑，可收取赋税），并且免除这地方百姓的所有赋税劳役。”

高祖在沛县停留了十多天，当地父老、旧友都非常高兴。高祖要离开时，父老百姓挽留他，高祖说：“我带的人众多，你们供应不起。”就走了。沛郡各县百姓献酒宴送别，高祖又住了三天。父老们叩头恳请说：“沛县很幸运可以免赋税劳役，丰邑却没有此优待，请陛下也能怜悯丰邑。”高祖说：“那是我生长的地方，绝对不会忘记，只因雍齿反对我而投向魏国的缘故。”在父老的一再请求下，丰县得以享受和沛县一样的待遇，也是高祖的汤沐邑。

黥布被汉朝将领所杀。高祖率军回到长安，对陈涉（即陈胜）及六国绝嗣没后代的，赐给守冢人家，各十家；秦始皇二十家；魏公子无忌五家，展现仁义之风。

刘邦的《大风歌》与项羽的《垓下歌》两歌都慷慨淋漓，但是前者唱的是夺天下者苦尽甘来的无限感慨，表现出帝王战胜后荣归故里的光耀；后者唱的是英雄末路的苍凉，表现出英雄的黯然情怀。但如果仔细推敲，汉高祖已当了皇帝，又是凯旋，为什么在家乡父老面前歌舞之际会“泣下数行”？莫非是因怀旧而感动，想想当年起兵时，就是靠沛县人的支持，而后才有今天，因此流下喜悦的眼泪。也可能是汉高祖想起跟他一起征战的那些人，死的死，伤的伤，逃的逃，背叛的背叛……现在环顾四周，不免感慨良多，不禁有孤寂之感，因此“泣下数行”。总之，楚汉相争的这五年，回首往事真可谓一场征战，多样情怀！

六、汉高祖安排后事

高祖率军打黥布的时候，被流箭射中，归途中发病，而且病得很严重。回到长安吕后请来良医给他看病。高祖问自己的病情如何？医生说能治得好。汉高祖责骂医生说：“我能以一介布衣提三尺剑夺得天下，这不是天命吗？我的命系之于天，就算把扁鹊请来，对我这病能有什么帮助呢？”高祖就赐给这个医生五十斤黄金，让医生离去了。

吕后心情当然很沉重，就问高祖说：“在你百岁之后（身故以后），如果相国萧何也死了，那谁可以替代相国的职位呢？”高祖说曹参可以。吕后又问曹参以后呢？高祖说王陵可以，但要让陈平帮着王陵，因为王陵到底年纪还轻又有点儿憨直，所以要靠善于谋略的陈平当帮手。换言之，陈平是智力有余，但是难以独当大任的人。然后，高祖又分析周勃为人宽厚，可惜缺乏学问，不过最后安定刘氏天下的恐怕也要靠周勃，就让周勃做太尉吧。汉高祖认为这几个人合起来，可以治理刘氏的天下。

后来事实证明高祖确实是非常善于观察人，善于用人！这就是我们前面说高祖之所以成功，是因为他善于识人，而后善加利用。吕后又问再后面呢？高祖说："再后面你也不会知道了，你不可能活那么久，所以也不用问了。"

七、吕后的心思

吕后之所以要问高祖身后的人事安排，是因她的儿子刘盈要继承皇位，需要有合适的相国来辅佐，以保汉家天下的长治久安，这事很重要，所以她才要一问再问。

高祖驾崩之后四天，吕后就与审食其商议说："皇帝那些将帅，原本都是和皇帝一样的平民，当了臣子之后抑郁不乐。如今还要他们事奉年少登基的新皇帝，必然不会心服，不先杀光他们，天下无法安定。"所以就暂且不发丧。有人听说此事，就去告诉了郦将军，郦将军马上去见审食其，说："陈平、灌婴领军十万镇守荥阳，樊哙、周勃统帅二十万大军平定燕地、代地，现在这些受封列侯的人，听说皇帝驾崩，又杀了追随皇帝的将领，必会联合军队回乡来攻打关中，于是，大臣在内部反叛，外有诸侯造反，国家灭亡恐怕可以翘足以待了。"审食其听了告诉吕后，于是决定在丁未这天发丧，并大赦天下。

高祖葬后，太子刘盈继承帝位，史称孝惠皇帝。群臣认为高祖是汉的太祖，功绩最高，所以上尊号为高皇帝。孝惠皇帝令各诸侯立高祖庙，按时祭祀。又因念及高祖在沛县经历过的悲喜，于是除在长安立庙之外，又以沛宫为高祖原庙（再度立的第二宫庙）。当年高祖教唱歌的一百二十个儿童，皆成为专职吹乐者，遇到缺额就补足。

八、司马迁对刘邦的评价

《高祖本纪》最后的“太史公曰”，司马迁没有直接评判高祖，而是先说夏、商、周三代，夏朝在治理教化上以忠为主，就是行事忠厚，但缺点是缺乏礼仪、礼节，因而比较粗鄙；殷商时代，去除了夏朝粗鄙的流弊，转而恭敬天地鬼神，国家的治理教化崇尚敬畏，很多礼节均不敢失分寸，而缺失在于过度敬畏鬼神，人事上就少了作为；周朝开国以后，重视人事分级，去除崇尚鬼神的治理之道，而对礼乐、礼法非常在意，典章制度上非常详尽，可是太讲究礼法、礼仪、规则，有的时候就不免流于形式，就容易缺少发自内心的真诚。

司马迁又说，假设夏、商、周三代的治理之道是循环的，是周而复始的，那么在秦朝的时候，就应该强调忠，可是秦朝用的是严刑峻法。所以当汉朝建立，一改秦朝的严刑峻法，本质上是归于忠厚，使百姓安定生活。高祖刚拥有天下时，颁布减税措施，让军人回乡生活，不再大量使用武力，更顾念安定百姓，这就遵循了天道循环的规律，是很好的。

司马迁之所以用夏、商、周三代来评说，是因为三代治理之道被后世称赞，认为是英明君主的作为。秦朝就不合于大道循环的规则，汉朝的政治教化是合乎大道的表现，这也算是对汉朝的褒扬。司马迁对高祖个人没有做任何评判，这合乎为人臣子的本分。不过，司马迁对于高祖的褒贬，都在叙述事情的过程中显示，用的是寄托而不是直接发挥的写法。

九、刘邦的规模宏远

我们回头再来检视一下刘邦征战的整个过程。

班固《汉书》对高祖是一番赞美，客观来看，高祖的确有功绩，拥有天下绝不是偶然，他的确运用了很多好策略，用他的长者之风得民心，也用很多宽厚的做法得民心，跟项羽的做法大不同。刘邦不会不问是非轻易杀人，项羽却常常不问青红皂白就一律坑杀。刘邦知人善任，能让身边的每个人都发挥出最大的能量，这对于夺取天下帮助很大。刘邦是恩威并济，有赏有罚，并不是无理地任意而为，这都是他的长处。

刘邦说大丈夫生当如是时，就立下了大志向。在征战过程中，每个阶段都以未来做皇帝的心态，来做当下的事情。例如当了汉王就立太子，而且还让当时关中诸侯的儿子们，拱卫在太子刘盈的身边，这也是把这些人视为人质——刘邦做任何事情都有谋划，都有他的用意。刘邦委派官吏，按照一定的节日，奉祀天地、山川、鬼神，这也是统有天下该有的规模、礼仪。守关中的时候，刘邦还立宗庙社稷，这也是称帝所需要的谨遵礼法的作为。刘邦以称帝为最终目标，来做每一件事情，他设想的是那么远大，而所做出来的事情也树立了帝王的规模，因此班固赞美汉高祖规模宏远。

十、刘邦做人做事的目的性

刘邦的形象为人所称道，他的作为被人所赞美，但是这真正的内在本质，是不是还可以有另外一种解读？我们不妨试着解读一下。

首先刘邦来自社会底层，知道当时百姓的疾苦，了解秦朝严刑峻法下民心思变的心理，于是他以长者自居，用宽厚来笼络人心。刘邦这样做并不是源自他的本性，而是来自一种角色设定，他把自己的身份设定为救百姓于水火之中。

这个身份要求他必须要大度、谦卑，因此不管是做沛公，还是当皇帝，他都是在多次谦让后才应允担当。这种不争权位的表现，是否出自刘邦本性值得玩味。然而这样做，的确让很多人为他所用，大家认为值得为他做事。直到他统有天下不再需要这些人的时候，他才表现出各种猜疑，甚至于杀害功臣，暴露了他生性多疑的真实面貌。当年“解衣衣我，推食食我”，即刘邦把自己穿着的衣服脱下给韩信穿，把自己吃的食物给韩信吃，这样的施恩是在笼络人心，是要让韩信为他所用，如果看到日后用计杀韩信，就知道这显然不是不求回报，不是没有任何私心的做法。

十一、刘邦的领导力

再说刘邦当初走上政坛，是从一个小吏亭长开始的。刘邦的父亲刘太公也说他是一个无赖，指的是他不做事、不生产、不勤奋。刘邦还存在经常酗酒、对人无礼轻慢等问题，这样一个人能够用多少真心待人，是很值得怀疑的。从后来所有事情来看，刘邦应该是一个久经历练、老谋深算的人，项羽则是一个涉世未深、不够沉稳的人。正因为刘邦知道自己不学无术，所以他要善用人才，补足自己的不足，这是刘邦的高明之处。

成功的领导者还要有能力统御一切。任何一个时代、社会，都不缺乏人才，代代皆有才人出，但如果领导者没有领导力，肯定谈不上任何作为。但刘邦在每一个关键时刻，都能展现他的领导能力。他用一个领袖的气度胸襟，去虚心受教，绝不托大，如此才能统率众人。例如，郦食其一见到刘邦，就指责他傲慢，他立刻改变态度，当场道歉。刘邦开始不想重用韩信，韩信一气之下出走，然后萧何月下追韩信，把韩信追回来。而且告诉刘邦，韩信是国内独一无二的优秀人才，如果大王只是想当汉王，那就可以不用韩信，如果想拥有天下，必须有韩信这样的人来共谋大事。刘邦听从萧何的建议立刻改变态度，斋戒、设坛场，亲自拜韩信为大将军。这些作为值得赞美刘邦具备领导力，遗憾的是，这是明确的功利作为，而非天性，否则就不会有危急时刻再三将儿女推下车，与项羽说杀自己父亲的话，请分他一杯羹，以及后来的杀功臣等作为。

再看刘邦的猜疑，到后来呈现真实面貌的时候，我们可以判断，当年的那个容人之量、胸襟广阔的形象，恐怕不是源自其本性，而是他为达到目的的一种方式，预设的一种形象。所以，如果说刘邦的仁而爱人、气度宏大、长者之风只是一种表面现象，应该不为过。比如对钟离昧这件事，表明刘邦记仇记恨的心实在是非常强烈。还有曾经效力于项羽的季布，在其畏惧逃跑并潜藏起来的时候，刘邦悬赏千金捉拿季布，且扬言敢藏匿季布者罪及三族，足见刘邦不是本性仁慈的人。

十二、刘邦、项羽的性格与命运

很多人认为司马迁偏爱项羽的英雄气概，而对刘邦的指责比较苛刻。实际上，司马迁对高祖没有丝毫的正面指责，对项羽也没有任何的正面歌颂，《项羽本纪》“太史公曰”，司马迁评论项羽的那番话，非常客观，他所评论的项羽的失败之处，反过来也就是刘邦成功的原因。司马迁对项羽、刘邦不是绝对的褒或贬，而只是呈现真实的项羽、刘邦。

司马迁说项羽背弃“先入关者为王”的约定、分封不公、杀义帝而自己上位、怨恨其他王侯背叛自己，这样的人要想统一天下是很难的。司马迁更说项羽自夸功劳，又只用自己那点儿智慧，不知效法前人的智慧，在这样的情况之下，虽然自称西楚霸王，拥有霸王基业，想要由此单靠武力称王于天下，最后五年就亡国，自身死在东城，如此尚不觉悟不自责，也太过分了啊！司马迁认为项羽想纯粹靠武力来赢得天下，是个很大的错误。而且临死之前还说："天亡我，非战之罪也！"竟然不知道自己错在哪里，不是很可笑吗？司马迁对项羽的这一番评论，着实公正，而且正中其要害。

十三、司马迁的深意

高祖善于识人用人以成就大事，其实从古至今何尝不是如此？再者，人一生有朋友才不孤单，有朋友的合作帮助才能成就事情，这也是我们平常能够深刻感受到的。但是，交友贵在真诚，而刘邦的猜忌、残杀，不能不说是玩弄政治权术的悲哀。因此，张良最后选择功成身退，因为他知道与人共患难易，同享荣华难。功成身退是把空间留给别人，而不占为己有，不以自己的功劳夸耀自己的能耐，而去与人争抢，这当然是一种智慧的表现。项羽这方面显然不足。另外，做大事的人要思考天下苍生的福祉，而不仅是个人的成就。一般人想要功成名就，也不该出于满足个人私欲，否则就算成功，也会酿成遗憾。努力必是共同付出，成功不必一定个人享有。

扫一扫，
进入课程

第八章　伯夷列传（上）

一、谈《伯夷列传》的几件事

第一，《伯夷列传》在写法上叫作变体。《史记》七十列传当然是叙述传主的一生，一般是从其祖先、家世开始写起，到其成长的过程和生平事迹。自然以叙述为主。可是《伯夷列传》仅有几十个字，其他都是议论。传记体以议论为主，所谓“以议代叙”，以议论笔法代替原来正格的叙事笔法，故为变体。再者，《伯夷列传》的最后，没有“太史公曰”，司马迁把所有的想法、见解都在全篇文章的议论中充分表达了，这也是变化正格的变体。

第二，为什么以《伯夷列传》作为七十列传的第一篇？固然因为传主的时代最早，但是有个更重要的理由，我们从本纪第一篇是《五帝本纪》，世家第一篇是《吴太伯世家》，列传第一篇是《伯夷列传》来看，尧、舜、禹三人，吴太伯，伯夷、叔齐，都有着禅让美德，显然，司马迁对于政治人物的禅让美德极为推崇，所以要放在第一篇。

第三，为什么要显扬禅让美德？就个人来说，这是一种谦让、谦退、谦逊的德性，是仁者的风范，源自无私无我。人自我强调重视，以自我为中心，这样的执着就产生诸多的烦恼、问题。想要去除我执、我爱，可不是容易的事情。大多数人一辈子都以我执、我爱为核心，我的身体、我的容貌、我的儿女、我的父母、我的工作……都是一个“我”。一旦不执着于“我”，才能不被欲望困住，在这个基础上谈旷达、淡泊、无私、无欲……就容易了。负面的烦恼、忧虑、不满、消极、困扰……也就没有了。若是在权威中，在统治天下时，能无私地以天下苍生为贵，不把天下视为是自己的，不求享受荣华富贵权势，在司马迁看来，这种美德极其可贵。

第四，为什么《伯夷列传》讲的是伯夷、叔齐两个人，可是在篇名上只称《伯夷列传》？司马迁这是沿用古法，在古书中常有这种现象。《孟子》就说：“伯夷，圣之清者也。”就是把哥哥和弟弟合在一起来谈，因为他们既是亲属，又有同样的事迹，所以传名只取哥哥，而实际叙述的时候是包含兄弟两个人。

二、史料的真伪、取舍

《伯夷列传》一开始，论述的是书籍真伪的问题。说记事的书籍很多，都要考证征信于《诗》《书》《礼》《乐》《易》

《春秋》这六艺之书。《诗》《书》虽然有一点儿损佚，但是从尧舜以来，以至于到夏朝的事情，都还可以借助其中的记载，知道整个事件的始末。例如，尧、舜、禹之间的让位，舜、禹受到各诸侯、州牧的极力推荐，乃至于舜、禹都经过长期代理职务，功效显著，然后才将天下交付与他们。这一切都表示天下是极其贵重的宝器，帝王是极其重大的法统，传天下是如此这般困难。

也有人传说，尧曾经要把天下让给许由，许由不接受而逃离隐居起来；夏朝有卞随、务光两位隐士，商汤请他们承接天子之位，他们也不肯。然而为何六艺都未记载？司马迁说："我登过箕山，山上有许由的墓，可能真有许由这个人的存在。孔子记述古代仁人、圣贤，如吴太伯、伯夷等都很详细。我所听闻的许由、务光道义极高，却为何不记载呢？"司马迁也就根据圣贤之说，给吴太伯、伯夷立传，以传闻中的许由、务光事迹为陪衬写伯夷、叔齐。

卞随、务光的事情，《庄子·让王篇》中提过，但是庄子的说法一般不被采纳，是因为庄子自己说过，他有重言、寓言、卮（zhī）言三种写法，有许多事情是他个人为了阐述其主张而杜撰的，不是来自信史，不一定真有这个事情。

三、求仁得仁而无怨

《伯夷列传》第二段开始引用孔子的话："伯夷、叔齐不念旧恶，怨是用希。”“求仁得仁，有何怨乎？”这两段话都出自《论语》，是孔子对伯夷、叔齐所做的赞扬。《论语·述而》问：“伯夷、叔齐是什么样的人？”孔子答：“古时候的贤人。”子贡说：“（他们因互相让国君之位而出逃），他们有怨悔吗？”孔子说：“他们求仁德，便得到了仁德，有什么可怨悔的？”孔子这样说是因为伯夷兄弟都是孝悌的践行者，既孝顺又友爱，所以能彼此谦让，没有丝毫埋怨，这正是仁德的表现。至于后来，周武王伐商纣，伯夷、叔齐宁愿饿死也不愿意吃周朝的粮食，不愿意看到百姓因为打仗而受苦，这也是仁者的表现，更是求仁得仁，又何来怨恨呢？

四、伯夷、叔齐传记

司马迁接着引用古代留下的传记，叙述他们的事迹。话说有个小国叫孤竹国，国君觉得三子叔齐比较贤能，所以要传位给他。但按规矩，王位应传给嫡长子伯夷。因此，叔齐认为自己若接受王位就会陷父亲于不义，使父亲得到不好的名声，于是叔齐欲把王位还给哥哥伯夷。可是伯夷认为自己若当了国君，就是违逆父亲的意愿，是大不孝，所以也不肯接受。兄弟二人就离开自己的国家，之后，国人决定由次子继承孤竹国王位。伯夷、叔齐听说西伯姬昌（后来的周文王）招贤纳士，很愿意贤能的隐者到周地养老。伯夷、叔齐就去了。

可是，去了那里碰上西伯姬昌去世，周武王尊西伯为文王，带着西伯的牌位去讨伐商朝的暴虐之君纣王。伯夷、叔齐就“叩马而谏”，挡在周武王马前，劝谏他说：“父亲逝世还没有安葬就去打仗，这是孝吗？以臣子身份杀国君，这是仁吗？”周武王身边的侍卫要捉拿伯夷、叔齐，姜太公就说：“他们是有仁义的人。”令人扶他们离开。后来，周武王平定商纣，建立了周朝。

伯夷、叔齐对周武王的行为感到羞耻，就不吃周朝的粮食，隐居在首阳山采薇而食，薇是一种野菜。在饿死之前，伯夷作《采薇》诗，“以暴易暴兮……于嗟徂兮，命之衰矣”。最后饿死于首阳山。伯夷、叔齐认为周武王出兵讨伐纣王，是用暴力（武力）去除暴王，非仁者所为。最后说：“我们就要死了，我的命运难道就如此衰败了吗？”以上是古传里的内容。

在这古传记里存在一些问题，例如，伯夷、叔齐到西伯处时，其实西伯文王还未死。又例如“父死不葬，爰及干戈”，不合乎《史记·周本纪》的记载。实际上西伯在位大约五十年，逝世后谥为文王。武王登基，承继文王的事业。武王受命第九年，在毕地祭祀文王。然后用车载着文王的牌位，自称太子发，奉文王之命讨伐纣王。船到河中央，有白鱼跳进武王船中；渡河后有一团火从天而降，变成一只慈乌，此时，不期而会的八百诸侯都说：“可以讨伐纣王了。”武王却说：“你们不了解天命，现在还不可以（伐纣）。”于是率军回去了。过了两年，纣王更加昏庸暴虐，杀王子比干，囚禁箕子。于是武王向全体诸侯宣告讨伐纣。所以武王没有“父死不葬，爰及干戈”。但是可能在父亲刚逝世，就有了决定伐纣的念头。古传毕竟不同于正史记载得周全且确切，这是毋庸置疑的。司马迁此文乃重在议论，故权且借用古来原有传记来叙述。

至于伯夷、叔齐是否饿死在首阳山，也有诸多不同说法。三国时期谯周《古史考》说伯夷、叔齐："隐于首阳山，采薇而食之。野有妇人谓之曰：子义不食周粟，此亦周之草木也。于是饿死。"但《论语·季氏》："齐景公有马千驷，死之日，民无德而称焉。伯夷、叔齐饿于首阳之下，民到于今称之。"并没有说是饿死。然而不食周粟和最后死去二者皆是事实，讨论这个问题的意义不大。而不食周粟其实指的是不在周朝做官，不拿周的俸禄，与食用野地生的野菜无关。

另外，伯夷、叔齐不是不负责任，丢了国家就跑了！国家不可一日没有君主，怎么可以不管百姓，不管国家呢？伯夷、叔齐的离开，是了解中子可继承国君，不至于国家无君。任何一个国家在君主过世之后，一定会立一个后人，区别只是立谁而已。以上各种疑问都没有真正确切的资料可供做出更确切的判断，在此就以《史记》现有的内容来看待。

五、怨耶非耶

在原文此段最后，司马迁说："由此观之，怨耶非耶？"意思是：从"命之衰矣"这句话来看，他们是有怨呢？还是没怨呢？后人就因为这个疑问词句，认定司马迁怀疑"求仁得仁而无怨"的说法。问题是司马迁先引用孔子赞美伯夷、叔齐的话，强调二人无怨，怎么会在后文又引用《采薇》诗，表示有所哀怨呢？当然会引起诸多歧义。

在此必须认真分析司马迁提出“怨耶非耶”的问题，如果因此就认为司马迁对伯夷、叔齐的去向有所怀疑是极大的错误。细读整篇《伯夷列传》，就会明白司马迁在此用的是一种设问，设问在古代的文章里常常出现，汉代这样的文章尤其多，汉人的赋里常常用设问形式，假托两个人对谈来叙事情或说道理，也就是假设性的问答。司马迁在这个地方用的就是假设性的问答，目的是引领读者进入下文对天道人事的议论，解答何以无怨这一问题。司马迁是在自问自答，又何来疑惑之说？

再说到《采薇》诗里，伯夷、叔齐面临饿死，似乎有怨，其实他们是哀叹不得不面对周朝建立的命运，而不在于饿死与否。当然，周武王讨伐商纣暴君是名正言顺，是举着正义之旗打的这一仗，实际上也的确是为百姓解除了痛苦，让百姓不再过水深火热的生活，因此后世历史对周文王和周武王都是歌颂、赞扬的。伯夷、叔齐又为何认为周武王不仁不义呢？原因是伯夷、叔齐是从另外的角度看待周武王讨伐商纣这件事的。武王当时尚未建立周朝，仍是商朝下的诸侯国，杀商纣是弑君，不合礼法，是为不忠。再者，用战争来讨伐纣王，战事牵连害苦百姓是不仁，所以对周武王的做法不能接受。这也正是孟子赞美伯夷、叔齐是“圣之清者”的原因。伯夷、叔齐非常在意个人情性、品格上的毫无瑕疵，所以他在做人做事上容不得有一点儿污垢，是极为清高端正、高风亮节的人，当然不赞成伐纣一事。

六、"圣之清者"是什么样的人

《孟子·万章下》孟子曰："伯夷目不视恶色，耳不听恶声。非其君不事，非其民不使。治则进，乱则退。横政之所出，横民之所止，不忍居也。思与乡人处，如以朝衣朝冠坐于涂炭也。当纣之时，居北海之滨，以待天下之清也。故闻伯夷之风者，顽夫廉，懦夫有立志。……孟子曰：伯夷，圣之清者也。"

孟子是说："伯夷、叔齐眼不看妖冶容色，耳不听淫靡音声。不是理想的君主，不去服侍；不是他的百姓，不去使唤。世道太平就做官，世道混乱就隐居。施行暴政的国家，暴民居住的地方，他们不忍居住。与不知礼仪的乡人处在一起，就像穿着礼服、戴着礼帽坐在泥土炭灰上一样。纣王当政，就隐居在北海边上，等待天下太平。所以凡听说过他们节操及作风高尚的人，贪心的也会变廉洁，懦弱的也能立志。最后，孟子评论伯夷、叔齐是积仁洁行、清风高节、品格崇高的圣人。"

《孟子·公孙丑上》还有段话说："伯夷、叔齐不是理想的朋友不结交；不站在坏人的朝堂上和坏人交谈，否则就像穿礼服戴礼帽而坐在淤泥炭灰里。同样的，与家乡人站在一块儿，若那人帽子没戴正，他们也会惭愧地走开，好像自己会被弄脏似的。所以当时诸侯即便好言好语来请他做官，他们也不接受。他们之所以不接受，是因为他们不屑于做官。柳下惠相反，他认为你是你，我是我，就算你露臂裸体在我旁侧，你也不能污染我！孟子说：伯夷狭隘，柳下惠不恭。隘与不恭，君子不依从。”

孟子认为该依从谁呢？孟子说：伯夷、叔齐是圣人中讲究清高之人；伊尹是圣人中以拯救天下作为自己重任的人；柳下惠是圣人中的随和之人，能和而不同，同流而不合污；孔子是圣人中集大成的人，集合圣人的各种德行，相机行事，凡事合乎时宜。显然孔子是最应依从的圣人。伯夷这类“圣之清者”，看起来做事为人似乎不近人情，只坚持自己的清高，但是世上又有几人能如此清廉高尚呢？圣之清者着眼的地方与普通人不一样，但是终究要生活于现实中，有所感慨也是自然。

七、好人有好报吗

前面说过，伯夷、叔齐是在节操、品格上如此容不得一丝污垢的人，那么轶诗里所说他们好似有所怨恨，应该不是指饿死首阳山这件事情，而是他们埋怨命运不济、志向难伸。

周文王、周武王都被大家称作仁圣之君，这是因为他们推行仁政，以礼乐教化、典章制度来安定天下，而不是用霸道和霸术；周文王、周武王和周公，成就了一个伟大的时代。伯夷、叔齐对周武王的批评和不食周朝的俸禄的做法，是从德行上的对人的求全责备，也就是说他们个人在节操上求清高，因此用同样的标准去要求每一个人，这样的要求与做法，正如孔子所言，少了通达权变，不能随顺时宜作变通。但是，对于这样的个人作为，在社会中仍是难得的，所以，孔子对他们也给予赞扬。至于司马迁，他对于伯夷、叔齐有怨无怨岂能不了解？司马迁不会不知道的。他这样问，只是一种设问方式而已。

现在进入原文第三段，这段一开始说："或曰：'天道无亲，常与善人。'" 这是《道德经》里老子说的话。很多人解释这两句话常突发奇想或高谈阔论，而司马迁在这里这样用，取的是一般人对于这话的认知。"天道" 指的是大道、天理，"无亲" 是没有亲疏之分，没有偏私，吉凶祸福对待万物都是平等的。天道经常护佑为人处事具有道德的善人。既然如此，伯夷、叔齐可以说是善人了，他们如此的仁德行为、高洁品格，最后为什么会饿死呢？照理说，好人会有好报啊！然后，司马迁又举出孔子的学生颜渊，颜渊是好学的第一人，安然自得地过着极窘困的生活，而最后也早死。这都不符合 "常与善人" 的原则，又该怎么解释呢？相对的，看大强盗跖（zhí），盗跖是一个非常暴力的人，常常横行天下，伤害无辜，却是享尽荣华富贵，最后还长寿而终，这又该怎么解释呢？

甚至于每个时代里，都看到很多操行不端正的人，犯法做坏事，可是一辈子安逸快乐；而有的人言行端正，奋发努力，却遇到灾祸。所以，司马迁就不禁提出 "是邪（yé）非邪？" 假设真有所谓的天道，怎么会发生这种不合天理的事呢？天道到底是有还是没有呢？司马迁提出这个问题，是一般人常有的怀疑，所以常有人说：老天无眼，或求老天开开眼，给个公道。不过对天道报应，我们还真不敢说不存在，我们更常说 "天道不爽"，或 "天网恢恢，疏而不漏"，有的时候也说 "今生不报报来世”，或“不是不报，时候未到”。因果的事情，说起来大家其实仍然没有怀疑，因此仍说天道是存在的。司马迁当然更不怀疑，只是他有和一般人不同的解读，他有更能说服人的见解，而不是对因果关系的纯然接受。

扫一扫，
进入课程

第九章　伯夷列传（下）

一、天道不爽各自解读

下面这一段，司马迁给出了答案。司马迁引用《论语·卫灵公》中孔子的话说："道不同，不相为谋。"这话是说不同志向或志趣的人，不能一起共事。所以当人们对天道报应有不同见解时，当然作为、做法就不相同。

东汉时候有个故事叫"管宁割席"：管宁跟华歆（xīn）是同窗好友，有一天两人一起锄草，锄出一块儿金子，管宁视其如破瓦片而完全不在意，继续锄草，华歆却拾起这金子放起来。又有一次，他们一起读书，有显贵达人的车子经过，管宁头都不抬，继续读书，而华歆忍不住地出去看，还流露出了羡慕之情。于是，管宁认为两人道不同，就割断座席，说："你不是我的朋友！"以割席分坐表示断绝交情。这就是"道不同，不相为谋"的典型例子。司马迁又引用孔子说的"富贵如可求，虽执鞭之士，吾亦为之。如不可求，从吾所好”。意思是说，假设富贵是合于正义的，那我也可以去求；如果求这个富贵是不义的，那我绝对不要，我会继续原来的想法和做法。

孔子还说：“岁寒，然后知松柏之后凋。”意思很明白，冬天寒冷袭来的时候，你才会发现松柏跟其他的树不一样，它没有凋零，这就是各种树的本质不同之处。同样，只有在一个庞杂混乱的社会里，才能够尤其显出人的高洁品性。你会发现不同的人有不同的志向，古人区分君子与小人、圣贤与凡夫不正是这个道理吗！所以，司马迁得出一个结论：“其重若彼，其轻若此哉？”就是说，人各有志向，各有作为，一般人重视的是荣华富贵，而轻视德行；君子有德之人轻视富贵长寿，却重视德行，人的性情不同，所轻视或重视的就不同。也就是说，各人对于吉凶祸福的判定是不同的。在各自随顺自己志向的情况下，就会出现伯夷、叔齐求仁得仁而无怨的清高，他们满足于德性的保全，不在意于饿死与否，他们所认知的“天道无亲，常与善人”就是如此，天道已经给予他所祈求的。颜渊何尝不如此？颜渊求的是读圣贤书、做圣贤人，他得到了自己所求的，这就是天道的显现，所以，他怎么会因为早夭而有所怨呢？更不会因贫苦而怨叹。这就叫作天道不爽，天理存在。

一般人对天道或善报恶报的认知是这样的，善报指快乐、幸福、长寿、权贵、圆满等所谓好事；恶报指遭逢不幸、悲惨、穷困、贫病、早夭等所谓坏事。但是人生很难只有得而无失，只有福而无祸，一生无病无灾，那么，显然善报难圆满，恶报难避免，又怎能不怨叹呢？因而不免要说没有天理。不过若能真的明白更深层的道理，希求的东西不是荣华富贵长寿，并且坦然面对将来的生老病死贫困，那么轻重之间自能平衡，人生意义也就无缺，天道也必将是“常与善人”。

回头再说司马迁所说的“其重若彼，其轻若此”，我们只需想一想，我们求的人生意义是什么？难道人生在世所求就是荣华富贵吗？难道德行是那么不重要吗？难道像盗跖那样杀人越货，得到富贵长寿，是我们所要的人生吗？这是人生的意义吗？如果不是的话，那么，盗跖的荣华富贵又怎么能算是善报呢？怎么解读天道，在于我们每一个人所建构的人生意义，如果我追求的是德行，我来这人世一趟求的就不是荣华富贵，而是希望德行圆满，如此就十分满意，就觉得合乎天理，就不会怀疑天道了。

二、人死留名

司马迁解释完天道，接着讲道：“君子疾没（mò）世而名不称焉。”这也是《论语》中的话，一个有道德的君子人，他最担心的、最痛苦的，是活了一辈子，到最后没有留下任何贡献，感觉是白活了。这个“名”，不是追求功名利禄的名望，是指名留青史的名。是实质有益于社会，有功于社会，造福于大众，让后人一代代都难以忘记、永远缅怀的记忆。更简单地说，人是要在有限的人生里，为社会、大众贡献出自己的力量，这才是活着的意义，才是人生的重要意义，否则就会留下遗憾了。

西汉贾谊的《鹏（fú）鸟赋》说：“同明相照，同类相求。”“云从龙，风从虎，圣人作而万物睹。”有德者会跟有德者在一起，求富贵的就跟求富贵的在一起，伯夷、叔齐自然会得到讲究德行的孔子、孟子的赞美，也因此而留下“圣之清者”的美誉。当然，在这个社会上，也有一些有德行、有理想的人，没有得到时代中的圣贤之人赞扬，而不能够名留后世，徒留遗憾。但是，一般来说，你对社会有贡献，大多是不会被忽略，是会名留青史的，纵然不在当代，也将在未来世。如此的话，不就是最大的善报吗？还有什么比名垂青史更好的报应呢？

我们常说人的躯体是极为有限的，不过百年而已，终有朽烂、完全消失的一天，可是你对社会、对人类的贡献，能长留后世，世世代代记得你，你的生命何尝跟着躯体而消失？这就叫作不朽。古人说立德、立功、立言可以永垂不朽，因为立德使德行风范永垂后世；立功造福社会，给后人留下福祉，受人景仰；立言留下思想道理、制度规则、做人处世的条理，开启后人见识。就像司马迁写了这部《史记》，司马迁的思想、观点和见解影响的就不只是他那个时代，也不是一两个时代，而是一直到今天读《史记》的每一个人，这就叫作名留后世。从这个角度来看，司马迁受宫刑，需要怨恨吗？不需要。司马迁自己说过，如果《史记》能够名传后世，他就得以雪耻，就能彰显他真正的人生意义了，这就是天理昭彰。

三、为什么批评周武王

现在，我们来给《伯夷列传》做一个总结，分几点来谈：

第一点，孔子对伯夷、叔齐的态度和看法。孔子说伯夷、叔齐是“求仁得仁”，孟子说伯夷、叔齐是“圣之清者”，这都是极高的赞扬。要能够做一个仁人，谈何容易！百千万人中有多少个仁人呢？也许有很多的妇人之仁，也许偶尔有恻隐之心，但是在一生结束后，能够得到圣人这样赞誉的，不是件容易的事情。

伯夷、叔齐批评周武王以暴易暴，批评他以臣弑君不忠，周武王还能被称为圣君圣王吗？孔子说周文王、周武王都是仁圣之王，还说周朝的典章制度是他最想效法的对象，所以，他是很重视周文王、周武王所有的功绩的。孔子推崇文王、武王、周公，都是行仁政的圣明之君，他们的治国理政，造就太平盛世，其礼乐教化、典章制度，不仅仅安定当时的天下，还流传给后世，成为后世帝王治理天下的重要依据，他们当然是值得称扬的君王。中国的道统，是从尧、舜、文王、武王、周公时期开始奠定，到孔子集大成。所以，应该这样说，孔子对伯夷、叔齐或者周武王等，是就事论事；各人有各人的长处，不去否定他们各自的成就。你可能会有一点儿怀疑，那到底谁是谁非？这个是非之间，恐怕没有绝对的标准。

首先，周武王没有“父死不葬，爰及干戈”这件情。至于以暴易暴，那是出于不得已，周武王不征讨商纣，就没办法去除商纣暴虐的时代，周武王是为天下百姓而动用了战争的手段。虽然有人怀疑若是在周文王的时代，文王不一定会以战争方式来处理。但这毕竟只是一个“如果”，谁也没法说还有别的什么方法——历史是已经发生以后，我们才能看得到的。以现存的历史资料来看，商纣的暴虐，已经不是任何人能劝退的，所以说以暴易暴是出于不得已。伯夷、叔齐对以暴易暴这件事不满，却也可以理解，因为战争的确是残忍的事。战乱中最苦的是百姓，天下动荡不安，百姓们不能有安宁的日子，每家的男丁都要上战场，有很多的伤亡，百姓流离失所，无家可归，无饭可吃，还要服很重很多的劳役，这就是为什么仁慈之人不愿意战争的缘故。

三国时候的王粲，有一首《七哀诗》，写三国时期战争不断的凄惨情状：“出门无所见，白骨蔽平原。路有饥妇人，抱子弃草间。顾闻号泣声，挥涕独不还。未知身死处，何能两相完？驱马弃之去，不忍听此言。”述说王粲出门行走在外的时候，什么都没看到，看见的只有死人的白骨，这些白骨遮蔽了整个平原。路上有一个饥饿的妇人抱着孩子，又把孩子放在草丛里，孩子哭叫着，妇人忍不住回头看，她流着眼泪，但是没有回去。为什么呢？妇人说：我自己也不知道将死在哪里，跟孩子两个人都是没有办法保全的。这番话王粲实在不忍再听下去，就赶紧打马离开了现场。

战乱期间，这种事情源源不绝，因此，怎么能够轻言战争呢？如果有野心的人动不动就以战争的方式改朝换代，那么天下将永无宁日。这是伯夷、叔齐之所以痛恨以暴易暴的缘故。伯夷、叔齐不是认为不该解救天下痛苦的百姓，只是不想要发动战争。但是，周武王以暴易暴后，百姓从此能够安定地过日子，再也不受商纣暴虐的痛苦，这又何尝不是仁政？足以弥补以暴易暴的遗憾。

四、天道好还

第二点，关于天道报应。有人说，司马迁这篇文章是认为没有天道这件事，指出“善有善报，恶有恶报”是骗人的。这个说法完全不能成立。

我在前面一再地说，司马迁是用设问方式，先提疑问，再做解答，这是一种写作方法。司马迁提出孰重孰轻的问题，提到道不同不相为谋、各从其志，其实他们所要的不就是求仁得仁吗？不就是求君子得君子的行为吗？何况司马迁更明确提出孔子所说的“疾没世而名不称焉”的说法，不就是说君子追求的是人生崇高的意义吗？君子不追求人生的荣华富贵以及健康长寿，如果只追求这些，何来有功于天下，留名于后世？因此，很明显，司马迁认为天道是存在的，也的确是善有善报，恶有恶报。

这个道理的关键点是：你要什么？你要荣华富贵，如果得不到，你就真的很怨恨老天爷怎么不给你啊！如果你追求的是德行品格、有益于社会的贡献，荣华富贵就根本不是你所追求的，那么，没有荣华富贵又如何！盗跖的确富贵长寿，但一直到今天，大家都还在说他无恶不作的事，所谓遗臭万年，他不也得到恶报了吗？再说，任何一个人，在生存里，如果用不当手段争夺名利，一旦事发之后，要面对别人的轻视、指责，甚至是法律上的处罚，这难道不是恶报吗？纵然拥有了富贵，最后也是一场空。

所以，人是该去追求荣华富贵，还是应该安于合理、合义、合乎人性、有积极意义于社会的人生观和价值观呢？这是很容易辨别的，也是很清楚的。如果能够清楚这些，那么对于天道的理解就不一样。伯夷、叔齐得到"圣之清者"这般赞扬，就算饿死，又有何怨？又有人说，司马迁受宫刑而充满怨恨，借这篇列传发泄天道不公的意思，这可真是看错了司马迁。

五、伯夷的故事是编造的吗

有人说伯夷、叔齐的故事真实性不足，引用清朝梁玉绳《史记志疑》所提出的十个证据，说伯夷、叔齐是加工而成的艺术形象，是根据孔子、庄子等很多人的描述加工出来的。梁玉绳所提的那十条，其实未必合理，综合一些批评也有不可相信之处。除了伯夷、叔齐的古传里有些记载错误外，以下略举数例来说。

一是伯夷、叔齐去劝谏周武王，为何不在决定计策时，而在出兵攻打时？问题是没有证据证明初定计策时，伯夷、叔齐已经知晓，那么又何来决定计策时去劝谏。再者，谁能说二人与太公同处岐丰，就必然知其一切事。

二是当伯夷、叔齐去劝谏周武王时，左右侍卫要拘捕他们，后来又放了，认为武王的军队不应该没有纪律到这样的地步。这个说法，恐怕也就是梁玉绳的个人之见，姜太公乃辅佐重臣，武王听从他的请求而放人有何不可信呢！

三是《采薇》是轶诗，指没有被编入《诗经》里面的周代诗歌，不能确定是伯夷、叔齐的绝命之辞。存疑未尝不可，若真不是二人所作，也就没有“由此观之，怨邪非邪”的问题了。

另外，我们可以这样想，司马迁在文章一开始，特别提出传说中的许由、卞随、务光不肯接受天子之位，然而因为六艺都未记载此事，所以没有为他们作传。孔子记述伯夷、叔齐很详细，因此若说伯夷、叔齐真实性不足，恐难令人接受。孔子时距离周朝初期并不远，如果尚且不可相信，那么唐宋以下至今日的猜测，是不是更加不可信？

六、天爵与人爵

《孟子·告子上》篇说：“有天爵者，有人爵者。仁义忠信，乐善不倦，此天爵也；公卿大夫，此人爵也。古之人修其天爵，而人爵从之。今之人修其天爵，以要人爵；既得人爵，而弃其天爵，则惑之甚者也，终亦必亡而已矣。”这段话说得很好，是我们今天所应该深深思考的事情。孟子的意思是说，这个“爵”是一种报偿，有天爵、有人爵。什么叫天爵？仁义忠信、乐善不倦叫作天爵，也就是一个人秉性良好，具有道德修为，而且能将一生奉献给社会，这种人是善者、君子，他所拥有的好名声，就是天爵。什么叫人爵？在政府单位里面做公职，有职务的声名，公卿大夫、国家宰相这些，叫人爵。

古代尧舜以来的圣贤君子，他们是修得天爵，人爵则自然随之而来，他们的努力不是为了当官，而是诸善奉行地做人，国家自然会请君子、贤人来做官，于是天爵既得，人爵也就跟着来了，这是个很正常的状况。而今人，孟子的今人当然是指战国时代。春秋战国是君不君、臣不臣的乱世，是不讲求德行的时代，君王只求尽快地让国家富强，能够与别国争雄称霸。这个时代的人往往先修养得像个贤能的人，然后吸引朝廷找来做官，这是私心要争取人爵，而表面先修天爵的做法，不同于修得天爵，而人爵自然跟随而来。汉高祖以长者之风笼络人心而得天下，也是一种修天爵而邀人爵的作为。

更有甚者，今人有了人爵，也就是做官之后，就丢掉了天爵，开始急切地争取荣华富贵，享受地位的荣耀、别人的畏惧、权势的显赫等，忘了道德修为的部分，再也不知道天道为何，再也不知道该怎样做人，这就是一种人生的迷惑。最后，终将失去一切，个人如此人格会亡，国君如此则国家会亡，这就是最后的结果。更进一步，现代科技发达，人人追求财富享受，更是不知天爵为何物，一心只求侥幸得人爵。所以，我们应该慎思，人生的意义是什么？为的是什么？

汉朝的王充曾经提出“禄命”跟“德命”的区别，禄命指的是荣华富贵、长寿等，德命指的就是天爵的部分。王充认为：“仕宦贵贱，治产贫富，命与时也。命则不可勉，时则不可力，知者归之于天。”做官的贵贱、家里置产的贫富，命运注定有就有，没有就没有，命无法强求，运气、机会也不能强求，所以明白道理的聪明人，将禄命归之于上天，归之于原来该有多少就有多少，然后坦坦荡荡地来对待。而德命就是一生的功课，使自己得到天爵，最高做个圣贤，其次也要做个君子。只有在道德的涵养下，才能拥有坦荡对待命运的智慧与能力。

说实话，面对命运，每一个人的态度不同、心态不同，使得你面对命运后的内心感受，以及所表现出来的状况不一样。有的人比较旷达，面对命运能坦然对待；有的人贪婪多欲，烦恼重重；温和的人仇怨少，过起日子就轻松；嗔恚的人仇恨多，也就很难过出好日子……当然，怨天尤人是一种心态，淡定以对也是一种心态，消极脆弱痛苦地面对是一种状态，坚强地去克服逆境又是一种状态，一样人生，两种状态，结果自然不同。

七、认命与改变

如果要淡泊地面对命运，不是去求神问卜预知命运，企图改变，而是面对命运，承受命运。承受命运不是消极地忍一口气，而是一种担当的表现，是一种有力量的清楚地去接受。纵然是苦难，坚毅且坦然地面对，知道苦难终有结束的时候，这是勇敢的智者所为。所以，颜回在很穷困的岁月中，以心性和智慧获得了一个淡泊、贤能者的人生。很多人是强求人生事事顺遂，稍有不如意就怨天尤人，甚至于最后为非作歹，沦为盗匪，下场凄惨。所以，禄命虽由天定，整体生命却是操之在我的。

宋朝的无门慧开禅师，曾做了一首颇有禅机的诗："春有百花秋有月，夏有凉风冬有雪。若无闲事挂心头，便是人间好时节。"如果能悟透其中的禅意，就能了解人间事事皆有定，就像春花秋月，冬去春来，而人生的祸福吉凶也是如此。从相上说，它是自然的循环；从理上说，它是因果定律下的必然。

人们常说祸福相倚，有福的时候，祸已经伏藏在那里了；遭祸的时候，其实接着转变而来的就是福。在这种情况下，如果你不去强求命运尽如人意，就不会因为穷困、职位不高，或者儿女不孝，诸如此类的事情而时时刻刻挂在心头，时时刻刻都不痛快，甚至烦恼伤悲。如果懂得随顺自然，不管命的好与坏，都可以欢天喜地过日子。

至于佛教上所说的三世因果，是说世间众生起心动念、行为造作，将产生一种业力。业分善业、恶业和无记业（非善非恶）三种。每当我们升起念头，就在阿赖耶识播下种子，在起现行后，因缘和合，报就显发，即所谓的果报。业重则业力种子的力量大，显发的时间就快，果报就强；反之，业轻则果报迟缓且弱，甚至没遇到缘而久久未显发果报。因此恶人当世享福，或为前生的善业所感，或为多世以前的善业所感得的福报。至于今生为恶的业感，未在当世显现，看起来好像是恶人无恶报，但不表示今生的恶行不会得报应，实际上未来遇缘仍然要受恶报的。所以，果报有现报、生报、后报三种。现报指当生就报，生报指来生报，后报指经过两生、三生乃至百、千生才受果报。故人若了解因缘与果报的错综关系，必将戒慎行为，深深畏惧因果循环，而多做好事以修福报，然后转变命运。虽然这是佛教教义，但在中国民间，一直存在因果道理。再者，《周易·坤·文言》："积善之家，必有余庆；积不善之家，必有余殃"，这是儒家积善累德的思维，其中自有因果在。此处有关宗教说法，我们就不深谈了。

扫一扫，
进入课程

第十章　两位名相的故事
——管晏列传（上）

一、五伦中的朋友之谊

今天我们讲《史记》的第二篇列传——《管晏列传》。读这篇列传，不能不知齐国的政治形态及其历史，故需简要说明。另外参酌《越绝书》《吴越春秋》的记载，补充说明晏婴的生平事迹。

这是管仲和晏婴两个人的合传，之所以作合传，是因为他们都是齐国的宰相，只是在时间上有前后的区别，但都对治理齐国立下过很大的功劳。不过，司马迁在写两个人的时候，笔法上有所不同，因为这两个人在治理朝政的时候，做法是不同的，管仲比较奢华，而晏婴则简约勤俭，司马迁就以此为主轴，写出不同气象的两个人，全篇文章是在奢与俭的相对待上来完成合传。

《伯夷列传》说的是兄弟之情、父子之情，兄弟两人对父亲孝顺而相互让国，孝就展现在他们让国的行为里，所呈现的是仁德。这第二篇列传《管晏列传》，司马迁阐扬的是五伦里面的“朋友”这一伦，讲的是朋友之间的情谊与信义，所以，特别发挥管仲和鲍叔牙之间的相知相惜，这是一个重点。司马迁写春秋战国时期的人物列传，写得不是非常详尽，因为秦朝焚书，将六国史官所记录的史事资料都烧了，由于资料少，记载也不是很一致，所以司马迁写起来较概括和简略，有时候时间、事情上也容易出错，这也是不得已的情况。

在《管晏列传》中，关于管仲和晏婴的背景资料，以及做宰相治国的过程，统统都省略掉了。因为在《齐太公世家》里已经说得非常清楚，从姜太公开始建立齐国，到最后齐被田氏所篡夺、掌握，中间所发生的所有事情皆已详述，因此在这个列传里，司马迁就不重复叙述。可与《齐太公世家》互相参见，这就是所谓的互见法。

二、管仲从囚犯到相国

我们在讲这两个人的事迹之前，还需要对当时的时代背景做个简单的说明。

春秋时期的齐襄公并不是个好君主，喜好女色，荒淫无道，滥杀大臣，人人自危。齐襄公的两个弟弟因为担心受齐襄公牵连，因为他这样为非作歹，最终将会引起反叛，难免杀戮之祸，所以两个弟弟就统统逃出齐国。二弟公子纠逃到鲁国，因为他的母亲是鲁国的公主，鲁国对他很好，管仲和召忽两个人就跟着他，辅助他；三弟公子小白，逃到了莒（jǔ）国，鲍叔牙跟在身边辅佐。后来齐国果然内乱，直到齐襄公被杀。

两位公子得知消息后，都想尽快赶回齐国去争夺君位。公子纠先让管仲率领一支部队，拦住从莒城到齐国都城的道路，防止公子小白从那条路回齐国。公子小白走到那里，被管仲用箭射中，箭射在了他皮带的钩子上，公子小白假装被射中了要害而装死。管仲一高兴，再也不拦截，并迅速把这个消息传回鲁国，护送公子纠的队伍也就不急着赶路，放慢了回齐国的速度。可是，公子小白其实毫发无损，昼夜兼程回到齐国，被立为君主，这就是齐桓公。管仲跟着鲁国护送公子纠的队伍，却被齐桓公派兵阻拦，双方打了一仗，鲁国军队兵败被围。

齐桓公派人告诉鲁国国君说："公子纠是我的兄弟，我不忍杀他，就请你们把他杀了吧，但管仲和召忽是我的仇人，一定要把他们送回齐国来，我要亲自杀了他们。如果你不听我的话，我就把鲁国给包围起来。"鲁国很担心，就很听话地把公子纠给杀了，召忽随之自杀。但是，管仲自己愿意当囚犯被捆绑着带回齐国。

齐桓公得到管仲后，本想杀掉管仲报那一箭之仇，但又很怜惜他是个人才。这个时候，鲍叔牙对齐桓公说："我很荣幸能跟在您的身边，出主意辅助王。如果王只是要做个诸侯国国君，那我可以辅助王；如果您要有比这个更崇高的地位，那我就没那个能力了。但我的朋友管仲可以，所以您千万不能失去他。”齐桓公听从鲍叔牙的建议，任管仲为主政大夫。

齐桓公一直很恨鲁国，本来要攻打鲁国，当时管仲就劝他不要打，可是齐桓公不听，派鲍叔牙、公子雍带兵打鲁国。鲁国用曹刿（guì）为将领，跟着鲁国国君一起，指挥鲁军去跟齐国军队在长勺（sháo，今山东省莱芜）作战。齐国军队第一次击鼓要进攻的时候，鲁军不应战；齐军第二次击鼓进军，鲁军还是不回应；等到第三次再敲战鼓的时候，曹刿命令鲁军应战，结果大胜齐军。这就是很有名的“曹刿论战”的“一鼓作气，再而衰，三而竭”，齐军第一次擂战鼓时，是军心士气最盛的时候，可是人家对方不理你，第二次时就有一点儿松懈，气势没有那么足了，对方还是不理你，就更没有气势了，在第三次时，鲁军一举反击，结果齐国大败，公子雍也战死了。齐桓公经此一役，才发觉管仲确实有超过他人的才能。管仲交出一个治国策给桓公，桓公看后非常赞赏，于是就非常隆重地拜管仲为相国。

三、管鲍之交

管是管仲的氏，姓姬，名夷吾，字仲，大家叫他管仲。古代“姓”与“氏”其实是不同的，在母系社会的时候，子女跟随母亲姓，这个姓是不变的，后来到了父系社会，就跟着父亲姓，这个姓是有血缘关系的。但是，一个人生下很多孩子，这个人的后世子孙，就有很多分支，分出去的分支就可以各自立一个氏。氏的取用，有的取自他住所的地名，有的用他的职位，有的用他的封国名称等，例如做司马这个官的，就以司马为氏。有的时候不同姓的人用相同职务为氏，就成为不同姓而同氏。

管仲年轻的时候，曾和鲍叔牙在一起做生意。管仲家里很贫困，常常占鲍叔牙的便宜。鲍叔牙非常了解管仲的贤能，始终对他非常好，没有任何怨言，不像有些人被占了一点儿便宜，就到处去说这个人的不对。因为鲍叔牙知道管仲的处境，也了解他这样做的原因，就很体谅他，所以鲍叔牙跟管仲一直是好朋友。

前面说到，当初管仲劝齐桓公不要伐鲁，而齐桓公不听，结果打了败仗，管仲就要离开齐桓公，临走前上了一篇治国策。这个治国策非常重要，里面包含着牧民利政等所有的行政措施，还有兵法、罢刑、罢言，如何才能称霸等。齐桓公看了以后非常惊讶，极为佩服管仲的才能，真正认识到身边竟有这么好的一个人才在，于是就亲自向管仲道歉，拜管仲为相，而且尊称为“仲父”。自此，管仲就留在了齐桓公身边。

这里我们仍要强调的是，管仲跟鲍叔牙两人的交情，管仲心里是非常清楚的，所以他愿意被囚，因为他知道鲍叔牙在齐桓公的身边，他被囚送到齐国，鲍叔牙肯定会救他——鲍叔牙珍惜人才重情义，怎么会让他死呢？而实际上，也的确如此。管仲刚到齐国的时候，鲍叔牙亲自来迎接他，亲自去除他手脚上的刑具。鲍叔牙斋戒祭祀以后，带管仲去谒见齐桓公，把他推荐给齐桓公。

齐桓公后来让管仲担任相国，鲍叔牙自愿处于管仲之下。有很多人称扬鲍叔牙的知人能用，这是非常有道理的。因为管仲后来所做出的各种成就，例如使齐国强盛，让天下匡正，协助齐桓公称霸，甚至像孔子赞扬所说的“如果没有管仲，我们就要像蛮族人那样披发左衽”，这些看起来都是管仲的功绩，可是，假如没有鲍叔牙的推荐，管仲不过是齐国的囚徒而已，甚至可能被杀，所以，我们不能忽略能够大公无私推荐管仲的鲍叔牙。管仲这些功劳也有鲍叔牙的一份，这是毋庸置疑的。

管仲跟鲍叔牙等人一起来治理齐国的政务，有很好很完备的设计，立了很多的新法，也改进了军事组织，通过新的渔业、盐业税，用税收去补助救济贫穷的人，奖励那些贤能的人，于是，齐国百姓非常高兴，都认为齐桓公很贤能。齐桓公五年的时候，又带兵去讨伐鲁国，鲁国眼看就要被打败，所以就提出割地求和，引发曹沫挟持齐桓公一事，此留待后文再说。

四、管仲治理齐国

齐国原本只是东海边上的一个诸侯国，管仲担任相国之后，采用正确的治理办法，工商业非常发达，让齐国逐渐富强起来，而且在军事上也非常强盛。管仲还可以与人民同呼吸、共命运，也就是重视百姓，能够利益百姓，百姓喜欢的他能够做到，百姓厌恶的他可以去除。在《管子》一书里，管仲说过一段话：“仓廪实而知礼节，衣食足而知荣辱，上服度则六亲固。”国家经济充实，而后可以谈教化，要百姓知道礼节、谨守礼节；当百姓的衣食生活富足了，也就懂得什么叫作荣辱，如果百姓都生活在饥饿状态下，是没有办法谈荣辱的；在上位者遵守法度，父母、兄弟、妻子等这些伦常关系，就能够稳固而坚实，伦常稳固了，社会的整个风气才能好。

管仲还说：“四维不张，国乃灭亡。”礼、义、廉、耻这四大支柱如果不能立起来，一个国家就会灭亡。如果整个国家不知道什么叫作礼，什么是正义和廉耻，那该如何治理呢？国家当然就亡了。管仲又说：“下令如流水之源，令顺民心。”颁布法令，就像流水的源头，要顺着人民的心意让它流下去。水从源头往下流是自自然然的，颁布法令要想让百姓实行，也要像水一样自然地往下流，而不能逆着百姓的意愿，逼迫百姓去遵守国家法令，那样的法令是行不通的，也是行不远、行不久的。政令要像流水一样往下流，才能够顺了百姓的心。

管仲在治理国家的时候，其“论卑而易行”，他的言论、政令都非常平实，不是高谈阔论，让人做不到。“俗之所欲，因而予之；俗之所否，因而去之。”大众所需要的、所喜欢的，就可以颁布法令去实行；大众所不要的，就去除，就不去这样做。除此之外，管仲行政上更擅长因祸而为福，原本是个不好的事，但是因为他处理得当而变成好事；他也能够转败为功，原本这事情看起来会失败，可最后反而变成了功绩。他非常重视做事的轻重缓急、利弊得失等，他会先慎重权衡，然后才去做……这就是管仲，他在辅助齐桓公执政的这段时间里，深得民心，使齐国走向了强盛。

至于诸侯国之间的事情，管仲是怎么处理的呢？举个例子，齐桓公因为在乘船游玩时被蔡姬戏弄，制止她还不听，就把她送回了蔡国，蔡国的国君竟将其改嫁了。齐桓公很生气，就南下攻打蔡国。管仲趁着攻打蔡国的时机，顺道攻打了楚国。他攻打楚国是有理由的，因为楚国不按时向周天子进贡祭祀的用品包茅，对天子无礼，所以就合理地讨伐楚国。再如，管仲在北征山戎的时候，也借机回头去要求燕国能够实践召公的政治教化。这些作为是尊重周天子，重视礼法的大国才有的作为，同时也在诸侯国间显示了霸主地位，摆脱单纯用兵攻打蔡国这件事。

五、齐国称霸

前面所说的齐桓公去打鲁国，鲁国大败，割地求和，可是在定盟约的时候，鲁国的曹沫拿着匕首挟持齐桓公要求归还土地，理由是齐国强大，鲁国弱小，大国侵略小国太过分了。齐桓公在生死攸关的情况下，只好答应归还鲁国的土地。但是后来齐桓公找到机会想要毁约，管仲劝他千万不可以这样做，管仲说："贪图小利益换得一时的快意，就会在诸侯面前丧失信用，因此将失去天下人的支持。"于是，齐桓公如约归还了之前占领的鲁国土地，自此，曹沫三次战败所丢失的土地全部回归鲁国。此事可参见《史记·刺客列传》。

因为齐国信守诺言，才能得到诸侯的信任，因而皆归顺于齐。齐桓公能够成就霸业，正是因为有管仲的辅佐，管仲的执政方法，其实就是用了“知与之为取，政之宝也”的政策，你要取得对方的东西，必先给予对方，因此才能获得更多的东西，这就是执政的法宝。《老子》中也有过这样的意思：“将欲夺之，必固与之。”如果你要夺取那个东西，你就要先给，换取最后拥有那个东西。这是一种很微妙的道理，在表面来看是给予，实际利益上来说是得到。

管仲建立齐桓公的霸业，用的是“尊王攘夷”的方式，对内尊崇周天子的天子地位，让所有人都知道，齐国再怎么强盛，也没有背叛天子，没做任何不合礼法的事情；对外排除外夷的威胁，而且在征战中频频获得胜利，护卫中原地区的文明和安全。因为尊王攘夷，所以能“一匡天下，九合诸侯”，让齐桓公称霸诸侯之间，九次主持召开诸侯大会，订立合约。管仲九合诸侯，不以兵车，不是靠打仗来逼使诸侯国臣服，而是让诸侯国心甘情愿地顺服齐国，尊重齐桓公的领导。

六、管仲的个人生活

管仲治国平天下是很有作为的，但管仲在个人生活上，有些做法不是很妥当。管仲个人的财富雄厚，几乎跟国君一样，所谓“三归”“反坫”，行事奢华，不合礼法。齐国人因为他有大功，所以也就包容了这样的行为。

对“三归”，人们有不同的解释，一个说法是有三个妻子，另一个说法是有三处家，第三个说法是祭祀时候用的三牲。按礼法，诸侯国的君主祭祀用三牲，相国只能用羊和猪二牲，但是管仲在祭祀时用了三牲，所以说他过于奢侈，甚至是僭越礼法。《战国策》中说管仲建筑三归台，住宅三处、三妻，为的是以此让百姓责备他，来掩盖齐桓公在宫中设立女侍妓院（后来的时代里几乎每个朝代都有宫廷妓院），供自己享乐的不当行为。但不管何种说法，管仲的行为都是错误的。

“反坫”是指有一个高台，主客双方喝完酒后，把酒杯放在高台上。依照春秋时代的礼仪，宴会嘉宾的时候，君王跟嘉宾有内外的区别，中间有屏风隔开，大家喝酒之后各自把酒杯放回高台上，但这是国君宴会嘉宾的礼仪，管仲家里也设“反坫”高台就是僭越礼法了。

七、管仲与三个竖子

有记载说，管仲在被拜为相国的时候，曾跟齐桓公约定：欢乐都留给桓公享用，而权力都归于管仲。管仲对齐桓公也曾经说过，纵情欢乐不会危害您的霸业，但独独任用小人会危害您的霸业。这个话的意思是，重用小人的危害远远超过纵情享乐。管仲清楚知道小人危害国家、危害君主是必然。

齐桓公的身边就有竖子三人，竖子就是小人。这三人是易牙、竖刁、开方，齐桓公就陷在这三个小人的操纵之中。管仲也曾经劝阻，但是没有用，齐桓公依然非常信任他们，而且跟他们非常亲近。管仲曾把这三个小人调离开，但齐桓公还是惦记着这三人，又把他们三人叫回来。由这件事情，我们又可以看出，让齐桓公尽情享乐，在享乐的同时，很容易就接近了小人。君子贤人是不会让君王无限制地去享受逸乐的，唯有小人会捧着国君去享乐，所以，管仲让国君享乐，又劝他不要重用小人，这两者之间实际上是冲突的，是不太可能做到的，不享乐方能不接近小人，也就不至于受小人操弄。

更严重的是，君王一旦接近小人，重用小人，那么贤能君子就会因失望而远离，既不相信这样的君王能做大事，更重要的是会遭小人谗言毁谤，君子贤人被排挤而没有可以做事的空间，如此怎么能够维护国家的安定富强呢？这个道理是很清楚的。管仲焉能不明白？末了管仲始终没有推荐贤能的人给齐桓公用，在这种情况下，齐国要想不日渐衰微，恐怕也是很难的事情。

八、孔子对管仲的评价

管仲辅助齐桓公的时候，是用很多的法律来督导和禁止。管仲重视农业，使得百姓在衣食上可以富足，他同时非常在意贸易以及工商财富的国有化；他知道贸易可以制造财富，盐、铁交易的财富归于国有，国家当然就富强起来。国家富裕后，帮助贫困的人，这样就不容易产生乱民、盗贼，避免造成社会安定上的疑虑。在让人们吃得饱、穿得暖之余，管仲又强力壮大军备，使整个国家兵强马壮。管仲多方面的作为，终使齐国壮大威盛，齐桓公成为“春秋五霸”之首。这样的治理方针，其实就是后来法家思想的雏形，也是法家思想的开端。后来的法家思想，更具体地落实在不分亲疏贵贱，一切以法论断，于是再往下走就形成严刑峻法的局面。

讲到这里，我们回头想，历史上是怎样评论管仲的呢？《论语·八佾》篇孔子说：“管仲之器小哉。”接着有人问孔子：“管仲俭乎？”孔子回答说：“管氏有三归，官事不摄，焉得俭？”他有三归反坫等事，怎么能够说他是懂得节俭治国的人呢？又问说：“然管仲知礼乎？”孔子说：“邦君树塞门，管氏亦树塞门；邦君为两君之好有反坫，管氏亦有反坫。管氏而知礼，孰不知礼？”一个人如果不懂得分际，有反坫这样僭越的作为，如果这叫懂得礼法，还有谁不懂礼呢？这是孔子对管仲的批评。

可是，孔子也有赞扬管仲的时候。《论语·宪问》篇子贡问：管仲、齐桓公杀了公子纠，召忽就自刎而死，可是管仲不死，愿意做阶下囚，这恐怕不仁吧？在古代有一种“君辱臣死”的思想，如果自己的国君受到羞辱，臣子应因此而赴死，绝不会独自苟活的，所以召忽的做法是合乎道德、礼仪的，相对来看，管仲就不合礼了，所以就问管仲还能算是仁人吗？孔子就说：管仲做齐桓公的宰相，不靠武力打仗，就让诸侯都归服于齐国，匡扶安定了天下，百姓可以过安宁的日子，这就是爱天下百姓，因此可以说他是仁者。孔子又说，如果没有管仲，中原各国也就会被四夷之兵打败，我们恐怕就不再是懂礼的华夏民族，而是被蛮夷统治，如蛮夷一样披散头发，穿左衽衣服。

也就是说，孔子认为管仲尊王攘夷，安定海内外，让百姓过舒服安定的日子，这个功劳很大，不是匹夫匹妇那些小小仁心作为可比拟的。

所谓管仲器小，指的是管仲的气度、见识、胸襟等各方面比较狭隘，不够广大。这根据什么来说呢？显然是根据管仲执政，用的是“霸道”，而非“王道”。王道是以仁义治国，管仲辅佐齐桓公，最后的成就不过是称霸诸侯而已，而不是以王道治理天下。霸道与王道两者之不同，王道指先王之道，就是尧、舜、禹、汤、文、武、周公以仁义治天下的政策，霸道则以武力、刑法、霸权等统治天下。相较而言，王道下的国家教化、风俗等仁爱宽厚且合宜，霸道则专横而多权术，气度、见识自是不及王道者宏大。

宋代吕祖谦的《东莱博议》，感叹齐桓公有如此大的事业，死后竟然没有能及时殡葬，是因为他宠爱信任易牙、竖刁、开方这三个小人的缘故。管仲去世后，这三个小人专权，各自树立党羽，致使国政混乱。齐桓公去世以后，几个儿子互相攻打，以至于宫中无人主政，权力呈现中空的状态，也没有人去替齐桓公收敛尸骨，进行埋葬，于是齐桓公的尸首停在床上六十七天之久，尸体上的蛆都爬出来了。直到新君无诡即位，才收殓殡葬。根据这个事件，吕祖谦认为王道之外无坦途，霸道治理再怎么有成就，君臣间都以功利为主，终将混乱。纵然在当时的时代里受到赞美，毕竟不实在。要求得国家的安定富强、长治久安，只有用仁义之道，以道德感化为基础，建立修身、齐家、治国、平天下的根本大道。

九、管仲的大过失

宋朝的苏洵写的《管仲论》，提出一个观点，认为管仲功劳很大，可是也有很大的过错，就是没有为齐桓公推荐好的继任相国，没有栽培好的接班人。照理说，贤能相国一定要为国家培植人才；而且，管仲自己也说过推举贤能人才的重要性，知道国家不能没有人才这个道理。管仲在自己生病的时候，就更应该去极力推荐人才给齐桓公，避免齐桓公被那三个小人包围，这是他最该做的事情，可是他没有推荐任何人，从而使得那三个小人能到齐桓公身边献媚邀功。很多人会说，任何时代都有小人，齐桓公任用小人不是管仲的错，何况他也曾经劝齐桓公远离那三个小人，所以不能怪罪管仲。

苏洵的儿子苏辙也有一篇《管仲》说：任何时代都有小人，你没有办法让小人绝迹。但重要的是，你有贤能的人坐在那个位置上，自然就不给小人留有位置去接近国君。也就是说，管仲不能仅仅去劝齐桓公不要相信小人，应该主动推荐贤能的人。苏辙继承苏洵的观点，认为国家举用贤能的人，是治理上的根本；没有贤能的人，一切都不要谈。这样的说法是对的。

齐桓公也不是没有问过管仲，该由谁来继承他的位置，鲍叔牙可以吗？鲍叔牙也是国家的老臣了，而且推荐过管仲，不能不说他是个很有智慧的人。管仲回答说：不可以。为什么不可以呢？管仲说：鲍叔牙为人的确非常清廉、高尚、正直，有诸多长处，但是他对于没有能力，不如自己的人，是看不上眼的，而一旦听到这个人的过失，一辈子都忘不了。管仲认为鲍叔牙肚量狭小，以个人好恶为标准，不能包容所有的人。要知道，鲍叔牙这个人，四十多年都心甘情愿地处在管仲之下，谦让于管仲而没有一点儿不悦之色，照样勤勉地辅佐管仲来治理国家。这种人肚量狭小吗？这种人还不能算是贤能的人吗？管仲的这个批评，是不是过当了呢？所以管仲的为人值得推敲。

扫一扫，
进入课程

第十一章　两位名相的故事
——管晏列传（下）

一、晏婴登上舞台

齐桓公有十多个儿子，他死后，有五个儿子都想继承国君这个位子。结果无诡只做了三个月国君就被杀了，也没有谥号；接下去是齐孝公、昭公、懿公、惠公，都是齐桓公的儿子，其间也有很多的争夺杀害。到了齐惠公之后，才由齐惠公的儿子继位，就是齐顷公，之后由顷公的儿子齐灵公继位。齐昭公的时候，晋文公称霸诸侯，由此可知，齐国国力已经衰弱。齐灵公的时候，晏婴的父亲晏弱做过卿相，齐灵公二十六年，晏弱去世，晏婴继承为卿，而后做了相国。齐灵公在位二十八年，病重而死，齐庄公继位。

话说晏婴这个人其貌不扬，非常矮小，所以常常受到别人轻视，但其实他是非常善于辞令，异常机敏的一个人。有本书叫《晏子春秋》，是由史官和晏婴的徒众一起记录下来的，后来也经过稷下学士的改动修订，到了汉朝又做过整理。这部书记录晏婴一生很多的事迹，我们就根据这部书来取一些资料做补充说明。

司马迁在《史记》中是这样说晏婴的，晏婴做了齐灵公、齐庄公、齐景公三个诸侯王的相国，可见他具备治国才能。他“以节俭力行重于齐”，个人生活非常节俭而且身体力行，非常努力地做事，因此在齐国受到敬重。

晏婴做相国之后，拥有很大的权力，国君也给了很多的赏赐、封地，可是他生活节俭到什么程度呢？“食不重肉，妾不衣帛”，吃饭时不会吃两种以上的肉，菜肴非常简单，他的妾不能穿丝绸的衣服。在朝廷时，如果国君说话涉及他，谈到他的做事等，他一定非常正直地去陈述自己的作为，以及所作所为的缘由，然后陈述自己的意见。如果国君说话没有涉及他，他就去办他的事情。他一直都非常努力地修持自己的德行，努力工作，就是不想受到责备，因为受到责备就表明自己做事有误。在国家有道的时候，就是国君行事非常端正的时候，他就顺从国君的命令去做事；如果在国君无道，行事不妥当的时候，他就斟酌衡量国君的命令，然后再去处理。因此，晏婴家能够三代都在诸侯国之间颇有名望。

由此，大体上可知晏婴是个很节俭、勤奋、谨慎的人。

二、晏婴避祸避辱

齐庄公四年，晏婴劝庄公不可去讨伐晋国。晏婴说：“多誉则骄，必为困。”因为庄公非常骄傲，而且贪婪，想占有别人的东西，就一定会带来困厄，所以千万不要打这一仗。但是庄公不听他的，且非常不喜欢晏婴，晏婴就辞官回家，而且他辞官的时候，将所有家产全部散给国库及老百姓，然后回家过他的穷困日子。他家的庭院里长满野菜，大门外面是荒芜的荆棘杂草。

齐景公的时候，晏婴也做过辞官归故里的事情。那时吴国公子季札出使鲁国，后来离开鲁国经过齐国，看到齐国的国政非常不好，就知道一定会发生国难，因此劝晏婴把国政交出来，可以避祸。晏婴听从劝告，把国政和封给他的土地都还给齐君。果然，不久以后，齐国的四个大家族要除去很有权势的大臣庆封，结果引起国家一场很大的灾难，晏婴的辞官之举成功地避掉了这场灾难。

晏婴在很多事情上都表现出他的能力。根据《晏子春秋》记载，有一年，晋国使者去齐国，受到齐国非常傲慢的对待，晋国因此不高兴，回头就要打齐国。齐国眼看兵临城下，于是派晏婴到楚国搬救兵。晏婴进入楚国城门的时候，守城门的人看他其貌不扬，长得又矮，就叫他从像个洞口一样的小门进去。晏婴就笑一笑，说：“只有到狗国，才从狗洞钻进去。”

那些人只好让他从大门进入。接着，楚国国君见到晏婴以后，就说：“你们齐国真没有人才了吗？怎么会派你来呢？”晏婴说：“我们国君把人才都派到好的国家去了，我是所有人里面最差的那个，所以派我到你们国家来。”楚王一听非常不高兴，但是又没话可说，也只能忍耐下来，但心里终究是不高兴。之后，在饮宴的场合，楚国侍卫绑着一个人进来，国君就问这个人是谁？侍卫说：“这是个齐国人，他到我们楚国来偷窃。”楚王就对晏婴说：“你们齐国没人吗？难道出来的都是一些盗匪？”晏婴说：“我们齐国人很多，我们人多到大家把袖子举起来足以把阳光给遮住，多到如果大家流汗就像下雨一般。”又说：“这个人是什么人呢？其实我们齐国人是非常好的，到你们这里来就成了盗匪，恐怕是受到你楚国的风俗习惯的影响吧！这就好像橘子在淮南生长就是橘子，到了淮北，水土一变，它就变成枳了。”楚王被晏婴顶撞，却什么话都说不出来。

像这一类事情非常多，由此也可以看到晏婴的长处。《晏子春秋》里还引用孔子的一番话来赞美他，孔子说：“晏平仲善与人交，久而敬之。”晏婴这个人善于与人交往，相交越久，越会敬重他。因为来往久了必能知道他的德行、能力有多好，因此而尊敬他。孔子也说他行为合于正义，是有义气的君子，因为他天天都在为百姓谋福祉，但是从来不夸耀；辅佐三位国君，也从来不自以为是。

三、节俭知礼合义的晏婴

我们曾说过，司马迁写这篇合传，是拿管仲的奢华跟晏婴的节俭对写。这两个人虽然都是齐相，可是行事上有如此大的不同，管仲三归反坫的奢侈，对比的是晏婴的节俭作为，显得分外明显。

我们再来看一件事情，齐景公有个大夫叫陈桓子，一向很讨厌晏婴的节俭。陈桓子认为，齐景公对晏婴的赏赐那么多，还有封邑，为什么他还要过穷困生活呢？所以心里很不高兴、不舒服。有一次，齐景公与大家喝酒，陈桓子说：这次可要好好罚晏婴喝三大杯酒，因为他那穷困的样子，岂不表示国君对他不好吗？那不是对国君很大的伤害吗？齐景公觉得有道理，于是就罚晏婴喝酒。晏婴就问齐景公是先喝酒再回答，还是先说话再喝酒？齐景公就让他先做辩解。晏婴说：身为相国，主持国政，国家、百姓任何不好都是他的罪过，都应受罚喝酒，但是自己节俭过日子，唯独这一点儿不接受罚酒。景公问为什么？晏婴说："因为国君的赏赐，我的俸禄，都拿回家养我的父母、妻儿，还照顾我的兄弟、族人，他们都非常感激。我还把剩下的钱用来救济百姓，乡里之间不知有多少百姓还在指望着我才能吃饱饭呢！我这样做，这么多人感激我，同时都知道我所有的一切是国君赏赐，大家就跟着都感激国君。这难道还要受罚吗？我节俭一点儿，让国君名声能传扬出去，不是很对的事吗？”齐景公听完哈哈大笑，不再处罚晏婴，陈桓子觉得理亏，只好喝下了那三大杯酒。

这个故事，第一说明晏婴善于辞令，把这件事给辩驳了；第二说明他懂得怎样劝谏君王，这番话换言之告诉齐景公，该对百姓好点儿，要以百姓生活富足为要；第三是晏婴表现出来的节俭行为，让大家都知道那是应该的，不骄侈奢华是做臣子该做的事。

还有一次，齐景公指派晏婴替他端碗粥来，晏婴却不去，说这是你的侍妾婢女该做的事。齐景公叫晏婴替他拿一件衣服，晏婴也不做，说那是你的用人仆人该做的事情。齐景公生气了，就问晏婴自己的身份是什么，提醒晏婴别忘了是国君的臣子。晏婴就说："我是个臣子没错，但我是国家社稷的臣子。"齐景公就问：社稷之臣是做什么的呢？晏婴说：社稷之臣是辅佐国君，面对国家大事，处理国家和百姓的事务。从此以后，凡是在不合礼仪的地方，齐景公绝不会见晏婴，绝不让晏婴看到。可见晏婴自律甚严，不能有不合礼仪的事。当齐景公对他不合礼仪的时候，晏婴宁愿忤逆君王，也要维护礼仪。

四、晏婴提拔人才

《史记》记载了晏婴提拔人才这事。越石父是个贤能的人，因犯了罪正在服劳役。晏婴出使晋国，在路上碰到被捆绑着的囚徒越石父，于是就用驾车的马去赎他，把越石父带回齐国。但是，回到家里以后，晏婴也没有跟越石父说一句话，就到内室去，很久才出来。这个时候，越石父就说："我要走了。"晏婴非常惊讶，就整理了衣冠，表示道歉的意思，问他："我虽然不敢说自己是个仁心宽厚的人，但我不是才把你救出来吗？怎么突然就要走了呢？"越石父说："不是这样子的，我听说君子要跟了解自己的人在一起，面对面而不了解自己的话，就没有意义跟着他。在了解自己的人面前，才能完成我的志向。你现在对我的态度不是一个知己，我跟随你当然就没意义。我之前是囚徒，那是因为他们不知道我的能力，所以我没话可说。可是你把我赎出来，这就是知己。但刚刚的态度又是那么无礼，那我还不如回到牢犯的身份，过牢犯的日子。"

这一番话的确很有道理，因为晏婴进到内室久久没有出来，把越石父一个人晾在那里，是不礼貌。晏子马上向他道歉，敬他为上宾，让他发挥才能做事。晏婴是知错而不怕改正的人，是谦虚贤明的人，是仁而下士的人，他爱护人才，知人善用，这诸多长处都能从这件事上看出来。

晏婴身为相国，外出坐着马车。赶车人的妻子从门缝中看她的丈夫，发现她丈夫得意扬扬的样子。赶马车的人回家后，妻子就说："我要走了。"丈夫问她为什么，妻子说："你看晏子，身高不满六尺，但为齐国的相国，名声显扬于诸侯国之间，却是那么谦虚。说起来你身高八尺，是个赶马车的人，神态却得意扬扬，我实在是觉得难为情，我要走了。"经她这样一说，她的丈夫后来态度变得非常谦卑，再也不那么得意扬扬。晏婴看在眼里觉得奇怪，就问这赶车的人，赶车的人说了和妻子的这段对话。晏婴见这人知错能改，知道上进，也是个人才，于是很快提拔了他。

从这两个例子看，晏婴不但要求自己做得好，而且还为国家选拔举用人才，这是相国非常该做的事。这两个人虽非国家的栋梁之材，但从小处可以看大处，晏子连小人物都重视，当然会为国家举用更多、更重大的人才。回顾苏洵责备管仲没替齐桓公举用良才，找到继任相国的人选，管仲的做法的确是不对的。

五、晏婴反对孔子为齐相

说到举荐人才，晏子曾经反对齐国国君任用孔子治国理政。他的反对令人不解，难道越石父的贤能超过孔子吗？如果越石父都是人才，都要用的话，那为什么不用孔子呢？对这件事情需另做解释，因为这其中的情况不同。任用越石父所给的官位不高，而孔子到齐国去是要主持国家大政。齐、鲁两国风俗不同，国家政治文化不同，齐国从建国以来，崇尚“法”的思想，而鲁国崇尚于“礼”。姜太公建国以来，齐国是“尊贤尚公”，就是采用人才，努力治理，让国家强大，而同时崇尚于立即看到治理功效。百姓都是争赏而畏惧刑罚，所以用法的效果是立竿见影，赏罚分明。可是礼不一样，礼仪是感化、教化，是要潜移默化，让民心向善，所以功效来得缓慢。

齐国崇尚霸道，鲁国崇尚王道，遵从三代以来礼乐教化、制度、教育。而春秋以来的乱世里，各诸侯国相互攻伐，追求强大，都想要治理的效果立竿见影，这个君不君、臣不臣的时代，王道已经没法推行。鲁国因此越来越弱，不像行霸道的国家那样很快富强起来，例如齐桓公富国强兵，秦国也有商鞅变法以致国富兵强。所以，孔子在春秋时期周游列国，一直没有办法实现自己的抱负，没有受到重用，就是王道在当时乱世无法实行。晏婴身处齐国，知道自己国家的文化，百姓的习气，明白孔子的礼仪尊卑等教化，在齐国是用不上的，孔子的抱负是无从施展的，因此晏婴才反对任用孔子。

晏婴不重视儒家的尊卑礼仪这些教化，认为治理齐国就是举用人才，让人才发挥能力，展现效果，国家就得到好处。他认为治理国家要赏罚明确，用法去约制百姓。然而约制可以用于一时，强大可以存在数世，终难长治久安。所谓法治是刑罚的压抑，难免造成道高一尺，魔高一丈的结果，人民心性并未改善。只有仁义教化，方可以使人民心性趋向良善，自然不为非作歹。当人民的德行受到教化，每个人有一定的修养规范而行为端正，然后五伦和谐，自然可以走上修身、齐家、治国、平天下的正路，又何愁不能长治久安呢！反之，法治固然重要，但不讲仁义道德的话，人性若趋向邪恶，法治的效果也有穷尽的时候，法就只能愈发严峻，终有一天酿成暴政。

六、法家的霸术

说到齐国的法家理政，再举个例子。管仲主政的时候，因为楚国渐渐强大，管仲想让楚国臣服于齐国，就使用霸术。管仲命令在齐国跟楚国交界的小城里，用高价购买楚国的鹿，楚国不仅民间百姓忙着去捉鹿卖鹿，连政府也觉得是门好生意，于是全国上下所有人一起去捕鹿，以至没有人耕田种地。而同一时间，管仲命令人悄悄囤积粮食。楚国因为误了种地的时机，那时候不像现在这样科技发达，一年可以种几次粮，那时候一旦错过了种粮的时间，一年就没有收成。楚国当然就要去买粮。管仲下令齐国边境不许卖粮，楚国到各地都买不到粮食，因此大伤元气。三年以后，楚国就臣服于齐国了。

前面说管仲提出尊王攘夷，这个政策让当时已经被天下诸侯冷落的周天子，非常在意齐国，齐国因此可以号令诸侯。齐桓公就带着齐国的特产彤弓和石璧，去觐（jìn）见周天子，并劝周天子说："你要让各个诸侯国都用这石璧来觐见。"周天子就照着齐桓公的意思做了。这个命令一出，各国都只能到齐国去买，齐国就让石璧涨价，因此发了大财，国库进账不少。不过齐国富强了，周朝的礼乐教化却因此受到很大的伤害，对于周朝的典章制度也是种破坏，这种用霸术权谋治理百姓的方式，对周朝来说其实并不是功劳。

七、晏婴礼仪因时制宜

晏婴虽然也不施行儒家的礼乐教化政策，不过他的行为是合礼仪的。有一次晏婴出使到鲁国去，孔子要门下弟子前去观摩。弟子们回来后，子贡说自己怀疑晏婴不懂得古礼仪，因为古礼是“登阶不历，堂上不趋，授玉不跪”，但是晏婴都没做到。孔子后来有个机会见到晏婴，就请问他这是怎么回事。晏婴说：“在齐、鲁都是君臣有分别的。照古礼是国君走一步，臣子走两步，可是当时鲁国国君走得太快，我怕来不及，所以就越级而登，快跑着登上阶梯，迅速地往位置上走，这是不合古礼登阶要一步一步地上。因为不得已快走，以至于不合在堂上不能快步走的古礼。鲁国国君给我玉的时候，姿势太低，我不能站得比国君高，迫于当时情势，就只好跪下来接。然而，为人处事应该是谨守礼法上的大节，不要在意小节上有点儿出入吧！”

晏子的意思是这次行礼，重在保全对鲁国君主的礼仪，自己礼仪上的缺失是其次。孔子对弟子说：晏子这样的作为是“行而有节”。赞美晏子懂得礼贵在因时制宜，能根据实际状况来遵从礼的精神，以及保全礼的意义。晏婴的作为，在小节上看似不合理，实际上反而没让鲁国君主失礼仪，就是守住礼的重大意义。礼不在形式，而在守礼的恭敬心，晏婴的内心是知礼的。

八、司马迁看管仲和晏婴

司马迁在这篇列传最后的“太史公曰”里，首先是这样说的，《管子》和《晏子春秋》，对管仲和晏婴的治国理政和行事为人都有所记载，读了这两本书就可以了解两个人的行事作风。于是，在这之外给他们写了这篇合传，至于这两本书里的其他事情、两家的思想内涵等，就不再重复叙述。

司马迁评价管仲，认为管仲在历史上被称为贤臣，而孔子之所以批评管仲器小，是因为在春秋时代，周天子的权力、地位、礼乐教化都已经衰微，齐桓公既然称霸诸侯，管仲辅佐齐桓公，就应该帮他行使王道，维护中华道统，仅用霸道是很遗憾的。《孝经》上有句话：“将顺其美，匡救其恶，故上下能相亲也。”官吏能够顺着国家的情势，辅佐国君治理国家，匡正国家的政治，国君有弊端时也能去辅助补救，而成就君子之德，使得百姓能生活安宁，君臣之间，国君与百姓之间，或官吏与百姓之间就能相亲相爱。管仲的确帮齐桓公安定了齐国，让齐国富强，也让百姓日子过得好，上下之间彼此相亲相爱。所以，对管仲有批评也有赞美，这个评论是非常公正的。

至于晏婴，司马迁提到“伏庄公尸哭之”这件事情。认为晏婴不是“见义不为，无勇”的人。司马迁认为，晏婴做相国的时候，本着正义的原则，宁愿触犯国君，也要直言劝谏。这就是“进思尽忠，退思补过”，入朝极尽忠心报国，退朝以后，处处要求行为端正，有过错就立刻改正。晏婴好贤乐善，守护为臣之道极有分寸，是非功过得失清晰分明，可以让所有官吏有所警诫。所以，司马迁说：“若是晏婴还活在我现在这个时代的话，你叫我去为他执鞭赶车当车夫，我也会欣然前往。”这是司马迁对晏婴很高的一个赞美。

九、晏婴哭庄公

晏婴给齐国三代国君做过相国。齐灵公在位后期，年老伴病，就答应宠幸的戎姬，立她的儿子为太子，把原来的太子给废了。后来，灵公病重，大臣崔杼把被废的太子迎了回来，扶上君位，就是齐庄公。庄公非常昏庸，有怪癖，无道德修养，崇尚武力，喜欢打仗，他治理下的社会战乱频频。晏婴不愿意继续为相，就把所有财产都给了国库及百姓，辞官回去过穷日子。

齐国大夫棠公的妻子非常漂亮，棠公死后，崔杼把她娶回家，齐庄公却常常到崔杼家与她私通，崔杼得知后很生气。齐庄公有个侍从叫贾举，曾经被齐庄公鞭打过，一直怀恨在心。贾举就帮崔杼留意齐庄公的动静，找机会和崔杼一起报仇雪恨。

齐庄公六年，莒子到齐国来朝见，齐国设国宴招待贵宾，崔杼称病不参加。第二天，齐庄公前往崔府探视崔杼，其实真正的目的是与其妻幽会。崔杼妻走进内室，和崔杼紧闭房门不出来，庄公就抱着庭内的柱子唱歌挑逗。贾举把所有的侍从拦在大门外，他自己进来以后，就把门给牢牢关上。然后，崔杼的家丁护卫带着武器，从庭院中一拥而上，包围了庄公。齐庄公一看情况不妙，就爬到亭台上请求解围，可是那些家丁都不听齐庄公的调遣，齐庄公又说愿意跟崔杼定约，这些家丁也不听，最后齐庄公请求这些人放他回去，让他在祖庙中自杀，崔府家丁也没有接受。这些家丁对齐庄公说："崔杼病得很重，所以，我们是不会听你的吩咐的。我家主人只命令我们捉拿奸淫之徒，我们不会听别的命令。"庄公想爬墙出去，家丁们就朝他射箭，射中了他的大腿，齐庄公摔下来后就被杀了。

晏婴知道这件事后，赶紧来到崔杼家门外，对崔杼说："国君如果为国家而死，臣子就应该跟着他去死，如果为国家而逃亡，臣子也应该随他逃亡；国君如果是因为自己的私事而丧命，他宠幸的臣子应该跟随他去，宠臣之外，又有谁会为他而死呢？"说完之后，崔府的门就开了，晏婴进去，趴在庄公的尸体上痛哭，然后就行吊祭之礼，行完礼推门出去。有人告诉崔杼说："这个机会好，可以一并把晏婴杀了。"崔杼说："不能，晏婴是受到百姓拥戴的人，放了他，可以收拢民心。"

第四天，崔杼拥立了新国君，这就是齐景公，崔杼被任为右相，庆封为左相。两个相国唯恐其他臣子不服而叛乱，就强迫满朝的文武大臣集合在太公庙上，然后用很多兵力镇守，要群臣宣誓效忠。群臣无可奈何都宣誓了，可是唯有晏婴仰天长叹："我晏婴只随从国君和有利于社稷的人，上天可作明鉴。"意思是自己绝不会效忠相国。庆封要杀晏婴，崔杼说："晏婴是个忠臣，放了他吧！”

有个典故称“太史直书”，即源于此事。当时齐国的太史记录说：“崔杼杀害齐庄公。”崔杼一看，就把这太史给杀了。太史的弟弟继任为太史，也照样记载崔杼杀害庄公，于是弟弟也被杀。再下去，他们更小的弟弟继任为太史，也依然是这样记载，崔杼觉得老杀人不是办法，就把这个小弟太史给放了。做史官的人能够不畏强权，遵照实际的事情去公正记录，就叫作“直书”，太史直书给后来的史官做了极好的榜样。

十、晏婴忠勇吗

齐庄公死，晏婴没有随齐庄公而死，是否不算是勇敢、忠义的臣子呢？后来齐景公曾问晏婴：“忠臣该如何侍君？”晏婴回答说：“国君有难，忠臣不盲目从死；国君逃亡，忠臣不盲目跟从。”意思是说，国君若听从忠臣的劝谏与谋略，则国君不该有难，忠臣该做的不是愚昧地跟随，而是要善于进谏，使得国君采纳，使国君不会陷于危难。由此可以解读，当年晏婴为什么没有随齐庄公赴死。

晏婴当时在崔杼家门外说的那番话，清楚表明齐庄公是因为私德不好才被杀，晏婴当然不会随庄公而死，这是晏婴的一个态度。话说回来，他有没有尽臣子的礼仪呢？有。崔杼杀庄公之后，没人敢到崔家去祭拜庄公，都怕被杀，可是晏婴毫不畏惧地立刻前去悼念庄公。从这件事来说，不能不说晏婴是见义勇为，是勇敢而且懂礼的，尽到做臣子该去祭悼国君的礼仪，他是不惜被杀也要维护君臣礼仪的人。

齐景公时代，晏婴做相国，为什么不杀弑君的崔杼？他不是怯懦，实因他没有这样的能力，因为崔杼做右相，庆封做左相，两人势力庞大，盘根错节。所以不能因此就说他是一个怯懦的人，反过来如前面所说，他是一个见义勇为而勇敢的人。司马迁在“太史公曰”里说，晏婴“岂所谓‘见义不为，无勇’者邪”？用的是一个疑问句，意思是：晏婴是一个见义不为而无勇的人吗？不是的。太史公对于晏婴这样的臣子，私德非常好，对国家也非常尽忠，是极其推崇的，所以才会有“虽为之执鞭，所忻慕焉”这样的敬仰之辞，又怎会说他见义不为是无勇者呢。

扫一扫，
进入课程

第十二章　伍子胥列传
——伍子胥与吴越争霸（上）

一、结仇与报仇

现在我们开始讲《伍子胥列传》，这篇列传的故事性很强。对于伍子胥、吴王夫差、越王勾践、越王的臣子范蠡和文种等人的故事，可能大家都比较熟悉。但是，对于这些人的评价，又可能是见仁见智，结论有所不同。为求周全，讲此列传，将参酌《吴太伯世家》《楚世家》《越世家》，一并做说明。

陈仁锡说这篇列传的本质，其中心思想可总结为两个字："怨"和"忍"。其实这篇文章的全部内容，都集中在"复仇"的意念上，伍子胥的一切作为，都来自复仇的心念，这心念导致他有那样的行为。这种复仇在春秋时代是很多的，也极其强烈。复仇原因往往是为家族，为父兄之类，为何如此呢？是因为时至春秋乱世，不讲仁义，臣子杀国君的，甚至于为争王位而杀自己父亲的，兄弟相残的，伦常荡然无存，诸如此类的事情极多。弑君、败乱、杀伐、不伦、不义、不仁是春秋时代的缩影。于是复仇的概念在春秋时期很强烈。

因此，这篇两千多字的列传里，所有事件都串联在一个“仇”字上。吴王夫差和越国勾践之间有杀父之仇，这是夫差的恨；夫差身边的佞臣伯嚭（pǐ），有祖父被杀之仇；伍子胥有父兄被杀之仇；勾践也有国家被灭，自己被羞辱之仇。所以，复仇成为这些人物串联起这段历史的动力，而复仇要成功，就必须在时机未成熟时尽量隐忍，等待时机发动进攻，所以这篇列传所系，不外乎就是“怨”“忍”的心理与行为。

二、楚王抢了儿媳妇

我们先看伍子胥这个人，他的名字叫员，虽然其后来大半生都在为吴国做事，都记录在吴国的历史里，可实际上他是楚国人。伍子胥的父亲叫伍奢，哥哥叫伍尚。伍奢侍奉楚平王，伍家好几代在楚国都非常有声望。

楚平王立儿子建做太子，并派伍奢为太子的太傅，派费无忌做太子的少傅，但是费无忌对太子并不忠诚。有一次，楚平王派费无忌为太子建娶一门妻子。费无忌找到一个秦国女子，非常漂亮，于是骑快马飞奔回国告诉楚平王，劝平王纳为妾。楚平王听了他的建议，而且对这位秦国女子非常宠爱，还生了一个孩子取名轸（zhěn）。并另外为太子建娶妻。这件事情成为后来一切灾乱的一个缘由。

费无忌从此受到楚平王倚重，对太子建的忠心就更不足，关系也就更疏远。但是费无忌也害怕一旦楚平王死了，太子登基，一定会杀了他报仇。于是开始不断地在楚平王面前毁谤太子建。太子建的母亲是蔡国女子，一向不受楚平王宠爱。太子又受到费无忌毁谤，楚平王自然渐渐疏离太子建。然后，平王就派太子建去守城父（今安徽省境内），以防备边境起灾乱。自古以来有所谓太子监兵，就是带着军队驻扎在边境上，但往往都很容易酿成灾祸。

三、伍子胥家遭大祸

过了不久，费无忌离间平王父子间的感情，不但一直说太子建的种种缺失，还跟楚平王说，太子为当初楚平王娶秦国女子这事一直心有芥蒂，希望楚平王要有所防备。又毁谤太子交接诸侯，有可能会带兵作乱。于是，楚平王就把伍奢给找来，拷问一番。伍奢知道是费无忌在诽谤太子建，说："国君为什么单单就因为那个佞臣的谗言，而疏远自己的骨肉呢？"费无忌也对楚平王说："国君现在如果不制止，恐怕我说的太子的叛乱就会成真了，到那个时候您就会被绑起来了。"楚平王大怒，囚禁了伍奢，而让城父的司马奋扬去杀太子。但是奋扬还没到城父，就提前派人告诉太子赶快逃走，不然就要被杀了。太子得到消息后就逃亡到了宋国。奋扬将军这么做，是知道太子无辜，因此他不忍心杀太子建。太子已经逃了，奋扬没有找到太子，也就可以回报楚平王。此事不免让人心生感叹，所谓生在皇室，难享亲情，还不如做个百姓。

费无忌又对楚平王说："伍奢的两个儿子都很贤能，捉拿伍奢而放了他两个儿子在外，是非常令人担忧的，所以应该以他父亲做人质，把两个儿子都叫来，不然将来就会成楚国的忧患。"楚平王就对伍奢说："你去叫两个儿子来，做到可保性命，做不到就死。"伍奢说："我长子伍尚为人非常仁厚，我一叫他，他一定来。可是次子伍员为人刚强，不是叫他来他就能来忍受侮辱的人。他是一个能成大事的人，他知道来了只会一起被捉拿，是不会来的。"楚平王硬是派人去以伍奢要挟伍家兄弟入宫。

伍尚、伍员两兄弟都是聪明人，知道那是楚平王的一个说辞而已，兄弟两人即便都去，也救不了父亲。可是，伍尚坚持要去，伍子胥就说："去了对父亲一点儿好处都没有，三人都得死，而杀父之仇也没法报。不如咱们一起逃亡到别国，借别人的力量来报杀父之仇。"伍尚说："我也知道是如此，无奈，既然父亲招我们去，就不应该不去。如果听到可以赦免父亲这消息而还不去，那是不孝。如果父亲被杀，而不报仇，那是没有智慧。处理事情要量力而行，这才是聪明的表现。你比我有能力，你赶快逃吧！这样才可以报杀父之仇。"

伍尚去了以后，果然被捉拿起来。楚平王派人捉拿伍子胥，伍子胥拉满弓用箭要射来人，使得捉拿他的人不敢往前走，伍子胥得到机会而逃走。伍子胥听说太子建在宋国，就往宋国去，想要追随太子。伍奢听说伍子胥已经逃亡，说："楚国上下恐怕就要陷入战乱了，苦难就在后面。"楚平王命令把伍奢、伍尚父子都杀了。楚平王原本是个弑君之人，要他讲究仁义，实在是一种奢求。

四、伍子胥的智慧如何

再论救父这件事，表面上看，不去救父是不孝，伍尚不能忍受不孝之名，所以一定要去，从道德规范来说是正当做法，伍尚的作为是守正。而伍子胥逃亡则是所谓的权宜变通的行为，使得能成就另外一番意义。权变要靠智慧来做妥当的变化和应对，要做这样的决断，还要靠勇气。例如伍子胥的逃亡，既辛苦又危险，何况他还肩负着报父兄之仇的重任，必须要有勇气。不过，权变最重要的是心存大是大非，而非侥幸取利。权变的智慧可大可小，目的有公有私，如果是为天下百姓苍生，为国家兴亡等，叫作为公，而为私人之仇恨是为私，伍子胥的权变作为，不能说是为公。伍子胥最后受伯嚭陷害，冤死在吴王夫差手里，不知早早功成身退，从这个状况来说，他的作为是不智，其智慧仍显不足。如果他能像越国的范蠡一样，最后功成身退，不留恋富贵权势，能够过寻常百姓的日子，这样既保全了自己，又让家族富裕，生活安定、安全，那才叫作大智慧。伍子胥何以智慧不足？因为他的权变并不符合正道。权变需依正而变，变而不失其正理才是真有智慧。

且说伍子胥逃到宋国，刚好宋国发生了华氏内乱，他就跟太子两人离开宋国，投奔到郑国，郑国人对他们非常友善。不久，太子建到晋国去，晋顷公说：“郑国对你很友善，表示信任你。请你在郑国做我的内应，我从外面攻打郑国，郑国一定会被我们消灭。之后我就帮助你回到楚国做太子。”面对这种利诱，太子建竟然答应了。这个时候，太子建恰恰因故要杀一个随从，随从又刚好知道他跟晋国之间的计谋，于是随从逃去报告郑国。郑定公和相国子产，为此杀了楚国的太子建。

太子建为了自己的利益，对郑国的确是不公不义。因此，很多人读到这个地方就会认为：伍子胥跟随太子，为什么不劝谏太子不可答应做晋国的内应呢？回想伍家的祖先，在君王身边都是直谏，伍子胥此时不劝谏，有愧先人的德名。伍子胥没有直谏，想来是因为他一心一意只为复仇，只想着靠太子建受到晋国帮助以后，让太子建壮大起来，可以回到楚国做太子，最后杀了楚平王。伍子胥恐怕并无效忠辅佐的心态，也无忠心辅佐太子建的客观意愿。

五、伍子胥过昭关

太子建被杀之后，伍子胥带着太子建的儿子胜一起逃到吴国。中间经过昭关，伍子胥要出这个关口非常不容易，在万般焦虑的情况下，一夜之间急白了头。根据《吴越春秋》记载，伍子胥投奔吴国的时候，一路上夜晚行走，白天躲藏起来，如何出昭关的呢？守关官吏要捉拿他，伍子胥骗关吏说："君王所以要捉我，是因为我拿了他的美珠。如今你若捉拿了我，我就会告诉君王，是你要取走珠子。"关吏只能放他出关了。这个细节《史记》里没有记述，东汉赵晔撰的《吴越春秋》的记述也不见得全然可信。

《史记》里只说，当时伍子胥跟胜几乎逃脱不了，后面的人紧追不舍，后来他们好不容易出关，却来到一条江边。江上有个老渔夫，划着船过来，老渔夫知道伍子胥非常急迫，就载他们渡江。伍子胥过江后，解下佩戴的剑送给渔夫，并说："这个剑价值百金，送给你表示感谢。"渔夫说："按楚国贴出来的告示，得到你的头可以有五万石的粮食，还能得到上卿的职位，岂能要一柄仅仅值百金的剑呢！"老渔夫没有接受那把剑。

在《吴越春秋》之前，有一本写越国历史及吴国和越国的地理状况的《越绝书》，也叫《越绝》或《越记》。有人说是伍子胥作的，后来明代学者考证是东汉初期的袁康、吴平辑录的，现代学者多认为不是一个时期、一人所作，最早的作者可能是在战国时代。这本书中说，帮助伍子胥过江的渔夫，在渡江之后，把船翻覆，让它沉了，而后自绝而死——这样做是为了让伍子胥和胜能安心逃亡，因为再也没有人知道他们逃亡的事。这说法如果是真的，说明这渔夫对伍子胥有爱惜之意，他同情伍奢父子的冤枉，所以才这么做。

讲到这儿，我们会想起项羽在垓下战败的时候，斩旗斩将，突围逃亡。项羽其实已经到了乌江江畔，遇到一个船夫，告诉他：这个江面上就剩我一条船，我愿意带你过江往东边去。汉军来时，没有船可以渡。可是项羽没有答应，一则项羽怀疑船夫也许是骗他，因为之前项羽有过教训，曾向老人问路，那个老人竟指向一个有很多杂草的水泽之中，让他迷了路；二则是项羽觉得无颜见江东父老，就算回到江东故乡能东山再起，但是想想自己最初带来的江东子弟兵都没有了，如何有颜面见故乡的父老？所以还是作罢了！回头说伍子胥的做法，是在孤注一掷的情况下，必须选择相信渔夫，而且他没有无颜见江东父老的困扰，而这是复仇的机会，没有放弃的理由。

六、伍子胥到了吴国

伍子胥还没逃到吴国境内就病倒了，途中只能靠乞讨度日。他到吴国的这一年，正是吴王僚主政。吴国的公子光当大将军，伍子胥因为公子光的关系，见到了吴王，正式开启了跟吴国的关系。关于吴国，我们在此做个简单的说明，以便了解伍子胥与阖闾的关系。根据《史记·吴太伯世家》记述，周的祖先古公亶父（dǎn fǔ）因居地受戎狄侵，率周族由豳地迁到岐山脚下的周原，不再穴居，筑城建屋，设官分职，建立政权，后世尊为周太王。有太伯、仲雍和季历三个儿子，其中他最欣赏的是季历，原因之一是季历有个儿子叫昌，昌从小聪颖、仁厚，古公亶父希望把王位传给季历，让季历传给昌。长子太伯和次子仲雍知道父亲的意思，就假借替周太王采药，离开了国家，跑到荆蛮之地，建立起“勾吴”这个国家，这就是吴国的开始，太伯成为吴的第一代国君，史称吴太伯。吴太伯无子，传位给仲雍，仲雍传给自己的儿子。

再说季历继承周的王位，后来传给昌，也就是后来的周文王。周文王的儿子周武王灭殷商，建立周朝，统一天下，就让仲雍的后人周章继承吴国王位，封仲虞到虞国去，为诸侯之一。

吴国传至第十九代的寿梦，寿梦想把王位传给最贤明的第四子季札，季札不肯接受，长子诸樊只好继位。诸樊传位不传子，依次传给二弟、三弟，想的是最后还是要实现父王的愿望，传给四弟季札，但是季札绝不接受，结果三弟余昧（mìè）把王位传给了儿子僚。

楚平王时代，楚国和吴国的边境上有两个小城，人民都养蚕，两方的女子争采桑叶，最后产生嫌隙而相互攻打。结果楚国把吴国的边城给灭了。吴王大怒，派公子光带兵去讨伐楚国，攻下两个大城。伍子胥就建议吴王僚派遣公子光继续打楚国。公子光对吴王说："伍子胥这个建议是为了报他自己的私仇而已，现在去讨伐楚国未必能胜利。"吴王僚也就不再打了。伍子胥知道这事以后，细想之下觉得公子光内心另有盘算，判断公子光是想杀吴王僚而篡位，所以这个时候不愿意生出其他事情。于是，伍子胥推荐吴国人专诸给公子光，并且告诉公子光，专诸是很有能力的人，将来成大事的时候，可让专诸辅助你。然后，伍子胥就与胜在吴国找了个地方住下来，自己耕种，不与吴国的朝廷往来。

公子光的确想篡位，他认为当年季札不接受王位，王位应该传给长兄诸樊的儿子，这个儿子是谁呢？就是公子光自己。

认为余昧传位给自己的儿子僚是不对的，因此心中一直不平，并在暗中结交贤能之士，等待机会。

七、季札的故事

前一篇说到晏婴听了季札的建议，免除了灾祸。季札是一个什么样的人呢？他见解高超，学问渊博，人品道德非常好。季札出使到鲁国观礼乐，能凭借诗歌的内涵，判别各个诸侯国的治乱兴衰，季札是如此精通礼乐，闻诗观舞，见解高超。这些诗歌有很多收录在《诗经·国风》里。

季札往鲁国去的途中，经过徐国，见到国君徐公。徐公非常喜欢季札身上佩戴的那把剑，可是又不好意思说出来，季札心里明白，就决定出使任务完成后把剑送给徐公。季札之所以不能当时赠送，是因为礼节要求出使者需佩剑。然而，待季札回程时，徐公已经去世了。季札于是解下宝剑挂在徐公墓地的树上。跟随他的人说："人已经死了，还要把这剑送给他吗？"季札说："话不是这么讲的啊！心里的承诺也不能违背。"这就是有名的"季札挂剑"的典故，而这就是季札的高超品德。他告诫后人，朋友间要讲诚信，人在道德上是绝对不能损伤的。

季札礼让王位，应是源于他的清高，不喜权势地位。相较之下，国君余昧传位给自己的儿子则是私心自用，公子光弑君夺王位更是丧失伦常，真可谓人心不古。他们的作为，毁坏了吴国从创立之初就有的禅让风气，吴太伯造就的功绩和机制，此后不再，春秋战国时代各国均以攻伐为主，更难见到禅让，让人感叹不已。可见，一个政治人物不仅要有治国理政的能力，真正重要的是主政者的德性，德性主导着他为政的方法，方法正确，国家方可长远。

八、吴国阖闾上台

吴王僚十二年的时候，杀伍子胥父兄的楚平王死了，吴王僚趁楚国国丧时，派两个弟弟率军伐楚。楚国发兵阻挡，断了吴国军队的后路，以至于吴国军队没法退回吴国，导致吴国国内军力薄弱，公子光就趁此机会，请僚来家赴宴，预先在地下室埋伏武士，僚虽严密戒备保护自己，光让专诸在鱼中藏匕首行刺吴王僚，结果成功了，专诸被卫士所杀。公子光自立为王，就是吴王阖闾（hé lǘ）。并任用伍子胥，而且非常器重他，常跟他共商大事，这就是伍子胥为什么要推荐专诸给公子光的缘故。显然，他明白公子光的野心后，立刻放弃了靠吴王僚来完成复仇的计划，而进献专诸，对公子光施予恩惠，对自己也就有好处。伍子胥的权谋，完全是为一己私心，实际上，后来的发展都在伍子胥的意料之中，唯一没算准的是自己的生死大事。伍子胥为了报仇，帮公子光夺王位，吴王僚最后被杀，何其无辜？伍子胥何尝是讲求仁义的人？

九、楚昭王是好国君

楚平王死后，太子轸为王，这就是楚昭王，楚昭王很得民心。一天，楚昭王在军中看到天上的云是红色的，红云绕日而行。身边史官说："这是要发生灾疫的征兆，恐怕国家会发生事情。可以让这样的灾祸转移到将相身上，让臣子来受灾害。"楚昭王说："将相臣子如同自己的手足，把灾祸移到他们身上，还不如自己来承受。"后来，史官又去占卜，说是河神作怪，要向黄河祝祷。楚昭王认为自己好好地治理国家，不应该有这样的罪，所以不准去祝祷。孔子在陈国听说这件事情，就赞美楚昭王通达事理。事实上，楚昭王虽然经历很多危险，最后却没有失去国家，就是因为他是个深得民心的好君王。

楚昭王病重，不肯传位给自己的孩子，认为这是私心，就传位给他的弟弟，但是弟弟们都不接受，一直让到第三个弟弟，这个三弟推辞了五次之后才接受。楚昭王去世后，这个三弟立刻接回楚昭王的儿子立为国君，就是楚惠王。楚昭王有谦让之德，传弟不传子，所以弟弟们都非常敬重楚昭王，最后还是把王位给了楚昭王的儿子。相较于吴国余眛传子，引起公子光篡位，两者之间得失立判。

再说楚国的费无忌陷害太子建、伍奢，又怂恿楚平王杀了大臣伯州犁，伯州犁的孙子伯嚭也逃亡到吴国，被任用为大夫。前面所说吴王僚派两个弟弟率军伐楚，被困在楚国，后来听说公子光自立为吴王，就投降了楚国，被封在舒（古国名，被楚灭，都城在今安徽省庐江县西南），后伯嚭、伍子胥率军攻下舒，拿下了那两名叛将。准备继续侵犯楚国，孙武将军认为民劳军疲，应该等待以后再攻。楚国人痛恨费无忌。楚昭王元年，楚将子常杀费无忌。

十、吴国打入楚国王城

吴王阖闾任用伍子胥为相国。吴王阖闾要扩张，相国伍子胥想报仇，于是吴国接连攻打楚国，攻占了很多地方，楚国从此几乎没有安宁的日子。吴国大军最后直抵楚国郢都，楚昭王只好出奔逃命，吴王阖闾率兵进入郢都。

楚昭王逃亡进入云梦大泽，遭到当地盗匪的袭击，只好又逃到郧（yún）；郧本是个小国，后来被楚国兼并。郧公的弟弟非常生气，说："楚平王曾经杀了我爹，我现在杀他儿子，就扯平了。"郧公怕弟弟真的去杀楚昭王，于是紧紧跟随着楚昭王，陪他躲到随（西周初年之诸侯国，都城在今湖北省随县）。郧公所为乃是忘私而为公，不害楚王，不灭楚国，这是大忠。相对于伍子胥日后所为，鞭楚平王尸，几乎坏灭楚国，又岂可同日而语？

吴国军队包围了随地，还说："周朝的后世子孙，凡是封在江汉之间的国家，都是被楚国消灭的。"就是告诉随地的人，随国被楚国灭亡，要报仇就把楚昭王给杀了。这个时候，楚昭王有个随臣愿意为楚王而死，就藏匿了楚昭王，而后出去说自己就是楚昭王。但是，随人占卜后，觉得杀楚昭王或把楚昭王送给吴国，是不吉利的，所以就对吴国说，我们找不到楚王，也不会交出楚王。

楚昭王这件事情，代表三个意思：郧公弟弟要杀楚昭王来报仇，这是“以怨报怨”。郧公用对国君的礼仪对待楚昭王，帮着他逃亡，这是“以德报怨”。郧公如果既不协助楚王逃亡，也不藏匿他，也不把他提供给吴国，那就是“以直报怨”。三者中以德报怨最难，世俗中“以怨报怨”最多，但是冤冤相报何时了？徒增仇恨而已。生活里充满仇恨情绪，又是何其悲哀。双方之间只要有一方宽宏大量，有智慧，能够放下仇恨，就可以解开这冤结。历史让我们学到唯有以德报怨，才能真正解决仇恨。为人处事上，当以此为目标，而不是由着自己的情绪为所欲为。

十一、伍子胥掘墓鞭尸

要说以怨报怨，伍子胥做得最彻底。楚昭王逃亡后，大怒之下的伍子胥，下令挖掘楚平王的坟墓，鞭打楚平王的尸体，打了三百下之后才停止，这就是“掘墓鞭尸”的典故。有的书中记载不是鞭尸而是鞭墓。

伍子胥在楚国有个好朋友申包胥，当年伍子胥要逃离楚国，对申包胥说：“我一定要灭了楚国报仇。”申包胥说：“那我一定要保存楚国。”这两个人各自站在不同的立场，申包胥以臣子立场保卫国家，伍子胥以仇人立场要报仇。申包胥逃亡藏在山里，派人告诉伍子胥：“你的报仇，做得也太过分了。我听人说过，仅凭人数众多气势大，可以取得一时的胜利去压迫别人，可是天道对这种暴力终会给予惩罚。你曾经也是楚平王的臣子，也侍奉过他，现在去羞辱一个死人，这合乎天理人情吗？可说是没有天理到了极点。”伍子胥就让这传话的人带话给申包胥：“我就像一个赶路的人，天都快要黄昏了，所剩时间不多，但路途还很遥远，必须快马加鞭赶路。因此，找到楚平王的尸体，要先报仇才能泄我心头的痛恨，就算鞭尸不合天理，我也要做。”可见伍子胥乃睚眦必报之人。

申包胥只好赶到秦国去求救，秦国一开始不答应。申包胥就站在秦国朝廷外面，昼夜哭泣，七天七夜哭声不断。秦哀公非常同情申包胥，说：“楚国虽无道，但是能有这样的忠臣，怎能不保全楚国呢？”于是派遣五百辆兵车解救了楚国。

吴王阖闾的弟弟夫概，趁着阖闾在楚打仗，跑回吴国自立为王。阖闾只好放下楚国，带兵赶回国打败夫概。楚昭王趁吴国内乱，再度回到郢都。楚吴两国继续作战，吴国失败，撤兵回国。两年后，阖闾派太子夫差将兵伐楚，楚国怕吴国还会派大军攻打，就将国都由郢迁到鄀（ruò，春秋时楚邑，故城约在今湖北省宜城市东南方）。此时，吴国用伍子胥、孙武的谋略，西面攻破强大楚国，北面威震齐国、晋国，南面收服越国，逐渐强盛起来。

对于伍子胥掘墓鞭尸这件事，后世有不同的评价。有人说伍子胥的父亲和哥哥无辜被杀，所以伍子胥应该为父兄报仇。有人说，仇恨楚平王一人而祸及整个楚国，是不忠不义的行为，而且仅因一己之私，不顾苍生福祉，迫使楚国百姓没有一天安定的日子，楚昭王也被迫逃亡，国家几乎灭亡。伍子胥是只知有亲情而不知有国家，只知父亲和哥哥，不知国家的百姓。其实，伍子胥不去攻打楚国，杀了费无忌，也算报了仇，不需要去灭国，鞭尸楚平王。

扫一扫，
进入课程

第十三章　伍子胥列传
——伍子胥与吴越争霸（下）

一、吴王阖闾死了

《史记》在此处特别附带记述重大时事，说又过了四年，孔子当时在鲁国为相。齐鲁两国会盟，齐国打算表演低俗的歌舞让鲁国国君鲁定公沉迷其中，趁他没有防备时捉拿他，然后要挟鲁国答应有利于齐国的条件。孔子见状，一方面提前提醒鲁国做好防备，另一方面在歌舞才开始表演，就快步登上盟坛，在离坛面只差一级时站稳，义正词严地大声制止表演，并要求齐景公遵守诸侯国之间应有的礼仪，斩了乱来的表演者。齐鲁两国会盟成功，订立平等条约。可见礼仪非常重要，小至个人行为，大至国家外交均不可无礼。

又过了五年，吴国攻打越国。越王勾践面对的是吴国强盛的军队，于是，就以敢死队排了三行，冲向吴军，等于是集体自杀式进攻。吴国军队看了非常惊讶，一时之间乱了自己的战阵。越军趁着吴军乱了阵法而攻击吴军，竟然打败吴军，还伤了吴王阖闾。吴国军队只有退回来。吴王阖闾的伤发作，将死时叮咛太子夫差说："你会忘了是谁杀了你的父亲吗？"夫差说："绝对不敢忘！"当天晚上，阖闾就过世了。

二、吴王夫差打越国

夫差继位为王，一直想要报父亲的仇。他开始谋划攻击越国的事情，非常勤奋地训练军队。两年后，就带兵攻打越国，在夫椒（今浙江省绍兴市境内，或说在江苏省苏州市境内）这地方大败越军。勾践这时只剩五千人的兵力，驻扎在浙江省绍兴市境的会稽山上。越国大夫文种告诉越王去贿赂那个贪财的吴国太宰伯嚭，争取停战，再想办法取得胜利。越国上将军范蠡说："我们要效法天道，盈而不溢，圆满时不自夸自满，保持心胸容纳别人，否则就会招来祸事。危困时要仁道谦卑，换得生存的机会。万物自有生长的机会、生存的能力。越国现在最好的方式，就是用极丰厚的礼物去送给对方，用谦卑的言辞求对方，甚至答应做奴隶仆人，来换取吴国的接纳。"越王勾践本来觉得大势已去，也想最后死战算了，听了这些话，就派文种依计去吴国那边办事。

文种去见吴王夫差的时候，是用膝盖跪着行走，一路低着头向吴王行礼，非常谦卑地说："您逃亡的臣子勾践，派我来向您报告，他愿意做您的臣子，他的妻子可以做您的仆人，一起来侍奉您。”夫差听了很高兴，就要答应越国的求降臣服，可是伍子胥反对，说：“现在是上天给了机会，把越国赏赐给吴国，一定要拿下越国。”吴王夫差就拒绝了文种。

文种回去报告越王勾践，勾践说：“我难道就这样死在会稽山吗？”于是，他打算先杀了妻子，再跟吴军拼命战死。文种向勾践举了很多历史上忍着暂时的失败和侮辱，发愤图强，最后建立一番大功业的例子。文种说，目前的困境是换得未来的最好机会。勾践就又让文种带了很多美女、宝器、重金献给伯嚭，伯嚭又带着文种去见吴王夫差。文种再度恳求吴王夫差赦免勾践，并提醒夫差若不赦免，勾践最后必做困兽之斗，决一死战。伯嚭立刻劝说：“勾践已经要降服您，做您的臣子，赦免他还会献上诸多的越国金银财宝，这对吴国是好事啊。”伍子胥说：“越王勾践这人非常坚韧，特别能吃苦，如果现在不把越国完全消灭，将来一定会后悔的。”但吴王夫差听了伯嚭的建议。此后，伍子胥的建议都未受到重视，他在吴国的处境越来越糟，可惜他在自认为有功又忠心耿耿的情况下，没有立刻觉醒。

三、越王勾践卧薪尝胆

越王勾践于是过上了“卧薪尝胆”的生活。具体说，就是越王勾践不睡在舒适的床上，而是卧于柴草上，还挂起苦胆，每天尝一下，时刻提醒自己要记住夫差带给他的耻辱。越王勾践还亲自耕种，他的妻子自己织布，像百姓一样劳作，吃的饭菜绝没有两种以上的肉，非常俭朴。最重要的是，他还礼贤下士，身边就有很多贤能的人。他还时常深入民间，谁家有丧事就去吊唁，谁家有困难就去慰问，因此而深得人心，这正是勾践日后可以打败夫差的群众基础。

越王重用文种和范蠡，要范蠡当相国，可是范蠡说："如果论作战用兵，文种比不上我；可是要安定国家，治理内政，让百姓亲爱国君，那文种会比我更好。"越王勾践就把国政托付给文种，而派范蠡到吴国做人质，两年之后，吴国才把范蠡放回来。

根据《吴越春秋》记载，勾践跟妻子投降后，先到吴国去，在吴国做臣子，如仆人一样，一住三年，靠行贿伯嚭，才被释放回到越国。对于越王勾践的遭遇，越国的老臣、百姓均心存仇恨，一心一意要报复吴国。越王勾践忍耐了七年，加上在吴国的三年，十年里都是卧薪尝胆，然后才向吴国报仇。

四、伍子胥失去了信任

越王勾践投降后五年，吴王夫差听说齐景公死了，齐国各大臣都在争权，就想攻打齐国。这个时候的吴王夫差，已经非常刚愎自用，还产生了称霸诸侯的欲望。伍子胥劝说："勾践衣食上非常俭朴，经常慰问百姓，结交贤能之士，想必是心有所图。勾践不死，一定会成为吴国的隐患。今天吴国面对越国，就像人有心腹之患一样。不先灭越国，反而要去打齐国，这不是很奇怪的事吗？”吴王夫差还是不听，结果伐齐大胜。吴王夫差回来后，就责备伍子胥，且更加轻视、疏远伍子胥，不再听伍子胥的计谋和谏言。

吴国已经威震诸侯，有臣子说：“吴王现在如此骄傲，必定会有疏失，骄兵必败，不妨联合其他国家一起攻打吴国。”勾践也有这样的盘算，文种就设下一计，派人去向吴国借粮食，试探吴王夫差对越国的态度。伍子胥认为不能借，但是吴王夫差还是借了。越国很高兴，因为这是试探吴王夫差对越国的警戒心如何，如果对越国有所警诫，或是对越国很厌恶，是不会借粮食给越国的。反之，只有非常轻视越国，觉得无所谓，才会借给他。再者，伯嚭时常在吴王耳边帮勾践讲话，吴王对勾践和越国都没有什么提防和嫌恶之心了。

又过了四年，吴王夫差又要打齐国，越王勾践听从子贡的计谋，率兵帮助吴王去打齐国，让吴国的防范之心更为松懈。同时，越国还送了很多财宝给伯嚭，伯嚭再三地接受越国贿赂，对越国和勾践就越发信任和喜爱，也就天天在夫差面前说越王的好话。伍子胥出于忠心不能不劝谏：“越国是我们的心腹之患，国君却去相信越国的那些夸大的话、欺骗的行为。今天打败齐国又如何？齐国对我们吴国来说如同一块石田，不能耕种，没有益处。”意思是，占领了齐国土地，也没法经营统治，所以没有用处。伍子胥还举《尚书·盘庚》中的一番话劝诫吴王：“对付那没有礼法、不服从命令的人，要用峻法严刑，而且还不能让他留下后代，免得这种人到处迁徙，影响好人也变成坏人。”这就是商朝之所以兴盛的缘故。盘庚是商朝中后期的天子，他在位时曾五次迁都，在一次迁都时，写下了这篇诰文。伍子胥希望吴王对勾践这种真心不会恭敬、服从的人，要彻底去除。现在应该先别管齐国，先去攻打越国，否则将来一定会后悔莫及。

五、伍子胥被逼自杀了

且说正好在这个时候，吴王夫差派伍子胥出使齐国。伍子胥临行之前，对自己的儿子说：“我几度劝谏吴王，都未被采纳建议。我今天已经可以看到吴国的将来必定要亡国，你不必跟吴国一起灭亡，那没有意义。”就嘱咐儿子不要死守在吴国，并把儿子托付给齐国的鲍牧照顾。回想当年，伍子胥告诉哥哥说：“我们一起去楚王那里是没有意义的，救不了父亲，换来一起死而已，还不如先逃命，以后再找机会报仇。”伍子胥认为自己忠于吴王是一回事，父子不需无意义一起死又是另一回事。

太宰伯嚭深得吴王夫差的信任，而他与伍子胥一向不和，就经常在吴王面前毁谤伍子胥。这次伯嚭说：“伍子胥为人刚强暴戾，不讲恩情，又好猜疑，这种人心中的怨恨会积得很深，心里留下仇恨不会忘记，会有仇必报，这样的人恐怕是个大灾祸。上一次，他劝大王不要去攻打齐国就是错的。他好几次的谏言都不被大王采纳，心中一定觉得很羞耻，这会激起怨恨。这次打齐国，他肯定希望吴国被打败，证明他说得对。他说自己病了，不能跟随一同去打齐国，大王对伍子胥可不能不防备。我暗中派人打探，伍子胥居然嘱咐儿子也到齐国去，还托付给齐国的鲍牧。他为人臣子，自己在国内不得意，谏言不被采纳，就想依赖外国人，大王可一定要早早做好打算。”

吴王听了这番谗言，很生气地说：“就是没有你这番话，我也早就对他产生怀疑了。”于是，马上派使者拿宝剑去逼伍子胥自杀。伍子胥不禁仰天长叹：“唉！喜欢谗言毁谤的伯嚭，才真是会祸乱天下的，可是今天大王反而要诛杀我。想当年，我帮助你的父亲做了吴王，在你夫差还没有继承王位的时候，有很多的公子在争这个王位，也是我在先王面前以死相争，才保你得到这个王位，如果不是我的话，你怎么能够称王？而你接位之后还说，愿意把吴国分给我一部分，我心里可是从来没有想要让你报答我。如今你听了个奸臣的谗言毁谤，就反过来要杀了我这个老人！”

伍子胥没有料到自己是这个下场，悲愤交加，临死前告诉手下的人说：“你们将来一定要在我的墓地种上梓树，这树长大可以做棺木（暗讽给吴王用）。一定要挖了我的眼睛，挂在吴国王城的东门上，让我看到越国军队打进来消灭了吴国。”意指吴王跟着吴国一起灭亡。伍子胥说完就拿起剑自刎而死。吴王夫差听说伍子胥说的这番话，大怒，下令把伍子胥用皮袋子装起来，丢到江中去。吴国人因为同情伍子胥的遭遇，就为他在江畔立了祠堂，那个地方后来就叫胥山。

六、越国的反攻复仇

吴王夫差杀了伍子胥后，就带兵去攻打齐国，结果失败了。两年后，吴王夫差召集鲁国、卫国的国君举行会盟。第二年，夫差又北上到黄池（今河南省封丘西南）这个地方大会各诸侯国，想称霸中原，并打着维护周天子的名义来号令天下。

越王勾践一直努力准备向吴国复仇。勾践听说伍子胥被杀，吴国政事都交给了伯嚭，于是问范蠡是否可以攻打此刻的吴国。范蠡说还不可以。夫差到北方黄池去会盟诸侯时，吴国精锐部队都随着吴王夫差到黄池去了。勾践又问范蠡攻打时机是否已到，范蠡说这次可以了。于是，吴王夫差十四年夏，越国出兵攻打吴国。这次越国的军队可跟一般军队不大一样了。一是把两千多流放的罪人组织起来，让他们熟练水战；二是正规部队有四万人之多；三是一些受过好的教育、职位比较高的干部约六千人；四是各种懂得技术的专业人员一千多。吴国当然抵抗不了越国这样的一支部队。越国攻破吴国都城姑苏（今江苏省苏州市辖区），焚毁了标志性的王宫建筑姑苏台，还俘虏了吴国太子友和一些将军。

这事情当然严重，吴国使者就赶快报告夫差。夫差正在黄池大会诸侯，怕诸侯国知道这件事后，没有人愿意跟吴国定盟约，于是很生气地把知情的几个使者给杀了。夫差定完盟约之后，派人送厚礼给勾践，跟越国求和。越国也知道这次战争不见得可以消灭吴国，因此就跟吴国讲和。这一战，让吴国丧失了对越国的军事优势。四年以后，吴国遭遇大旱灾，发生饥荒，而越国更加强大。文种建议趁机再度进军吴国。这次吴国虽被打败，但越国还是没有消灭吴国。

七、吴王夫差的末路

吴王夫差二十年时，勾践倾全国之力，围困吴国整整三年之久。围到最后，吴王夫差被困在姑苏山上，夫差派臣子王孙雒（luò）去向越国求降求和。王孙雒袒胸露臂，也是用膝盖跪着走到越王勾践面前求和。王孙雒说："当年臣子夫差在会稽山很有心地放了大王，现在也希望大王能像当年般放了夫差。夫差一定会听您的话，完全顺从、听命于您。"其姿态非常低，说了很多奉承的话，还说吴国自己有罪等，勾践听了有点儿不忍心，就想答应了夫差的求和。

这时范蠡说："当年会稽山那一次，原本是上天要把越国赐给吴国，可是吴国自己不要。现在是上天要把吴国赐给越国，那我们越国怎么可以不收呢？如果越王不听从天命，恐怕不吉利吧？再说越王这么多年来，早晚辛勤地治理政事，不就是为了拿下吴国吗？而今这大好机会，把十年来的谋划给放弃，这样可以吗？"范蠡就举了一个例子，讲到斧头上的斧柄是从树上砍下的木头做的，做好以后握着这把柄拿起斧头做什么？不是回头又去砍树吗？意思是告诉越王勾践今天放了夫差，未来夫差就会杀你。勾践很想听范蠡的话，可是又不忍心见那使者回去告诉夫差。范蠡就出面叫吴国使者快快走吧！不接受投降讲和。吴国使者不走，范蠡就要用强，说："对不起，那就得罪你了。"吴国使者没有办法，就哭着回去了。

勾践派人去告诉夫差："我觉得你很可怜，打算把你安置在甬这地方的东面，你就去做个寻常百姓吧！我可以给你一百户人家跟随你，你就做这百户人家的首长好了。"夫差听完以后就辞谢了："我已经年老，不能侍奉你。"于是就自杀了。夫差在自杀前说："我没脸见伍子胥。"显然是后悔当年不听伍子胥的建议，而相信伯嚭，以至于国家被勾践兼并。勾践夺吴国后，第一件事就是诛杀伯嚭。勾践认为，伯嚭不忠于他的国君，跟越国这样的亲近，是为了收受很多的贿赂。这种臣子不能留。

这里再讲一件事，汉高祖当年也做过同样的事。汉高祖二年，刘邦在彭城大败，项羽的部下丁公率兵追赶刘邦。在两军短兵相接的时候，刘邦说："我们双方都是好汉，我们两个好汉何苦彼此破坏呢？你放了我才是好汉应该做的。"这个丁公也是没脑子的人，听完以后觉得也是，就放了刘邦然后带着军队走了。后来，项羽兵败自杀以后，丁公觉得自己当年有恩于刘邦，就去拜见刘邦，认为刘邦不会杀他，还会奖赏他。丁公没想到的是，刘邦一见到他，就下令将他绑起来，游街示众，告知众人说：这就是害项羽失去天下的那个不忠之臣，然后杀了丁公。这些历史，告诫为臣的人，背叛自己的国君讨好敌方，敌方未必感激你，而是更害怕你的不忠，绝对不敢用你。不忠不仅是做臣子的大忌，为人不忠也是道德败坏的行为，将得不到他人的信任。

八、白公胜的仇恨

司马迁记述完伍子胥的一生，附带写白公胜，也就是太子建的儿子。之所以这样，起码有两个理由：一是白公胜长期跟伍子胥在一起，为求记事完整，也要交代白公胜最后的下场；二是如明代凌约言所说，白公胜为父复仇，石乞（白公胜养的死士）为主尽忠，伍子胥也是为父复仇，为吴王尽忠，同属一类人。

吴王夫差时代，楚惠王曾经要把胜召回楚国，叶公说："您千万不能把他召回来，胜是个好勇斗狠的人，而且他暗地里找了很多死士，恐怕另有图谋。"但是楚惠王不听叶公的劝谏，依然召回胜，让他住在楚国边地的鄢陵，号为白公。白公胜归楚三年后，吴国便诛杀了伍子胥。

那个时代是乱世，诸侯国之间互相攻伐，国内的公子之间互相抢夺国君的地位，到处充满仇恨。白公胜回到楚国以后，一直怨恨郑国杀他父亲太子建这件事，暗地里养了很多愿意为他不惜一死的勇士，准备寻求机会报仇。白公胜回到楚国的第五年，请求楚国伐郑。楚国的令尹子西也答应了，但是迟迟没有发兵。随后，楚惠王八年的时候，晋国讨伐郑国，郑国求救于楚国，楚国让子西带军救郑，定了盟约之后就回来了。这件事让白公胜非常生气，这个仇恨就不再仅仅是对郑国的仇恨，而是对子西的切齿痛恨。白公胜时时自己磨剑，人家问白公胜：“您这是做什么用？”他说：“我要杀子西。”子西听说就笑着说：“哎呀，白公胜如卵一般脆弱，能奈我何？”可是事实真是这样吗，那可不一定。

四年之后，白公胜跟石乞两人在朝廷上杀了子西和司马子綦（qí）。然后，石乞认为复仇还要杀楚王，只有这样才能把原本应该属于太子建的王位拿回来。后来他们劫持了楚惠王，把他掳至高府。楚惠王的一个随从叫屈固，偷偷背着楚惠王从高府逃到当年楚昭王夫人的宫殿。白公胜自立为王。叶公听说白公胜发动叛乱，就率人来攻打白公胜，白公胜的手下战败，白公胜不得已逃到山中自杀了。叶公俘虏石乞，问他白公胜的尸体在哪里，如果不说就把他烹了。石乞说：“事成为卿，不成而烹，故其值也。”意思是说，他为白公胜做事，事成了可能就是卿相，不成就被烹了，这本是做辅臣谋士的本分，这种下场也是应该。石乞始终都不肯说出白公胜的尸体所在，叶公就烹了石乞，又找到楚惠王，让他复位。

九、司马迁对伍子胥的看法

伍子胥的传记结束了。其中所述楚国从楚平王以后，几乎都在战乱里，没有一天的安宁，而且好几次几乎要亡国，尤其几乎亡在吴国的手里，亡在伍子胥的手里。到楚惠王十六年，越国把吴国给灭了，再往后百余年，越国又被楚国给灭了。大体上历史就是这样演变的，攻伐之间，究竟鹿死谁手，不能轻易下结论。

最后的“太史公曰”很重要，后人评论伍子胥，多采用司马迁的评论。司马迁做了什么样的评论呢？司马迁是这样说的：“怨恨对一个人的毒害是非常强烈的，夫差、勾践、伍子胥、白公胜都是例子。这样的怨毒，做国君的人尚且不能用在他的臣子身上，何况是地位相同的人之间呢！例如诸侯国的公子之间、兄弟之间，伍奢与费无忌也是同列。伍子胥当初要是跟随父亲伍奢一起死的话，他的死就是轻如蝼蚁，毫无意义；但他放弃跟父亲一起死，借以尽孝的小礼义，跑到吴国去图谋为父亲复仇，最后报仇雪恨，他的名望就会流传到后世。”以上司马迁的评论都是从报仇雪恨的立场来说的，赞成伍子胥权且变通的复仇作为。

然后，司马迁又说：“很悲哀啊！回头想想当时伍子胥困窘在江上，及往吴国路上乞讨过日子，他复仇的志向，可有片刻忘记过楚国带给他的仇恨？所以他暗自忍受，最后成就了他的功名，成为吴国的辅佐大臣，要不是男子汉大丈夫，谁能做到这种地步呢？白公胜若不去刺杀楚惠王，不自立为王，他所计划的复仇也可以完成，他的那些计划、抱负也会有很好的结果。”

十、是是非非伍子胥

后人对伍子胥的复仇事件，持有正反两种意见，一是依据《春秋・公羊传》的大复仇说，认为复仇有理；二是从道德角度着眼，认为不仁不义。

和司马迁想法相同的，如宋朝的王安石，认为伍子胥的报仇雪恨，可以说是壮士；不惜身死劝谏吴王，与自私自利者不同。明朝程敏政认为，父亲没过错却被无道的楚平王杀了，此时不能拿弑君不义来遮掩，就如同晋朝王裒的父亲死于非命，死得不合于礼、不合于义，因此王裒一辈子都不向当时的晋朝称臣，也是这样一个意思。明朝黄省曾说伍子胥是"鞭其仇而非鞭其君"，是鞭仇恨而不是鞭国君。因为孝，所以复仇就变成合理的了。

很多人引用《周礼》的说法："凡杀人而义者，令勿仇；仇之则死。"意思是说，杀人若是合于义的话，那就可以被允许，那个被杀的亲人就不要有仇恨；如果那人的亲人还报仇的话，得被处死。反过来说，伍子胥的父亲被杀是不合义的，这样就可以仇恨。很多人也说《春秋》有大复仇的说法，其实正确地说是，《公羊传》里认为可以复仇。《公羊传》是诠释《春秋经》的，孔子《春秋》讲的是讨伐弑君的人，讨伐那些君不君、臣不臣的人，因此，他不会支持复仇，所以，不能拿《春秋・公羊传》的说法，与《春秋经》里孔子的看法画等号。《公羊传》:

“九世犹可复仇乎？”答曰：“虽百世可也。”纵然是百代的仇也可以报复。

另一类不同的看法，首先说到汉朝扬雄《法言》说：“鞭尸籍棺，皆不由德。”鞭楚平王尸，以及吴国军队打到楚国去，破坏宫殿、宗庙，侵犯妇人，这两件事都不合乎道德。宋朝苏辙的《古史》中说，伍子胥攻破楚国都城，鞭国君墓，最后得逞了，这样的做法是逆天而伤义，违背了天理，伤害了礼义，虽然最后能够复仇，但是他自己的这一生在吴王夫差的手里，对夫差如此忠心，却死在夫差的手上，这不是天意吗？照理说，以伍子胥对夫差的辅佐和忠心，是有莫大功劳的，最后却死得如此凄惨，那只能说是天意报应了。

明朝的何孟春认为，像张良帮助汉高祖灭秦国，他的做法也算是替韩国被秦所亡报仇（张良是韩国贵族的后代），他为祖国报仇后，先是辞别高祖，回到韩国家乡，后来又助高祖争霸天下，最后归隐不知所踪，后世因此称颂他不忘旧主（韩国君王）。简单说，张良报国家之仇，不能说是不忠不义；伍子胥报个人之仇，对楚国来说是不忠，对楚国百姓来说是不仁不义。而两个人的下场也不同，张良不图官威显贵，明哲保身；伍子胥自认有功于吴王，不舍相国之位，于是一个全身，一个惨死。

邵宝说，伍子胥大可借助吴国去问罪于楚，驱逐暴君楚平王，捉拿罪臣费无忌，杀之于刑场，也就达到复仇的目的了。何需罪及无辜，带着军队进入自己的故国，为了向一个人报仇，而害了全国百姓，甚至于用鞭尸的方式来泄恨。这就是当年申包胥所说的“太过分了”。

十一、中道的大义

综合前面两者的不同说法，我们可以用《越绝书》里一个比较平衡、周延的说法："子之复仇，臣之讨贼，至诚感天，矫枉过直。"伍子胥以儿子的身份为父报仇，以臣子的身份讨伐贼人，例如费无忌，这样的做法都可以说是诚心感天，但以道德上来看的话，是矫枉过正。改正过错是要改为正直，若是过度了，那也是一个错，这个说法很好。伍子胥的作为的确是在矫正错误的时候过度了，超过正理，不合于中庸之道。

处理天下事，每个人做事的准则在于是否合理。而圣人告诉我们，一切行为要合乎中庸之道才能合宜，合宜就是合义，合义才能合礼法，才是正确的做法。伍子胥忠于吴王，为吴国立下汗马功劳，最后却被包在皮囊里投入江中。这恐怕正如申包胥所说，上天也会惩罚做事强暴、不合理的人，纵然有权势也不能为所欲为。

复仇概念不论用于何人何事，都将造成冤冤相报何时了的状况。要结束冤冤不断的复仇，必须要有一方能卸下心中的仇恨，以德报怨也好，以直报怨也好，就看个人的智慧了。天下的灾难、个人人生里的祸害等，就是因为众人多私欲重，仁心少，德智不足，嗔念不绝。孔子《春秋》大义讲拨乱反正，其中所讲的"义""勇"，其真实意义被复仇概念扭曲、误用了。

于是把伍子胥的作为当作勇，视为忠义来看待，纵然伍奢地下有知，或许也十分无奈吧！

以道德尺度衡量伍子胥是如此。每个人都应该注重仁、义、礼、智、勇这五德，修己之德后才能明明德，然后止于至善。权变虽有其必要，仍然要在不违背于正义、正理的角度上进行。我们还可以参考老子的话："慈故能勇。"慈爱、仁慈的作为才是真勇，因此，舍慈取勇必亡，如果你缺乏以仁慈为勇的本质，根本上失去慈爱去谈勇，勇助长你拓展私欲，行为强暴，嗔恨之下就是复仇，那么最终一定会酿成失败、错误、灭亡的悲剧，还会陷在冤冤相报何时了的痛苦中。

十二、范蠡成了大富翁

我们再比较一下与伍子胥同样立场的范蠡。伍子胥辅佐吴王夫差，范蠡辅佐越王勾践，他们处在同一个时期，下场却是截然不同，范蠡保全了一生，伍子胥却惨死。两个人到底有什么样的不同呢？

范蠡其实也是楚国人，一直无法施展抱负，因为文种的赏识，才被推荐给越王勾践。范蠡在帮助勾践复国，称霸诸侯的过程中，立下了很大的功劳。明朝的王士贞对范蠡和伍子胥有个看法：伍子胥是侠客中的豪杰，他重在伸展自己的志向。他一生的志向是什么呢？前者是复仇，后者是忠于吴王夫差，为夫差打天下。范蠡是谋客中的豪杰，他是一个谋划策略的人才，虽然对于政治很有兴趣，也想一展自己的政治才能，所以为勾践打天下。但是，他这一生里更重要的是明哲保身。因此，伍子胥是勇气胜过于他的智慧，而范蠡是智胜于勇，故不会仅凭着勇气鲁莽行事。

越国灭吴后，越来越富强。勾践把会稽山封赐给范蠡做城邑，范蠡意识到在盛大的名位之下，很难安全地保住自己。而且他非常明确地意识到，越王勾践是一个“可与共患难，不可与共乐”的人。因此，范蠡就向勾践辞行。勾践说：“我可以跟你分享这个国家的权力。虽然我做不到把国家一分为二给你一半，但是我也不至于加罪于你，我不会害你的。”范蠡说：“国君现在做的一切都合于法令、律例，而我现在所要做的一切是依从于我的志趣。”范蠡要按照自己的志趣去过隐居的日子了，于是带着家人、亲信和一些值钱的东西，乘船出海，出海就是没有再回越国来的打算。

范蠡出海到了齐国，改名换姓，自称为鸱（chī）夷子皮。他们住在海边，夫妻合力整治家业，带着孩子耕种，勤劳地过日子。因为经营有方，没多久就有了数十万的财产。齐国人都听说鸱夷子皮非常贤能，就请他去做卿相。范蠡长叹说：“住在家里就可以逐渐地累积千金之多，如果出去做官，就可以做到卿相的位置。这样的状况对一般人来说是非常得意的事，不过，我要是长久地接受人家的尊崇，而获得很大的名声，恐怕也不见得是好事。”于是，鸱夷子皮就把齐国送给他的卿相官印还回去，把家产也散出去，给了朋友乡亲等，然后暗暗地离开了。

鸱夷子皮到哪里去了呢？到定陶去了，这个地方也在现在的山东省境内。鸱夷子皮认为定陶是当时天下的中心之地，有很多南来北往的商人在此交易南北货，是做贸易最好的地方。鸱夷子皮于是自称陶朱公，父子在这里一边耕种，一边畜牧，一边做买卖。他们做买卖很简单，就是诚恳地交易，童叟无欺，只赚取很少的利润，就是今天所说的薄利多销，但是这个薄利逐渐积累，很快就积有了非常多的财产，天下的人都知道有个大富人陶朱公。

十三、范蠡的儿子杀了人

这中间有个故事，可以看出陶朱公的智慧非同一般。陶朱公的二儿子在楚国，因为杀了人被囚禁，将要处死刑。陶朱公就告诉小儿子说："你带上很多的钱财到楚国去，找机会把你二哥救出来。"可是这个时候陶朱公的大儿子说："不管怎么说我是长子，要为家里出去做事，也应该由我去。"陶朱公不同意，大儿子就说："如果不派遣我，那我就死了好了！"孩子的母亲也说："派小儿子去未必能把老二给保全下来。如果你派小儿子去，老二没保全，老大又死了，这怎么办呢？"陶朱公不得已，就同意派老大去办事。大儿子临去前，陶朱公特别准备了千金，让他务必送给楚国的庄先生，而后一切就听庄先生的安排，他会把这个事办好的。

陶朱公的大儿子找到这个庄先生，发现庄先生住在一个很穷困的地方，就有点儿怀疑庄先生到底有什么能耐，但还是照着父亲的嘱咐，把千金礼物送上了。庄先生就说："我知道了。你现在就赶快回家去吧，不要在楚国逗留。等你弟弟被放回来了，你也不要问我为什么，我自有办法就是了。"大儿子告别庄先生之后，因为心中对庄先生有怀疑，就逗留在楚国，然后去结交一些权贵人物。

这个庄先生虽然住的地方很穷困，但他的廉洁正直和智慧声望在全国都有名，楚王对他也非常尊敬礼遇。陶朱公的大儿子离开庄家后，庄先生去见了楚王，告诉楚王星宿出现灾异现象，这对楚国恐怕不吉祥。楚王就请教该怎么做？庄先生说，做些有恩德的事情就可以化解了。楚王于是决定大赦。那个时期，大赦之前有个习惯，就是把国家的府库封起来，以防备万一有人趁机作乱抢劫府库，所以，当楚王派人把府库严密封锁看管时，大赦的消息也就散播出去了。这个大儿子也从结交的上层朋友那里得知弟弟可以放出来了。大儿子很高兴，又想到弟弟能放出来是因为楚王大赦，跟庄先生一点儿关系都没有，庄先生白白收了千金钱财，很不值得，就想要回来。大儿子又来到庄先生家，庄先生看见他，惊讶地说："你怎么还没有离开楚国呀？"大儿子就说："我当初是为弟弟而来。现在听说要大赦，我弟弟就可以出来了，我就来向先生辞行。"庄先生也是聪明人，听他这一讲就懂了，于是就把原封未动的千金拿出来还给他。这个大儿子带着这些钱财离开庄先生家，心里觉得自己把事情办得挺不错。

可庄先生心里就不怎么愉快，觉得很羞愧，心想我这么个广受尊敬的老人，竟然被个小孩玩弄出卖。于是，庄先生又去见楚王，跟楚王说："我以前说的星象有变的那件事情，要用修德积福来改变。我现在在外面听说了一件事情，那陶朱公的儿子杀人被囚禁在楚国，他家人带了很多钱财行贿您身边的人，希望能够救回去。这种谣言传出去以后，百姓们都认为国君这次大赦是为了救陶朱公的儿子。"也就是说，用大赦来救他，显然不公平，也坏了法度。楚王一听就非常生气，命令先杀了陶朱公的儿子再大赦。

陶朱公的大儿子只能带着二弟的尸体回家，大家都很难过。陶朱公倒是平静地说："我当初为什么要让小儿子去？因为小儿子出生得晚，从小享受富贵生活，不知道钱财珍贵，叫他拿钱财去送人，他毫不吝惜，必可以完成我交代的事情。老大从小跟着我们耕种、做买卖，吃尽苦头，所以非常吝惜金钱。他以为庄先生没有什么作为，觉得那钱给得太可惜，就会要回来，这就会误事。"由这件事情，可以知道范蠡凡事是多么深思熟虑，从小事就可以判断最后的成败。

再说，范蠡对勾践也看得很清楚，不能共富贵，只能共患难，一点儿没错。范蠡离开勾践之前，写信给文种说："高鸟尽，良弓藏，狡兔死，走狗烹。"后来汉朝的韩信也说过同样的话。范蠡告诉文种要赶快离开勾践，文种看到信后也觉得有道理，但是不够聪敏，就没有离开，只是不上朝，于是有人去勾践那里毁谤他，说他恐怕是心里有了反叛的意思。最后，勾践就命人拿了一柄剑给文种，他就只能自杀了。

十四、明哲保身的天道

由范蠡种种事情，我们的确可得出这样的结论：范蠡是谋士，有很大的智慧，没有侠客之勇。另外，范蠡是个不强出头，不好出名的人，能功成身退，隐姓埋名地去做生意，度过自己的下半生。

苏东坡曾在他的《乐毅论》中说：范蠡和张良这两个人，虽然不像商汤、周武王身边的辅佐大臣，但也是刚强果断，比众人清醒的人，非常卓越，没有丝毫的困惑，对于处理各种事情都有智慧，最后都辅佐君王取得成功。你看吴王夫差被围困在姑苏山上，向越王勾践求和，勾践想答应他，只有范蠡认为不能答应，而是提醒他要加紧进攻，最后灭了吴国，逼得夫差自杀。项羽和刘邦约定割鸿为界，然后项羽带兵东撤，刘邦也想退回西边，这时只有张良劝刘邦说，这是天要灭亡项羽啊，赶紧打他别让他跑了，最后刘邦取得了天下。范蠡和张良这两个人，都认为不能因为小仁小义，而改变自己的大谋划、大策略。

范蠡和张良在关键时刻都采取背信违约的方式取得胜利，这是好用计策的谋士的特质，无法与圣贤论政相提并论。但不是所有的谋士都求功劳、图功业、贪封赏，前面讲到的伍子胥帮助吴王立大功业，夫差赐死他的时候，他还念念不忘。范蠡和张良却是不贪功、不居功，极具智慧地隐身而退，自保一生。

伍子胥忘了一件事：只有碰到如商汤、周武王这样贤明的君主，才会厚待并信任有功的辅臣，像伊尹、姜太公等都是。如果碰到的君主不贤明，功劳太大就可能功高盖主，也是被佞臣毁谤、君主猜忌的根源，所以，历史上很多忠臣、功臣也会被杀。功成身退，来自天理、天道。天地长养万物，水的滋润、风的吹拂、四季的变换，长养一切却从未居功。假使伍子胥有智慧，懂得不居功，悄然身退，又何至于被迫自杀呢？伍子胥是勇胜于智。

扫一扫，
进入课程

第十四章　孟尝君列传
——公子养士

一、战国时养士成风

司马迁写春秋战国期间的人物传记，一共写了几种人：第一种人是学术人物或读书人，像老子、庄子、申不害、韩非、孟子、荀子等，都是提出思想理论的大学问家；第二种人是兵法家，像孙武、孙膑、司马穰苴（ráng jū）、吴起等，都是带兵出外打仗的武将；第三种人是政治家，数量最多，是那些在朝为官处理内政的人；第四种人是谋士、策士，做谋略策划的人，像苏秦、张仪等即是，他们有一些也可以称为说客；第五种人是身怀才艺或行为特殊之人，如刺客、游侠、滑稽、货殖等；比较特别的是写了“战国四公子”，齐国的孟尝君、赵国的平原君、魏国的信陵君和楚国的春申君。

“公子”是指诸侯王家的子弟，是贵族身份，也可称为政治家。他们还有一个共同的特色，就是“养士”，这四公子养士形成了很大的声势，有所谓“门下三千客”的局面。对当时的风气也有一定的影响，导致养士风气从此盛行，出现各式各样的食客或家臣，其中不乏谋士、任侠、货殖之类，存在特别的风尚与意义。

养士就是养一批具有某种知识或技能的人才，为他们提供生活条件和工作待遇，在需要的时候让他们发挥作用，这种被养的人也被称为门客或食客。这种养士风气，在战国时期非常盛行。但其实养士之风在春秋时代就有，只是春秋时代的养士还不怎么公开，当时在周朝治理之下，纵然是春秋乱世，各地在表面上还要讲究礼仪伦常之类，如果一已为了扩张势力，用利益来养门客，到底不是符合礼法的行为，所以不能公然地做。战国时代就不一样了，乱世已经让礼法荡然无存，各国只求自己的利益，为了壮大自己的力量，养士就变成了公开的事情，并蔚然成风。

战国时期各国经常互相攻伐，对士的需求大大增加，台面上的政治人物或有雄心野心的人，都要靠此强化势力。像四公子养士，当然表面上说的都是为了国家，让士能够帮助自己更好地为国效力，但实际上所养的士多是为他们自己尽力，为自己办事。再者，战国那个时代，“士无常君，国无定臣”，门客要跟着一个主人也不是很容易。也就是说，这些门客没有固定的主人，谁对他好，给他的待遇优渥，他就去谁的门下，就像臣子不一定只在一个国家效力，也会投靠其他的国君，所以都谈不上忠心不二。

士能发挥什么样的作用及作用的大小，在于士的能力。为求士的能力多元而盛大，就要多养士，使得不缺人才。要让这些门客能以死效力，就要对他们极其优遇、优待，不但要供他吃穿生活，甚至有时候还要给他们官位。否则门客要是不喜欢这个主人，就会去投靠别人；待遇优厚，可能会让一些门客一辈子跟着一个主人。主人对于门客也不一定养他一生，门客没用的时候，也会让他走人。总之，主人和门客之间的联系并不是非常紧密，双方的结合更多的是为了利益，那种以忠义之心、肝胆之情而不惜一死的死士，在战国的所养之士中虽然有，但是相对来说比较少。

我们谈战国四公子养士，可以从他们的事迹中，考察他们养士的不同理念、方法、胸襟、心态。四人之中，我们只挑孟尝君和信陵君来谈，因为两者有很大的差异，最能表现出其养士风格的不同。

二、春申君死于非命

至于春申君黄歇，在他的列传里关于养士的部分很少，较多的是春申君辅佐楚王等事情，只在文章的结尾，谈到他的门客李园、朱英。

楚王无子，春申君因此很担忧，就寻找宜生儿子的美女献给楚王，虽进献了很多，可是一直都没有生子。赵国人李园一向对人夸耀自己的妹妹非常美丽，既想献给楚王，又听说楚王无生子能力，怕时间一久，妹妹因此失去宠幸。转念一想，来楚国求做春申君门客，接着请假回乡，故意延误时间回来。回来后告诉春申君，齐王派使者求聘自己的妹妹，因与使者喝酒，以致延误了回程。春申君得知其妹尚未下聘礼，就要求一见，李园就把妹妹进献给春申君。春申君非常喜欢地纳为妾，后来其妹怀孕了，李园和妹妹谋划停当，李园妹劝春申君说：“楚王百年后，必定立自己的儿孙为王，您当相国掌权很久，对他们必有诸多失礼处，灾祸降临自是难免。如今我怀孕无人知晓，不如把我送给楚王，如果生下个儿子，将来就是您的儿子继承王位，楚国等于为您所有，这种情况与受到处罚，哪个好呢？”这种贪心的私欲、私念确实难以抵挡，春申君同意了。就建了一所馆舍给李园妹居住，守卫严密。随即把李园的妹妹送给楚王，楚王见到美女也很高兴，而且很宠爱她；不久，这个美女的儿子出生，并被立为太子。李园因其妹得到楚王的信任，势力也逐渐扩张，随即就骄傲起来，而且暗地里养死士，准备杀春申君，以防春申君泄露太子其实不是楚王儿子这个秘密。

后来楚王重病，春申君有个门客叫朱英，劝春申君说：“这世上的祸福来去是没有什么道理的，看着是祸，接着就是福；看着是福，也可能转为祸。”春申君不懂，朱英就告诉他说：“以您现在的声望地位，将来太子继位之后，您一定是那个辅佐的人。您可以如当年的伊尹、周公一样辅佐幼年的太子，安定国家，等他长大了，把大政还给他。这是伟大的功业，是福的来源。但是另外您也要想，李园虎视眈眈的，他是不会轻易地让您去辅佐新国君的，肯定会杀了您，这就是您的祸。因此，现在只有一个办法，就是让我帮您除去李园，您就安稳了。”春申君说：“不用了。李园这个人忠厚老实，我又对他很好，他怎么会做出这种事呢！”朱英一看自己的计策不被采纳，也很怕事情万一外泄，李园会杀害自己，就赶紧逃了。春申君如此信任李园，想来是当年李园妹说的那番话起了很大的作用。再者，春申君何尝不是认为自己儿子为王是最安全的，所以轻忽了李园。

果然，楚王过世，李园先行入宫，在棘门（帝王住处门口）埋伏死士，春申君刚走进来就被杀了，随即派遣吏卒杀春申君全家。春申君的儿子，也就是那个太子，被立为王，即楚幽王。《史记》中对春申君养士的事情，就写了这么一件，虽不太能尽显春申君养士风格，但是“太史公曰”里特别提出春申君后来受制于李园，是多么昏昧。又以“当断不断，反受其乱”评论春申君不听朱英劝谏，就是说他优柔寡断，没有果敢的勇气和智慧，最后导致自己受害。总体上说，春申君与李园皆犯有欺君之罪，属于共犯。但是李园因被私欲蒙蔽，蓄意夺权，为求富贵而不仁，故有杀春申君之心；春申君身处高位，容易轻敌，又识人不明，故无杀李园之意。

三、士从何来

回头再说说这个士。士在周朝的时候，是宗法制度下的最基层的贵族。简单说，在宗法制度里，天子的地位要由他的嫡长子继承，其他儿子就被封为不同大小的诸侯王；诸侯王的嫡长子继承诸侯王位，其他儿子就封为卿大夫；卿大夫的嫡长子继承大夫的位子，大夫的其他儿子就是士。所以，士就是所有贵族阶层里最低的一级。

这个宗法制度，在周朝的确发挥过相当大的作用，对政治、社会具有安定的力量，让所有皇族传承有一定的阶级，大家不起争夺之心。士这个阶层没有封国，没有受封的土地，但能接受很好的教育，文武兼备，具有很高的学问、很好的技艺。到了春秋时代，周天子式微，宗法制度也接近瓦解，制度形同虚设，于是士有了不同的出路，一种是转回头依附在卿大夫的兄弟门下，一种是流落民间。

士如果流落到民间，也有他的工作：他读书习武，非常懂得礼仪，可以在民间帮大家执掌礼仪；他有学问，可以讲学；他有本事，可以游走在各国之间，应该说也蛮活跃的。但就是从这以后，士的概念就转变了，就不再是原来那个比较狭隘的宗法制度里面的士。后期，对于有学问的士，称为学士；对于有计谋的、可以游走于各国之间贡献才智的人，称为策士、谋士；对于懂天文、懂占卜、懂历法，甚至懂所谓长生之术的人，就称为方士；对于勇猛、有武力、懂打仗、善于作战的这些人，称为武士……因此，士的定义很广，与原来狭义的士就有了些区分。

士有高下之别，养士之人也有高下之别。战国四公子都养了很多士，实际上也都收到了“养士千日，用在一时”的功效。

当他们个人有事也好，封邑之中有事也好，国家有事也好，士往往能够发挥其才能，来解决主人遇到的困难和问题。不过就如同前面所说的，士的作用是有大小之别的，如果养士之后能救国家之难，这个效用就大，如果只是解救个人的危难，相对来说作用就比较小。对于所养的士的能力，要看那个养士的人的识人程度，能不能分辨人才，能不能分辨出士的层次，能够分辨的人所养的士当然比较好；另外，与养士的人对待士的态度也有关系，是很傲慢的态度，还是礼贤下士，其所养的士又有所不同。养士的心态直接影响养士的功效。

四、机灵的孟尝君

现在我们就要来谈《孟尝君列传》了。“客无所择”这句话，是对孟尝君的养士所做出的最恰当的论断，指孟尝君对养士没有任何选择，来者不拒。

孟尝君妫姓，田氏，名文，封号孟尝君，封邑在薛这个地方，所以又称薛公。孟尝君的父亲是靖郭君田婴，田婴是齐宣王的异母弟弟，在齐国做过十一年的宰相，可谓功在齐国，地位也非常高。齐宣王过世，新王登基三年以后，封田婴于薛。

田婴有四十几个儿子，妻妾众多，田文的母亲是地位低下的小妾。田文生在五月初五，根据民间说法，这个时间出生的孩子，长到跟门一样高的时候，如果是男孩就会害了他的父亲，如果是女孩就会危害到母亲。田婴不肯养田文，但是田文的母亲还是偷偷把这个孩子养大了。有一天，田婴见到田文，就责怪他母亲为什么偷偷把孩子养大。田文向父亲田婴叩头行礼，并问他父亲为什么不养五月节生的孩子。田婴就讲了民间传说。田文说："您认为一个人的生命是上天决定赐予的，还是由门来做决定呢？"田婴无话可说。田文又接着说："如果是上天降生的话，这个人受命于上天，您担心什么呢？如果是由门决定的，那很简单，您把那个门加高，高到孩子长不到那么高，也就没有什么危害可说了。"田婴一听，觉得这个小孩非常机灵，也就不再说什么了。

过了些时候，田文找了个机会，问他父亲："儿子的儿子叫什么？"田婴答："孙子。"接着问："孙子的孙子叫什么？"接着答："玄孙。"田文再问："玄孙的孙子叫什么？"田婴答不上来就说："你如果这样往下传往下问的话，还真叫不出一个名字。"于是，田文就在这个时候提醒父亲："您在齐国历经三位君王，做宰相多年，国家一天比一天败坏，而您家累积的财富一天比一天多，但是看看您家里所养的这些门客，您所用的这些人，却没什么贤能的人，是不是觉得很奇怪？因为他们穿的吃的都很差，还不如您的仆人们的吃穿好。"田婴听完以后，脸色都变了，发现这个儿子很聪明，懂得的真是多，能够知道居高位的人不能只累积家产，还要知道用贤能的人，于是就重用田文，让他掌管家务，接待宾客。接待宾客在当时是非常重要的事情，就像如今主持国政者处理外交事务那样重要。

五、田文成了孟尝君

田文负责接待的宾客越来越多，大家对他都很赞赏，认为他是田婴最好的继承人。田婴也认为将来要让田文继承自己的位子。后来田婴死后，田文果然承继薛的封地，号孟尝君。孟尝君拥有了地位和其他资源，开始自己养士。他提供了很好的待遇，延揽各诸侯国的众多人才到他门下。与其他人养士不同的是，孟尝君几乎来者不拒，将诸侯国里犯罪逃到齐国的人也收为食客。这样，天下之士都争着来投奔，食客达数千人之多。孟尝君要求只要是门下食客，无论贵贱，都要尽量好好招待，享受与自己一样的生活水平。

有一天晚上，有个食客和孟尝君一起吃饭。但食客坐的位置刚好遮住了灯光，他看不清楚孟尝君所用的饭菜是什么样，就以为给他吃的东西比较差，于是很生气，放下筷子就要走。孟尝君问明白原因，就把自己吃的拿给他看，食客发现，两人的饭菜完全一样，这个食客非常羞愧，就刎颈自杀谢罪了。这件事情传出去后，人们奔走相告，都说孟尝君真是个贤能的主人，他对待门客，竟然真是不分贵贱你我，完全一个样，于是就有更多士来到孟尝君门下，而且人人都认为孟尝君和自己很亲近。当然了，从很多数据记载来看，孟尝君后来养食客的情况，并不是完全一模一样的待遇。毕竟要养这么多人，吃喝用度要花很多钱，很不容易啊！这样下来，田家的家产很快被孟尝君花掉不少，甚至要花光了。清朝的王念孙这样解释过，孟尝君一开始对待食客是都一样，但后来门下食客越来越多，他很自然地就有了等级区别，比如，重要门客享受上等馆舍待遇，其次在中等馆舍，再其次的在下等馆舍。

六、鸡鸣狗盗的食客

孟尝君养客不做选择，虽有所谓门下食客三千之说，但是真正的贤能人很少。

齐愍（mǐn）王二十五年的时候，孟尝君被派出使秦国。秦昭王认为孟尝君很贤能，把齐国治理得很好，所以就要拜他为秦国的相国。这个时候，有人对秦昭王说："孟尝君虽然是个贤者，但是不管怎么说，他是齐国的王族，要是哪天齐国跟秦国之间有冲突，那孟尝君是会先考虑谁呢？他当然先考虑自己的祖国，这对秦国应该是个危险吧？"秦昭王一听，觉得非常有道理，于是不再考虑拜孟尝君为相国之事，还把他给囚禁起来想杀掉他。

这对孟尝君当然是个危机，孟尝君得想办法化解，于是找人去向秦昭王的爱妾求助，这个爱妾说她想要孟尝君的白皮裘。这件价值千金的裘皮衣服非常罕见，是用白狐狸腋下的皮毛做的，天下无双。同时，这件事也让孟尝君很为难，因为他刚到秦国的时候，就把白狐裘皮衣作为礼物，送给了秦昭王。这时食客说能钻狗洞进宫，找机会偷回白狐裘。果然，这人真把白狐裘给偷回来了，孟尝君把它送给秦昭王的爱妾，那个爱妾说动秦昭王，把孟尝君放了。

孟尝君一被放，就带着随从乔装改扮，快马加鞭赶路逃亡。秦昭王很快就后悔了，派兵去追孟尝君。当时，孟尝君一行人走到函谷关前，天还没有亮。秦国法律规定，必须鸡叫之后才能开关门通行，眼看着后面的追兵要赶上来，孟尝君急得不知该如何是好！这个时候，有个食客出来学鸡打鸣叫了起来，引得函谷关内外的公鸡统统跟着叫，守关的人于是打开关门，孟尝君一行人及时逃了出去，秦兵没有赶上。这就是“鸡鸣狗盗之徒”的由来。

孟尝君收养鸡鸣狗盗之徒，原本是让人笑话的，可是这次竟然是这些人救了他。就这样，很多人又转而赞美孟尝君，说他懂得收留这样的人是有胸襟，有远见。但是，宋朝王安石对此持批评态度。王安石有篇小品文《读孟尝君传》，其中说：“孟尝君特鸡鸣狗盗之雄耳，岂足以言得士？”孟尝君不过是鸡鸣狗盗这样能力的食客的主人，可证明他不是个做大事的人，很难有更大的能力、更大的发挥和更大的作为。也正因为他养鸡鸣狗盗之徒，所以真正的贤能士人就不会到他的门下，因为大家会因此认定孟尝君没有识人的能力，也成就不了什么大事。

孟尝君逃出秦国之后，经过赵国，赵国公子平原君非常礼貌地接待了他。赵国人大都听闻孟尝君贤能，也都想亲眼看看他的容貌，一见之下，开始嘲笑起来：“原先以为薛公孟尝君是个魁伟的大丈夫，但是今天看了真实样貌，才知道他不过是个很矮小的男子罢了。”孟尝君一听非常生气，他身边的这些人就动手砍杀了好几百个人，灭了赵国的一个县才离开赵国。这个行为，真正显现出孟尝君的脾气个性，也可看出他门下食客的情况，只因为赵国百姓的一句戏言，他们一怒之下灭了赵国一个县城，而完全不考虑平原君的礼貌接待，这样的人岂能有大作为呢？

七、孟尝君做了相国

齐愍王让孟尝君到秦国去，却没想到发生这些事，内心也很内疚。孟尝君一回国，就拜他为相国。孟尝君当然非常怨恨秦国，就约韩国、魏国一起攻打秦国，同时向西周借军粮。周朝很踌躇，苏代就帮西周辩解（清朝梁玉绳考证，《战国策》上说是韩庆，不是苏代），所说的那番话，确实表现出了一个出色的说客的智慧。最后，孟尝君听从了苏代的建议，让韩国、魏国去向秦国示好，齐、韩、魏三国也不打秦国，齐国也不向西周借粮。

此时还发生了一件事，就是楚怀王到秦国去，被秦国扣留，最后死在了秦国，楚国人因此非常怨恨秦王，所以后来楚汉相争时，项羽得楚人之力，这就是怨恨缘起，也是“楚虽三户，亡秦必楚”的由来。秦国扣留楚怀王的时候，孟尝君曾要求秦国释放楚怀王，可是被拒绝了。

孟尝君当齐国的相国时，有一个非常亲近的幕僚魏子，被派到孟尝君的封邑薛地去收租税，这个收入是属于孟尝君的。可是魏子一连去了三次，都没收到租税。孟尝君觉得很奇怪，就责怪他。魏子说："我私自决定把收到的租税，以您的名义送给那里的贤人。因此我这三次去，都一毛钱也没带回来。"孟尝君怒不可遏，就把他给辞退了。

过了几年，有人在齐愍王前毁谤孟尝君，说孟尝君要叛变，齐愍王因此怀疑孟尝君。这个时候刚好有人作乱，挟持齐愍王，齐愍王自然认为是孟尝君在幕后操纵。孟尝君得到消息，不得已只好逃跑。这个时候，当年得到魏子赠送钱财米粮的一位贤人听到消息，就上书给齐王，非常诚恳地分析解说，并且以自己的生命发誓，担保孟尝君完全没有叛变，也不会叛变。然后，这个贤人还在齐国的宫门之前自杀，以此来表明自己忠诚的心迹，证明所说都是真话，让齐愍王明白孟尝君是无辜的。齐愍王知道后有一点儿震惊，就重新调查，发现孟尝君的确没有反叛，于是又召回孟尝君。孟尝君回到齐国，借生病的理由，向齐愍王要求回到自己的封邑去养老，齐愍王也答应了。魏子的作为是具有前瞻性的，帮助孟尝君得人心，养善名，于重要时刻受益，这远比收租得到金钱要重要。

八、门客冯谖去讨债

《孟尝君列传》中，对孟尝君的门客冯驩（huān）着墨甚多；这个人的姓名，按《战国策》里面的记载，写作冯谖（xuān），后人考证也认为应该是冯谖。

说起来，冯谖当初听说孟尝君好客，就穿着草鞋破衣，一副很落魄贫困的样子，来到孟尝君的门下。孟尝君一见就问：“先生不远千里劳苦地到我这个地方来，请问有什么指教？”冯谖说：“没有什么指教。我只是听说你好客，因为我现在很穷困，没法儿生活，所以就想投靠你。”在这个时期，孟尝君对于门客分为上、中、下三等，分别对应的有三种不同的馆舍进行安顿。孟尝君把冯谖安排在最下等的客舍。过了十天，孟尝君问管客舍的馆舍长：“那个冯谖在做什么啊？”馆舍长说：“冯先生很穷，就只有一把剑。他用小绳子绑在剑把上玩儿呢，还弹着剑把唱歌：‘哎呀，剑啊剑啊我们回去吧！吃饭的时候只有青菜没有鱼啊！’”孟尝君就让人把冯谖迁到中等馆舍，饭菜里也有鱼可吃。

又过了五天，孟尝君又打听冯谖怎么样了？馆舍长说：“冯先生还是弹着他的剑，然后唱歌：‘剑啊剑啊我们回去吧！出门没有车子坐。’”孟尝君就命令把冯谖迁到上等的馆舍，出门也有车坐。又过了五天，孟尝君又过问冯谖的情况，馆舍长说：“冯先生还弹着那把剑，又唱歌说：‘剑啊剑啊我们回去吧！没有办法养家啊！’”这次孟尝君听完后，按《史记》上的记载是有一点儿不高兴，但按《战国策》里说，孟尝君左右的人都对冯谖非常厌恶，认为这个人贪心不足。但不管怎么样吧，孟尝君还是问了馆舍长，得知他家里还有一个老母亲。孟尝君派人给冯谖的老母亲送去足够的生活费用，安顿老人家。从此以后，冯谖再也不弹剑唱歌。

孟尝君门下有食客三千人，消耗非常之大，他当相国的俸禄和薛地的租税，都用来养这些人也不够。不得已，孟尝君就放债吃利，借钱给薛地的老百姓，到期以后就去收本钱和利息。但薛地这一年收成不好，借贷百姓还不了本也缴不出利息，造成孟尝君养门客有了困难。孟尝君很担心忧愁，就问身边的人："你们看我可以派谁去收这些账啊？"身边的人说："我们觉得那个冯先生可以。您看他不说话，也不表现，不知道他有什么技能。但是他看起来像个能言善道的长者，让他去收债应该不成问题。"于是，孟尝君就让冯谖去薛地讨债，冯谖就说："好吧，我去。"

根据《战国策》记载，冯谖临走前去问了下孟尝君："有没有什么需要我带回来的？我顺路替你买回来。"孟尝君说："你就依着家里的状况，觉得该带些什么就带回来好了。"冯谖就拿着所有借贷契约到薛国去了。冯谖一到，召集所有欠债的人，能还利息的交利息，收到十万钱。冯谖用这个钱，买了许多好酒、肥牛，把所有贷款的人又都召集来，让他们拿着借贷契约，一个一个地进行核对。大家就聚在一起，冯谖就叫人宰牛、上酒，一起大吃大喝。等喝到非常高兴的时候，冯谖拿出借贷契约核对，凡是能还钱的，就跟他们约定一个日子还钱付息；对于穷得没法付利息还钱的人，就跟他们说不用付了，还当场一把火把借贷的契约给烧了。冯谖就跟大家说："因为你们没有钱，所以薛公借钱给大家，想让你们能够有点儿营生。他向大家收利息也是不得已，因为他养了很多门客，需要这个利息。现在有钱的人就按约定的时限去付，没钱的人付不了利息，我就干脆烧了借据，当成是薛公送给你们的好了。大家今天就痛快地吃喝吧，你们可要记得有这样一个仁慈的主人，绝不能背叛他！”人们都站起来行大礼，表达对孟尝君的感激和敬爱。

孟尝君听说这件事后，非常生气，派人把冯谖给召回来。一见面，孟尝君就责备冯谖：“你明明知道，我现在就靠这个利息养活门客，你不替我解决问题，还买牛、买酒，烧了借据！你这是做什么呢？”冯谖回答说：“是啊，我的确做了这件事。可是，如果我不备妥牛、酒，就召不来大家。不把大家聚起来，怎么知道什么人还得上钱，什么人付不出利息？我让那些能还债的人还钱付利息，我们就有收入。至于还不出的，再逼他们十年也没有用，逼到后来等同叫他们逃走，他们逃了以后更拿不到钱。而且，那些人还会非常厌恶您，因为他们认为您爱好利益而不爱百姓。逃的那些人还是背叛主人，触犯刑律，而这也怪您逼着老百姓变成这个样子。这对您的声誉有什么好处呢？你拿着那些还不了钱的借据，等于是空虚不实在的，是没有意义的。所以，为了让薛地百姓能够亲近您，敬爱您，我这样做是为了传扬您的声誉，是为您好啊！”孟尝君听了以后，很高兴地说：“好吧，谢谢冯先生了。”

九、孟尝君被废和官复原职

后来，秦、楚两国联合起来，造谣毁谤孟尝君，说他大权独揽，声望高过齐愍王，是个有雄心野心的人。齐愍王听后有些困惑，心想这个不妙，就废了他的相国职位，叫他回薛地。根据《战国策》的说法，孟尝君行往薛地，距离薛地百里之远的地方，就看到老百姓扶老携幼出来迎接他。孟尝君就对冯谖说："你过去为我买的东西（百姓们的敬爱），为我带来的情意，我今天才看到！"孟尝君此时才终于理解冯谖当年收账烧契约的目的。孟尝君养食客，大多都是逐利之徒，追逐个人私自的欲望，所以，一旦孟尝君不再是相国，这些人觉得无利可图，就纷纷远走高飞，不肯跟着孟尝君了。而薛地百姓对孟尝君表示非常欢迎，正可见当年冯谖为他建立的声望是多么好，是多么让百姓感念。

这个时候，冯谖又对孟尝君说："请给我一辆车子，我立刻到秦国去，我一定有办法让您恢复原来的地位。而且不止这个，我会让您声望更大，封邑也更大。"孟尝君一听，马上派车给他，并带上很多礼物。冯谖见了秦王以后，说："天下所有的说客辩士，都驾车奔向您这里，为什么呢？因为他们都想贡献才能，让秦国能够壮大，而相对地就让齐国比秦国弱小。但是，也有很多辩士说客奔向齐国，他们也想让齐国壮大，而使秦国弱小。所以，齐国跟秦国之间，谁雄谁雌，谁高谁下，谁大谁小，显然已经到了势不两立的地步，谁能够先壮大起来，谁就能得天下。"秦王觉得有道理，就给他行了个大礼，然后说："先生您有什么妙计，能够让我秦国壮大起来，大过于齐国呢？"冯谖对秦王说："想来您也听说孟尝君被废相国这件事。齐国之所以能壮大，完全靠孟尝君。可是齐王竟然听信别人的毁谤，把孟尝君给废了！孟尝君心里很生气，一定会离开齐国。如果您可以善待他，对他非常礼遇的话，他一定会到秦国来。他又那么了解齐国，如果他投向秦国，那么秦国岂止是仅仅称雄而已，您可以得到很多很多。所以，大王赶紧备厚礼，偷偷把孟尝君接来，让他做秦国的相国，然后谁是雄，谁是雌，一下就比较出来了。”秦王当然觉得很有道理，当即派出使者，带上厚礼，去齐国迎接孟尝君。

冯谖说服秦王后，快马加鞭，赶在秦国使者之前回到齐国去谒见齐愍王，把谁雄谁雌的道理又给他讲了一遍，齐愍王也认为很有道理。冯谖接着说："我听说秦王秘密地派十部车，准备很多黄金，来迎接孟尝君去秦国任相国。孟尝君不到西边的秦国则罢，一旦去了，天下的人心可都跟着他去了，那秦国可就能称雄，我们齐国可就危险了。大王你何不赶快恢复孟尝君的职位，增加他的封邑，向他表示歉意，让孟尝君一高兴就不到秦国去了，秦国的阴谋不就无法实现了吗？”齐愍王派人私下里窥探，果然看到秦国使者已经到达边境。于是连忙向孟尝君道歉，恢复了他的相国职位，在旧有的封邑外，加封千户人家的土地。

十、走了的食客又回来了

孟尝君恢复了职位，那些走了的门客听说后，就又回到孟尝君这里来，冯谖要去迎接他们。孟尝君非常感慨地对冯谖说："我一直很好客，只要来就养着他们，食客三千多人啊，冯先生你是知道的。可是他们一看到我丢官，就统统背叛我走了，没有谁愿意回头眷顾一下我，没有谁对我有丝毫的关心同情之意。现在靠你冯先生的力量，我恢复职位，你说那些人有什么脸面再回来见我呢？等他们都回来以后，我见了他们一定要往他们脸上吐口水，狠狠地羞辱他们一番。”冯谖听了立刻下车，给孟尝君作揖行礼，孟尝君也立刻下车回礼，并问：“冯先生你是要替那些人道歉吗？”冯谖说：“我不是替他们道歉，我是因为您刚才所说的话，您失言了。您可听过‘物有必至，事有固然’这两句话？”孟尝君说：“我不懂你的意思。”

冯谖就给孟尝君解释说：“在这个世上，有生命的东西最后一定会以死亡结束，这就是‘物有必至’。有钱有地位的人，一定有很多人来跟他交往，可是贫穷的人，相对来说一定是朋友很少，这就是‘事有固然’。事情和道理就是这样。你看那个赶市集的人，天一亮大伙儿就赶去市集，再拥挤也要赶着进到市场里，可是一到黄昏，哪怕是经过市集的人，却连头都懒得回，没有人再往市集来。为什么会这样？不是说因为人们喜欢早上，所以早上赶市集，人们不喜欢黄昏，所以黄昏不赶市集。不是早上、黄昏的问题，而是因为人们心中有想要买的东西，所以早上市集一开，就赶着去，到了黄昏，市集里已经没有要买的东西了，当然就对市集头也不回。同样的道理，您有职位的时候，这些食客有他们贪图的东西，所以就来跟着您，没有职位，他们没得贪图，当然就不会眷顾您，头也不回地走了。因此，您不需要怪他们，不要断绝他们回来的门路，还是要好好对待这些食客。”孟尝君听了以后，豁然开朗，再三拜谢冯谖说："哎呀，你说得太对了！我一定会听从你的建议，我怎么会不照着你的话去做呢？"孟尝君接受冯谖的劝谏，改变对待那些回来的食客的态度。

孟尝君所养过的众多门客，能力有大有小，贡献也有大有小，当然冯谖算是杰出，然而鸡鸣狗盗之徒也各有各的用场。但是，宋朝司马光说："君子之养士，以为民也。……夫贤者，其德足以敦化正俗，其才足以顿纲振纪，其明足以烛微虑远，其强足以结仁固义；大则利天下，小则利一国。是以君子丰禄以富之，隆爵以尊之；养一人而及万人者，养贤之道也。今孟尝君之养士也，不恤智愚，不择臧否，盗其君之禄，以立私党，张虚誉，上以侮其君，下以蠹其民，是奸人之雄也，乌足尚哉！"君子养士的目的是为万民百姓，养贤能士人会教化风俗，整顿纲纪，以仁义固本，如此之下，大则可以有利于天下苍生，小也可以有利于一个诸侯国，这是养士的道理。孟尝君养士，不分聪明愚笨、好人坏人，一概收留，等同用国家财力，树立自己的私党，以此沽名钓誉，欺侮了国君，侵害了百姓，算不上君子，而是奸人的首领而已。司马光的说法代表了多数人的看法。

十一、狡兔三窟的结局

孟尝君得到冯谖的帮助，恐怕还不止前面所说的几件事情，《战国策》里还有段《史记》没有记述的事情。

孟尝君被罢免后，回到薛地，当地的父老百姓都早早地出城迎接，这就是靠冯谖当年替他留下的声名，百姓认为孟尝君是个仁义道德之主，所以爱戴他。孟尝君很感谢冯谖，冯谖就说："狡猾的兔子有三个洞窟，有三个窝可以藏躲，安全性就更高，可免于一死。如今您只有一个洞窟，请让我再为您建造两个洞窟吧。"

前面讲过，《史记》中记载，冯谖到秦国一番操作后，齐愍王让孟尝君官复原职，还给了更多封地。但是在《战国策》里，说的是冯谖到魏国一番操作后，魏国把自己的相国改任大将军，让出相国位置等孟尝君来。同时，魏国派使者带着黄金和车子迎接孟尝君，往返跑了三次，孟尝君始终没有接受魏国的邀请。这第二个"洞窟"指魏王的礼遇。齐愍王听说后，就增加孟尝君的封邑，恢复孟尝君的职位，这是第三个"洞窟"。

在这第三个"洞窟"还没盖好，就是说尚未恢复原职的时候，冯谖就又说："你要去向齐王要求，把齐国先王以来最贵重的祭礼祭器，都安置到薛地，把宗庙盖在薛地。"孟尝君提出此要求后，齐愍王当然不敢不答应，于是，孟尝君的封邑因为有齐国的宗庙在此，当然可说是绝对安全。冯谖就对孟尝君说："三窟已就，君姑高枕为乐矣。"所以，孟尝君做相国好几十年，再没有遭到一点点的灾祸，这都是因为冯谖的运筹帷幄。冯谖对孟尝君来说，功劳远远在鸡鸣狗盗之徒之上，不过，可惜的是，冯谖这一切的计策都只为保护孟尝君个人的生命、官职、权势，而就是没有为国家苍生着想，因此本质上和鸡鸣狗盗之徒相去不远。

再说齐愍王在灭了宋国以后，非常骄傲，一心要排除孟尝君，孟尝君非常惶恐，就跑到魏国去。这一次孟尝君是真的做了魏国相国，上任以后，联合秦国、赵国，帮助燕国出兵去打齐国。燕国以名将乐毅为主帅，打败齐国，占领齐国大部分地方；齐愍王逃到莒城，后来在那里被人给杀了。

齐国最后只剩下两个地方，被燕军围困了很长时间，但燕国新君上台后不信任乐毅，逼得乐毅逃亡，齐国人田单趁着燕军新主将不行，用火牛阵打败燕军，恢复齐国，由齐襄王继位。孟尝君中立于各诸侯国之间，不隶属于任何诸侯。但刚继位的齐襄王，对孟尝君的势力有所畏惧，所以就主动去亲近他，孟尝君就这样安然无恙地度过了余生。孟尝君去世后，他的儿子们开始争夺薛地，于是发生内乱，齐国和魏国联合起来，吞并了孟尝君在薛地的封邑。

《史记》中说，齐国和魏国还断了孟尝君的后嗣，也就是说孟尝君绝了后。这不禁会让人想起五月五日生的孩子，男的害其父，女的害其母，而绝了后是一个严惩。但孟尝君有这样的下场，还真不能说跟他的作为无关，他在赵国时曾滥杀当地无辜百姓，后来又帮助其他国家攻打自己的祖国，都是不忠不义的残暴行为，他的绝后，恐怕也是一种因果报应！荀子说："上不忠乎君，下善取誉乎民，不恤公道通义，朋党比周，以环主图私为务，是篡臣者也。""齐之孟尝，可谓篡臣也。"荀子把臣子分为态臣、篡臣、功臣、圣臣四种。以谄媚取宠是态臣；对君主不忠，对民众沽名钓誉，不守公道正义，结党营私，这是篡臣。荀子认为"篡臣用则必危"。孟尝君自己狡兔三窟，威名远扬且得以自保，齐国却在连年战争中消耗国力。尤其是直接促成五国联军伐齐，齐愍王身死，导致齐国几乎灭亡，孟尝君的确可谓是不守臣道的篡臣。

十二、养士的大用与小用

我们再看这篇列传最后的“太史公曰”说了什么。司马迁说：“我曾经到薛地去，看到当地的风俗相当暴戾、凶悍，跟邹、鲁两地的文化完全不一样。打听原因，人家说，因为当年孟尝君延揽过来的这些门客，多半都是好勇好斗之人，还有许多是作恶犯法的人，后来薛地竟然有六万多户人家，人口这么多，这种风气散播开来，习气逐渐被染污，地方风气就变得暴戾强悍。”司马迁显然认为孟尝君养客导致这样的后果是种过失。司马迁又说：“世上传说孟尝君喜欢养士，并以此沾沾自喜，觉得自己很了不起，看来还真有这么回事。”原文中的“好客自喜”这四个字，对孟尝君养士暗含贬义，指的是他的养士只是为一己私好，而不是为国家百姓的公好。

前面讲过，王安石也很看不起孟尝君的养士，但也有人说：孟尝君被困在秦国的时候，如果没有那些鸡鸣狗盗之徒帮他脱险，他早就被杀了。那种情况下，纵然养了一些仁义道德之士又有什么用呢？可是话也说回来，如果孟尝君身边养的是道德仁义之士，这些人在他身边辅佐他，根本不会引发到秦国这类灾难，开始就会阻止他去，根本不必等到被困以后，再靠鸡鸣狗盗之徒解救。所以，养道德仁义之士才是更好的作为。

由此，我们可以得到一个结论：养士要养大才，而得大用。养士的最高价值在于能见微知著，防患于未然。有大才的人，在事情没有发生之前或发生之初，就可以看清其中的利弊得失、吉凶祸福，可以防范灾祸。放在我们自己的身上来考虑，在为人处事、与人共事的过程中，必须结交朋友，相互帮助来完成大事。而最有利的帮助莫过于防患于未然，防止发生事情是大用，事后补救是小用。

扫一扫，
进入课程

第十五章　魏公子列传
——仁而下士

一、从不同的称呼说起

现在，我们再谈谈魏国的公子信陵君。司马迁这一篇列传标题是《魏公子列传》，另外三篇战国公子列传，标题则是《孟尝君列传》《平原君列传》《春申君列传》；文章开首说“魏公子无忌者，魏昭王少子……”称呼他“魏公子”，而不称信陵君，其他三篇则是“孟尝君，名文”“平原君，赵胜者”“春申君者，楚人也，名歇”，为什么要特别去留意这个称呼呢？因为很显然，他特别推崇信陵君而给予相当的礼敬，礼敬的原因则在于养士风范的独特且优异。

魏公子无忌，是魏昭王的小儿子，是魏安釐（xǐ）王同父异母的弟弟。魏安釐王继位后，封公子无忌为信陵君。公子无忌也养士，但是《魏公子列传》开始没有直接谈他养士，而是说到范雎（jū）因为在魏国受到迫害，逃到秦国去，做了秦国的相国，他很怨恨魏国，所以就发动秦国军队来围攻魏国的都城大梁，击败魏国驻守在华阳的军队，赶走了魏国的大将，魏安釐王和公子无忌，都为这件事而担心。

接着说到公子无忌的为人，“公子为人，仁而下士”，公子无忌是个仁厚而且能谦逊地对待贤能的人。“下”，是指公子无忌有谦德，能够放低姿态，礼贤下士。公子无忌对士人宾客，均以礼相待，当然无忌对门客是有所选择的。因为这样，很多士人就不远千里，跑来追随在无忌的门下，使他门客也达三千人之多。公子无忌本身很贤能，又有很多门客为他所用，各诸侯国都知道魏国有公子无忌辅佐，十多年之间竟不敢派兵去攻打魏国。

前面说到“公子为人，仁而下士”，这句话其实是这篇列传的纲领，整篇列传中，公子无忌的所作所为，就是得力于“仁而下士”。全文三次提到公子无忌“贤”，二十四次提到养客的“客”。所以，可以看出《魏公子列传》最主要就是讲公子无忌贤能，善于养士，能够得到门客全力支持辅佐，这些人不仅仅对公子无忌个人有用，而且对魏国整个国家有用。这也是司马迁在他的传记里，不直接称他为信陵君，而称他魏公子无忌的缘由。公子无忌养士，是为了护卫国家，而不是保卫自己个人的私利，这也是他与孟尝君、平原君、春申君三位公子最大的不同。

举例来说。有一次公子无忌正跟魏安釐王下棋，北方边境传来警报，烽火台上负责瞭望的人说：“看到赵国的军队到了，要进到魏国的边界来了！”魏安釐王马上放下棋子，想要召集群臣商讨对策。公子无忌却劝他说：“不用着急。这不过是赵国的国君出来打猎罢了，不是来侵犯我们。”然后一如既往地继续下棋。可是魏安釐王仍然很恐慌，已完全没有心思下棋。过了不久，果然有人来报告说，赵王只是打猎路过而已。魏安釐王非常惊讶地问公子无忌，为什么会知道赵国不是来侵犯？公子无忌说：“我的门客中专门有人是负责这些，能够打探赵王私人的踪迹，赵王所做的事情，他马上就会来告诉我，所以我早就知道。”从此以后，魏安釐王才知道公子无忌的能力很大，同时也就对信陵君有了防备，不敢把国家的大政交给公子无忌来负责。

二、公子礼敬夷门老人

公子无忌的门客中，司马迁首先写的是侯嬴。侯嬴当时已经七十岁了，家境很贫困，在大梁城的夷门当守门人。但他可不是个普通的守门人，他是一个隐士。隐士就是不显露才能去谋取官位，而是很低调甚至隐姓埋名地做非常普通的事情的人。但侯嬴的贤能其实还是有人知道的，公子无忌得知后，就去延揽他做门客。说实话，要延揽侯嬴这样的人做门下客，不是件很容易的事。公子无忌好几次带着厚礼去见侯嬴，侯嬴都坚辞不受。侯嬴说：“我修身洁行数十年，虽已经老了，也不可能因为当守门人，生活贫困，就贪图这些财物。”

公子无忌看送礼没有用，就办了酒席大宴宾客，请来的都是有官职、有身份的人。等到这些宾客都坐定后，公子无忌就赶着马车，空着车上左边的上座，亲自去夷门迎请侯嬴。侯嬴整理了一下自己的破旧衣服，戴上破旧的帽子，也没有客套，直接上车坐在上位，没有谦让，趁机观察公子无忌的诚意，这个时候，就看到公子无忌更加恭敬地拉着马缰绳。于是又要求公子无忌说："我有个朋友朱亥在市场卖肉，希望你能委屈一下，用你们的车马载着我去拜访他。"公子无忌也照着做了。

侯嬴到了市场，下车去见朱亥，就站在那里跟他说话，故意耽搁了很久，一边偷偷地用余光观察着公子无忌的反应，只见公子无忌的脸色变得更加温和，没有丝毫的不高兴。于是，侯嬴就对公子无忌有所认同了。这个时候，街上的人也都很奇怪地看着，这个有权有势的公子无忌竟然在那里耐心地等着一个看门的老头，公子无忌身边的人想到公子家中的客人，都着急地等公子回来开宴呢！所以私下里责备侯嬴太过分了，但是公子无忌一直耐心地等着，直到侯嬴与朱亥告辞，回到车上。

到了公子无忌府上，公子无忌就请侯嬴坐上座，把在座的宾客一一介绍给侯嬴认识，而在座宾客都很惊讶，谁也没想到等了半天，竟然迎来这样一个人。大家饮酒到半酣之时，公子无忌站起来到侯嬴面前敬酒，侯嬴趁此机会说："我今天的做法也实在是太难为您了。我不过是个看门人，公子您却亲自带着随从来迎接我，按理说，今天在大街上，我是不该做出超越常规礼数的行为的。可是看到公子您的态度之后，我为了让世人了解您仁而下士，便故意让公子在市区中站了那么久，让来来往往的人都可以看到公子对待宾客的恭敬态度。人们都知道我只是个小民，而他们通过这件事情能知道公子是心怀谦恭、礼贤下士的长者了。”

宴会之后，侯嬴被公子无忌奉为上宾。侯嬴又告诉公子无忌：“我刚才去拜访的屠夫朱亥，其实也是一个有能力的人，只是大家都不知道，他也就只好隐居在市井之中，当个屠夫罢了。”公子无忌多次去拜访朱亥，请他出来做事，不过朱亥故意从来不回拜，公子无忌觉得奇怪，有所不解。

三、公子无忌救赵国

魏安釐王二十年的时候，秦昭王派军队攻打赵国，发生了长平之战。长平之战是很悲惨的战役，名将白起率领的秦军，打败了纸上谈兵的赵括率领的赵国军队，而后坑杀赵国军队四十五万人。接着，秦军继续攻打赵国，包围赵国的首都邯郸城，赵国的形势非常危急，处于生死关头。

公子无忌的姐姐是赵国平原君的夫人，平原君是赵惠文王的弟弟。平原君多次派人送信向魏安釐王和公子无忌求救，请魏国出兵帮助赵国。魏安釐王派魏国大将晋鄙，率领十万魏军去救赵。秦昭王知道以后，就派使节来跟魏安釐王说：“这个赵国早晚是会被秦国打败的。现在哪个国家敢去援助赵国，等我占领赵国以后，一定会率军去攻打那援助赵国的国家。”魏安釐王听了心中当然很是害怕，于是派人去告诉晋鄙：“你不要再往前走了，就驻扎在邺这个地方（在今河北省境内），不要去救赵国。”意思是让他先在邺那里观望情势，再做决定。

赵国平原君等着魏国的援军，可等了又等，就是不见来。平原君就派遣一个接一个的使者，不断地来魏国，责备公子无忌，并说：“我之所以愿意与你结为姻亲，是因为公子的高尚情义，能够在急难中解救别人的危困。而邯郸城现在早晚之间就要被攻破而投降秦国，可是魏国的军队一直都不来！请问公子救助困难的高义到哪里去了？就算你轻视我平原君，抛弃我使我投降秦国，难道就不怜惜公子的姐姐吗？”

公子无忌在平原君不断的请求下，几度去请求魏安釐王出兵救赵，也让门客们用尽各种理由去劝说魏安釐王，可是魏安釐王因为害怕秦国，始终不肯答应公子无忌的请求。后来公子无忌自己明白，想得到魏王的允许是不太可能了，他认为不能眼睁睁地看着自己的姐姐和赵国遭殃，于是他把门客们找来，让他们整顿出百余辆的车马，想自己带着这些门客去抵抗秦国大军，决心与赵国共存亡。

四、侯嬴献计盗兵符

公子无忌临走经过夷门的时候，见到侯嬴。公子无忌就把详细经过，以及为何准备跟赵国共存亡的情形，给侯嬴说了一遍，然后辞别要走。这个时候侯嬴说：“公子啊，那您就勉力而为了，老臣也不能随您而去了。”公子无忌带着这些人，走了几里路之后，心中有些不高兴，说：“我对待老侯嬴的礼遇可说是很周到的，可如今眼看我就要去送死，他竟然没有一言半语来宽慰我，只是叫我勉力为之，难道我还有什么做得不周到的地方吗？”于是，公子无忌又回来，向侯嬴坦白了心中的疑问。侯嬴一见公子无忌，就笑着说：“我就料定您会回来。”然后才说：“公子敬重门下客，天下闻名。现在有危难，没有其他办法解决，而要去和秦国作战，这就像拿着肉扔给饥饿的老虎，一定是有去无回，能有什么用处呢？公子还养士做什么呢？更何况公子对我礼遇甚厚，如今您要离开，我竟然不送行，所以，我知道您一定会因为怪我而再回来的。”

公子无忌又对侯嬴行礼，向他请教。侯嬴让其他人都走开，然后私下告诉公子：“我听说调动晋鄙大军的兵符，就放在魏王的卧室，而魏王最宠爱如姬，如姬能自由进出魏王的内室，有能力偷出兵符。”那个时期，调兵遣将以兵符为凭证信物，兵符一剖为两半，一半由将领拿着，带着军队出去，另一半就留在国君手上，将来有任何命令，就合起兵符作为证明。侯嬴接着说：“我听过如姬的父亲被人杀了，想找人报杀父之仇已经三年了，可是一直也没人能帮她。公子您要是能替她报仇，将仇人的脑袋给如姬送去，她为了报答您，就算让她死她都不会推辞，只是眼下没法做到而已。公子要是一开口请她帮忙偷兵符，她一定会答应，那么有了兵符，夺得晋鄙的军队，往西击退秦军而救了赵国，这可是如同当年春秋五霸一般的功业。”公子无忌就听从侯嬴的计策，杀了如姬的仇家，然后找如姬帮忙，如姬果然偷出兵符交给了公子。

五、侯嬴自杀了

公子无忌拿到兵符，出发前，侯嬴说："将军在外面，国君的命令不一定要接受，要随机应变以便对国家有利。但您现在去晋鄙那里，就算有兵符，可以号称是魏王的命令，但是晋鄙若不交出兵权，而派人再请示魏王，事情就危险了。我的朋友朱亥可以一起去，他是个大力士。如果晋鄙听从，那是最好，不听从，就让朱亥打死他。"公子无忌就流下了眼泪。侯嬴问："您是怕死吗？为什么流眼泪呢？"公子无忌说："晋鄙是很英勇的魏国老将，我去恐怕他不会听从，最后必然要杀了他，我因此很难过，岂是怕死呢？"

于是，公子无忌请来朱亥。朱亥笑着说："我不过是个市井拿刀的屠夫，可是公子您还多次慰问我，我之所以从来没有回拜过，是因为我认为这些小礼节没有多大用处。如今公子有急难，到了我舍出性命来报答您的时候了。"朱亥就跟公子无忌同行。

公子无忌去访侯嬴，向侯嬴辞别。侯嬴说："我本当追随公子一起去，可是我年纪太大就不去了。我会在这里估算公子的行程，算来您到晋鄙军中那天，我就面向北边自杀而死，以此答谢公子。"公子就出发了。

历代以来，很多读史书的人认为，侯嬴若是报答公子无忌的知遇之恩，为什么一定要等到公子无忌到达晋鄙军营以后才自杀呢？就算要报恩，为什么一定要以自杀的方式呢？有人说，侯嬴是用自杀的方式来激励公子无忌，表示“我都不惜一死，您一定要勇敢决断，不要半途而废，不要前功尽弃，你一定要完成这件大事，完成一个壮举”。这种说法当然解释得通，战国时期这种情形很常见，例如战国末年，燕国太子丹请荆轲刺秦王，是谁把荆轲推荐给太子丹的？是田光。田光是当时的一个游侠，是个秉持正义、行侠助人的人，时人誉其为“节侠”。田光为了激励荆轲一定要帮助太子丹，完成刺杀秦王的事情，也是自刎而死。再者，侯嬴自杀是要表示这个计策不会外泄，公子可以安心去执行。

但是，话又说回来，如果只是激励或保密的话，侯嬴为何一定要等公子无忌到达晋鄙军队后才自刎呢？明朝的徐中行说得好，他认为这是用死来向魏国老将晋鄙谢罪。晋鄙是魏国征战有功的老将，如今他没有丝毫过错，公子无忌偷盗兵符，假冒国君命令，去夺晋鄙的兵权，还安排了朱亥，在晋鄙不听从时杀了晋鄙，那么，晋鄙之死是很无辜的一件事，死得何其冤枉！不能说侯嬴没有罪过，因此，在这些事完成以后，侯嬴以自杀表示谢罪。此外，侯嬴当然也清楚，偷盗兵符去夺取兵权的计策，对于魏国是不忠的，为人臣者触犯了国家的法律，是很严重的大罪，会绝了公子无忌在魏国的后路，让他很可能回不到自己的祖国，所以，侯嬴要以死谢罪。

六、魏公子夺了兵权救了赵

公子无忌到了邺地，来到晋鄙军中，拿出兵符跟晋鄙的那一半一合，没有问题。可是，晋鄙仍然觉得事情可疑，魏王怎么没亲自派人来传消息呢？晋鄙就指着军队跟公子说：“你看我带着十万大军，驻扎在这个边境上，我担负着国家的重责大任。您一个人带着一些随从，就这样来取代我的军权，这样做有什么道理？”晋鄙不想交出兵权。于是，朱亥就上场了，他把藏在袖子里的四十斤铁锤拿出来，锤击晋鄙，公子无忌就统率了晋鄙的军队。

公子无忌整顿军队，下令军中所有兵士，说：“如果有父子同在这军营的，父亲回去；如果有兄弟同在这军营的，哥哥回去；如果在家是独子，那你也回去孝养双亲。”公子无忌是仁义的人，他想的是，要跟秦军打恶仗，肯定有人要战死，但得让魏国军人的眷属有人照顾。这样才能凝聚人心士气，军人心里没有牵挂，就可以安心打仗，勇气百倍，达到以一当十的效果。

就这样，公子无忌在整顿后，得到八万士兵，就率领着这八万军队去打秦军。魏国的援军与赵军里应外合，打退了秦国军队。赵国邯郸城的围困解除，赵国因此而得以保存。赵王和平原君亲自到郊外边界来迎接公子无忌。平原君还背着装剑的袋子，作为前导引入。这是一种隆重的礼仪，像仆人尊重主人一样来表达对公子无忌的尊敬和感谢。赵王对公子无忌拜了又拜，以表达感激之意，说："自古以来的贤能者，没有能比得上公子您的。"在这个时候，赵国平原君不敢和公子无忌相提并论。再说侯嬴，他在跟公子无忌诀别之后，确实在公子无忌到达晋鄙军队的那天自杀了。

七、魏公子不敢自夸

魏安鳌王知道公子无忌窃兵符、杀晋鄙这件事情之后，暴跳如雷。公子无忌当然也明白事情的严重性，此时想回魏国肯定是不行的，于是就让其他将领带着魏国军队回魏国去，而他自己带着门客们留在了赵国。赵王因为感激公子无忌的恩德，就跟平原君商量，打算把五个城封给公子无忌。

公子无忌听到赵王要封赏自己，脸上就露出一种恃功而骄的样子。这时，就有门客劝公子无忌说："凡事有不可忘的，也有不可不忘的。当人家对您有恩惠的时候，这份恩惠您不可以忘掉；您对别人有恩惠，希望您最好忘掉这件事情。如今您盗用兵符，假传魏王的命令，夺取晋鄙军队救赵国，对赵国的确实有恩，但对魏国是不忠的行为啊！您不但没忘记给别人的恩惠，反而因此骄傲自满，我认为您这种表现是不对的。"公子无忌听了门客这番话后，立刻感到无地自容。从这里我们可以看出，一是公子无忌养的士客的确讲究德行，知道为人处事的道理。二是公子无忌是个明理之人，能虚怀纳谏，且知错能改。一个主人纵然有再好的宾客，也要善于接纳谏言才行，否则再好的宾客也起不了作用。而我们一般人在社会上为人处事的时候，必须明白这个道理。

赵王为了表达对公子无忌的感谢和尊敬，洒扫道路，亲自去迎接公子无忌。赵王按照接待贵宾的大礼，引导公子无忌从西边台阶上殿，但公子无忌再无骄傲心理，非常客气谦虚地侧着身子推辞、礼让，坚持从东边台阶上来。公子无忌还说，自己对魏国不忠，对赵国也谈不上什么功劳。赵王就陪着公子无忌饮酒，一直到天将晚的时候，赵王都迟迟没有办法说出要给公子无忌五座城的事，因为公子无忌太谦虚了，一直不肯接受任何赞扬和谢意，这让赵王没有办法开口。公子无忌最后留在了赵国，赵王将鄗（hào）这个地方封给公子无忌，作为他的汤沐邑。魏国仍然封公子无忌为信陵君，而公子无忌决定留在赵国。

八、平原君脱帽谢罪

公子无忌滞留在赵国的时候，听说赵国有个贤能的隐士毛公隐居在赌场里，还有个薛公隐居在卖酒人的家里，就想见见这两个人，可是，这两个人躲藏起来不肯见公子无忌。后来，公子无忌打探到他们藏匿的地方，私下去跟这两人见面交往，互相之间都很欣赏，相谈甚欢。平原君听说以后，对他夫人说："从前我听说夫人的弟弟是天下独一无二的人才，现在听说他随便地跟赌徒和卖酒的人交往，可见公子无忌是个随便的人。”意思是嫌公子无忌和这些社会底层的人混在一起。

平原君夫人就把这个话告诉了她的弟弟，公子无忌听了以后，便向姐姐告辞说：“我以前听说平原君是个非常贤明的人，所以我宁愿冒着对不起魏王的罪责，来解救赵国，满足平原君向魏国求援的要求。哪里知道平原君交游，不过就只是图个虚名，求个声势显赫而已，而不是真的想求得、任用人才。我在魏国大梁城的时候，就听说毛公、薛公是贤能的人，到了赵国后，唯恐这两个人不愿意见我。我想跟他们交往，还怕他们不愿与我往来，如今平原君竟然觉得是可耻的事，想来平原君也不值得我再跟他交往。”公子无忌随即整理行李，准备离开赵国。平原君夫人把公子无忌的话详细地告诉了平原君，平原君赶快过来脱帽谢罪赔礼，坚决挽留公子无忌。平原君门客听说这件事以后，有一半人离开了平原君，投到公子无忌的门下，天下的贤士也纷纷来归附公子无忌。

九、公子无忌知错而奔回魏国

公子无忌居留在赵国有十年之久，一直没有回魏国。秦国当然也知道公子无忌在赵国，于是就经常出兵攻打魏国。魏国因此很担心，就派使者去赵国请公子无忌回国。公子无忌害怕魏王怨怒他，回去之后成为有罪之人，于是告诫门客们说：“有敢替魏王求情，替魏王使者传话的，一律处死。”宾客们没有人敢劝公子无忌回魏国去。这个时候，毛公和薛公两个人来见公子无忌，说："公子你之所以受到赵国尊重，之所以在诸侯国间有好名声，那是因为有魏国的存在。如果现在秦国攻打魏国，魏国情势很紧急，公子你却不体恤，如果让秦军攻打下大梁城，夷平魏国的宗庙，公子还有什么脸面立足于天下呢？"毛公、薛公还没有说完，公子无忌脸上就变了颜色，即刻乘车赶回魏国。毛公、薛公所说的是纲常伦理，没有国家何来个人？亡国之人一无所有，正所谓覆巢之下无完卵。再者，为臣不关心国家的存亡就是不忠，又何来贤能的声誉？公子无忌明白自己大错特错，所以立刻改正。

魏安釐王见到公子无忌，彼此相对而泣，魏安釐王就把上将军的大印立刻授予公子无忌，公子无忌就带领兵马保卫魏国。魏安釐王三十年，公子无忌派出使者，把自己担任上将军的事情，告诉各诸侯国。各国听说以后，也都派遣军队来援助他。公子无忌率领五个国家的兵马，打败秦军大将蒙骜，还乘胜追击秦军到函谷关，压制住秦军，秦军不敢出函谷关。这个时候，公子无忌的声名威动天下，诸侯国的门客们呈献兵法书给公子无忌，公子无忌看了后就题上名字，会集起来，就是后来人们所称的《魏公子兵法》。（题上自己的名字不是今日所谓的剽窃，而是因为自己声誉崇高，为尊重门客们的献书，特别题上自己的名字，使书更珍贵，提高著作的分量。）

十、公子死魏国亡全因秦国反间计

秦国军队被魏国打败，秦王非常忌惮公子无忌的能耐，于是就用万金去魏国访求晋鄙当年的门客，叫他们为晋鄙报仇，在魏王的面前毁谤公子无忌，要他们对魏王说："公子无忌在外十年，如今当上了魏国的上将军，诸侯国的将领都归他统帅，诸侯国只要听到公子无忌的名字，就不再听从魏王，如果他想趁这威震天下的时刻夺王位，然后自己称王，诸侯国畏惧于公子无忌的威权威势，肯定会共同拥立他做魏王。"秦国多次利用离间计，派使者假装去祝贺公子无忌，问他得到王位了没有？魏安釐王天天都听到这些毁谤，也就不能不信。于是魏安釐王就派人取代了公子无忌的上将军职务，夺了他的兵权。公子无忌知道自己因毁谤被革职，此后肯定会被废职不用，于是借口生病而不上朝。公子无忌跟门客们通宵达旦地宴会、喝酒、亲近女色作乐。如此过了四年，最后终于因病去世。同一年，魏安釐王也死了。

这种事情在政治史上其实一点儿也不稀奇，功高盖主是最容易被离间的，因为君主大多都会担心功劳大的臣下会取代自己的位置，这个时候用离间计最容易产生效果，稍有一点儿风吹草动，君王都会信以为真。至于公子无忌不爱惜生命，喝酒作乐而死，一则是避免再受到离间、毁谤；再则，他显然知道自己不被重用，魏国终有被秦国灭了的一天，所以早死也可免去被秦国生擒受辱。秦国的离间计，既害了公子无忌，也害了魏安釐王和魏国。而魏安釐王会中秦国的离间计谋，也是有迹可循的。文章一开始说到君臣二人下棋，烽火台传来赵王过境的事，公子无忌说明真相，魏王得知公子无忌养士作用之大，就开始防着公子无忌，不敢将国家大事交付于他。可见，魏王对公子无忌并无绝对信任可言。

魏景愍王元年，秦国听说公子无忌死了以后，立刻派大将带军队攻打魏国，夺走了二十多个城市，初始将其设置为东郡。以后秦国又陆陆续续地蚕食侵占魏国的土地，秦军夺取魏国的朝歌、汲地、垣邑、蒲阳、衍邑，魏国就这样一点点被蚕食。十八年后，魏景愍王去世，其子魏假即位，秦国俘虏了魏王假，屠了首都大梁城，魏国灭亡。

魏公子无忌的贤能，后来的人都不能不佩服。刘邦在还没有成事的时候，就常常听到公子无忌贤能的故事，对公子无忌是很崇拜。所以等到刘邦当了汉高祖，他每次路过大梁的时候，都会去祭祀公子无忌。汉高祖十二年，打败黥布，从前方回来，特别下令设置五户人家，世世代代专门看守公子无忌的坟冢，每年按照四季的祭祀之礼，来祭祀魏公子无忌。

十一、四公子养门客的等第差异

前面谈到公子无忌回到魏国做了上将军，保卫自己的国家等诸如此类之事，其中有几点颇值得玩味。

先说平原君门下很多人去归附公子无忌，这跟孟尝君的“树倒猢狲散”是不一样的。孟尝君失去相国职位以后，门客们觉得无利可图，跟着孟尝君没有什么好处，就纷纷离开了，可以说孟尝君的门客大都是趋炎附势之人。可是平原君的门客离开他，是因为更加敬仰公子无忌，这些门客并不是为了利益而离开平原君，而是想投靠仁而下士，能够识人用人的新主人，这有点儿类似于贤臣投靠明君。所以，两种状况不能混为一谈。

再说到毛公、薛公那一番纲常礼教的劝谏，是为了保国家，而不仅是保公子无忌个人。这也跟孟尝君的门客所作所为极不同。我们在谈孟尝君的时候，感到遗憾的是，孟尝君的门客是鸡鸣狗盗之徒也好，是魏子、冯谖也罢，他们始终只在集中力量化解孟尝君私人的危机，只考虑孟尝君私人的利害得失，而没有想到为国家去贡献力量。可是毛公、薛公是让公子无忌去保卫魏国。“有国才有家，才有个人”，这个是至理名言，人人都应该这样做。至于侯嬴，他献的计策虽不是非常端正，但他也是在帮助公子无忌立下功业，最终目的是为保存赵国，也不是为公子无忌个人。因此，司马迁在战国四公子的列传里，所举出的门客的例子，足以说明四公子养门客的等第上的差异。

宋朝苏辙的《古史》中说：“盖无忌之名，发于侯生，而全于毛、薛。侯生之奇，毛、薛之正，废一不可。”公子无忌的声名能够显扬在魏国，让魏国百姓都知道他礼贤下士，侯嬴的那一番作为的确产生了作用。但是，公子无忌的声望最后能够显扬于诸侯国之间，则完全在于听了毛公和薛公的谏言。侯嬴所提出的偷盗兵符，矫夺兵权，救下赵国，是在紧急情况下所采用的权变，是奇；毛公和薛公的劝谏，用的是正道，是正。没有侯嬴的奇计，就救不了赵国；而没有毛公、薛公的劝谏之言，也救不了魏国，两者缺一不可。但从二者所呈现的效果、功能、意义来说，正道的劝谏往往更大。

现在很多人喜欢谈权变，每当有不符合正道的行为时，就说这是不得已的权宜之计，是权变，其实并不是这样。还是要看权变意义为何？也必须不违背于礼和理，侯嬴的权变之计虽为救赵，但对君王不忠，对晋鄙不义，不全端正，所以他最后以自杀谢罪。所以，权变如果不合正义，不是为了顾全大局，最后是不会被认可的，尤其是为一己之私利而操作的权变，是不可能让人接受的。这是我们在读这一段历史的时候，需要了解的地方。

十二、司马迁对信陵君的评价

前面说过公子无忌在魏国期间，诸侯国都不敢来侵犯魏国。他留在赵国时，秦国就连年攻打魏国。后来，他回魏国率领五个诸侯军震慑天下，若不是后来魏王猜忌、疏远他，夺了他的兵权，秦国肯定不敢来攻打魏国，魏国也不会灭亡。所以司马光说："无忌去而魏轻，还而魏重，安厘王犹以为疑，无忌死而魏亡，贤者之于国何如哉！"公子无忌离开魏国，魏国就被轻视；一旦公子无忌回到魏国，魏国立刻就稳固了，诸侯国都不敢来侵犯。这么明显的事情，魏安釐王竟然听信秦国的离间怀疑公子无忌。而魏无忌死了以后，魏国也就灭亡了。可见贤能的大臣对一个国家来说是多么重要啊！

在这篇列传最后的“太史公曰”，司马迁说：我游历的时候，经过大梁古城，向当地人询问公子无忌见侯嬴的那个夷门，知道了夷门就是东门。战国时期诸公子都喜欢养士，但只有信陵君能与穷得住在岩洞里的隐士来往，不以与身份地位低下的士人交往为耻，实在是有其道理的，就是因魏公子无忌是真正能够礼贤下士。他的名声因此广泛传播，声望在各诸侯之上，可谓名不虚传。所以，汉高祖每次过大梁都去祭祀公子无忌，并立祠堂派人按时祭祀他。司马迁简单地总结全文重点，以表达对公子无忌的敬佩之意。

司马迁《史记·太史公自序》也说：“能以富贵下贫贱，贤能诎于不肖，唯信陵君为能行之。”认为信陵君能不耻下交，非常敬重那些贫贱的贤士，这是他独有的一种特质。“不耻下交”这四个字非常重要，说的是信陵君的气度不凡，从不因自己地位的高贵，而去轻视地位低下的贤能者。平原君就因为没有这种气度，所以纵然毛公、薛公就在赵国境内，平原君竟然不知道，知道也不会去访求，由此足以看出两人气度的高下。再如孟尝君来者不拒的养客方式，食客大多也只为孟尝君私人尽力，不会以更大的格局去辅助孟尝君帮助他的国家。孟尝君的气度则更不足，所以会因为别人的讥笑而滥杀赵国百姓，甚至联合其他诸侯国攻打自己的祖国。

有人说，侯嬴跟信陵君不过是机缘巧合，这个说法恐怕是不对的，因为信陵君跟侯嬴的结交，是一种情义的表现，而不是利益的交换。侯嬴谢罪所表现出的修身律己和信陵君仁而下士的礼遇贤才，是真正的相知相惜，不宜理解为一时之遇合。

国家将亡而不救，不能说这个人是贤人；家庭贫困而不救济，也不能说此人是个孝悌仁爱的人。生活中常见自己享受富庶，而不给老父老母、兄弟姊妹一点儿帮助的人，这就是社会道德沦落所出现的怪象。而做他人的门客，就应该辅助主人为国家尽忠效力，而不是追求自己的荣华富贵，可惜在战国时代，贤人很难出头，因为在乎德性的人变得尤其少，要识别门客的德性能力，就只能仰赖主人的识人功夫，这是非常重要的。

扫一扫，
进入课程

第十六章　张耳陈余列传——好友反目（上）

一、张耳和陈余是生死与共的好朋友

在魏公子无忌的故事之后，我们来谈谈他的门客张耳，以及与张耳有生死之交的好友陈余。司马迁写这篇列传，虽说是因为这两个人在帮助汉王刘邦建立威信，镇守自己的国家，发挥过作用。但是对于两人因利益最终反目成仇，也表现出无限惋惜。朋友间重在信义，司马迁对此相当重视。明朝茅鹿门曰："此篇以张耳、陈余之交为精神眼目，故叙其始为刎颈之交，其后瑕衅相杀处更工。"茅鹿门认为张耳、陈余的交往，是全篇文章的精神眼目。

张耳、陈余都是魏国大梁人。张耳年轻时候，做过魏公子信陵君的门客。张耳曾经因为惹了事，隐姓埋名逃亡到外黄（今河南省境内），娶了富人家的女儿。从此处境变好了，四处交游，又因家境富裕，招徕了许多远方门客。甚至在刘邦还是一介平民的时候，就常到张耳家里，一住就是几个月，张耳跟刘邦的交情就是这个时候建立的。后来当了魏国外黄的长官，逐渐有了名气。

陈余则喜好儒家学术，曾经好几次到赵国的苦陉（xíng，今河北省境内），那里有个富人公乘氏，知道陈余不是凡人，就把女儿嫁给了他。

张耳比陈余年长得多，陈余把张耳像父亲一样对待，二人的关系非常之好，是生死与共的交情。

前面信陵君的故事里，信陵君死了，魏安釐王也死了，又过了些年，魏国被秦国给灭了。数年后，秦国听说张耳、陈余是魏国的知名人士，重金悬赏捉拿二人，捉到张耳赏一千金，陈余赏五百金，两个人的悬赏金额不同，显然对两人的价值判断也有大小区别。而后，这两人改了姓名跑到陈（今河南省境内）这个地方，在那里做里巷的守门人，以此糊口。

张耳、陈余在陈地的时候，发生了一件事。陈余被里巷中的一个小官吏给打了，他想反抗，张耳就暗暗地踩了一下他的脚，暗示他不要反抗。事后，张耳就提醒陈余险些因为不忍小辱而死在小官吏的手上。道理很明显，小不忍则乱大谋。当然，这件事情也看得出张耳的老成，陈余则年轻气盛。

二、张耳、陈余与揭竿起义的陈涉

这个时候，陈涉、吴广等九百多名戍卒征去渔阳戍边，途中在蕲（qí）县的大泽乡（今安徽省境内）为大雨所阻，不能如期到达。按秦朝的律令，延误者当斩，陈胜、吴广率领戍卒杀死押解他们的军官，发动了反秦起义，所以大泽乡起义又叫陈胜起义。起义军很快地聚集了好几万人，声势浩大，一路打到了陈地。张耳和陈余就去见陈涉，表明自己的身份。陈涉本来就知道他们贤能，双方见面自然非常高兴。

陈地的豪杰、父老都劝陈涉称王，他们说："将军发动起义，亲自披着铠甲上阵杀敌，率领士卒以武力制裁行暴政的秦朝，想再度建立楚国社稷，保存已亡的诸侯国，延续断绝了的圣贤祭祀，这种功德应当称王天下。再者，您现在要统率天下各路将领攻打秦朝，不称王不行，希望将军自立为楚王。"此说法也不是不对，《论语・尧曰》说："兴灭国，继绝世，举逸民，天下之民归心焉。"就指出"存亡继绝"能得民心。不过，这种说法指的是自黄帝以来，尧、舜、禹、商汤、武王这些圣王明君，而陈涉并无治理的政绩，也没有"存亡继绝"的事迹，这只是地方父老对他起义的壮举，有所期许与赞佩而已。

陈涉就此事去咨询张耳、陈余，他们对陈涉说："人们都知道，秦国暴虐无道，灭亡六国，断绝祭祀，杀人后代，劳民伤财，死伤无数。将军您在这种时候不顾自己的安危，勇敢地揭竿而起，为天下百姓除掉残暴的秦朝。可是您才打至陈地就自立为王，那就等于是在天下人面前，显示您其实是有私心的。所以希望您切勿称王，而是赶紧带着军队往西去攻打秦国其他地方，同时派人去找六国各自的后裔，让他们成为将军的援助力量，同时也替秦军树立更多敌人。敌人多，军队就需分散力量；合作的群众多，自己的军队力量就很强大。您有这样的声望以后，各地都不会阻拦您，郊野没有交战，郡县没有守城的抵抗，到时自然会诛灭残暴的秦国，占领首都咸阳来号令天下。六国诸侯灭亡后又靠您恢复起来，如此恩德必使各国服从，您做天下皇帝的大业一定完成。您现在若不图这样的大功业，而要在陈地自立称王，这反而会离散天下的人心了。”

张耳、陈余说的这番话，眼光非常远大，已经达到了未来做天子的高度，而陈地父老、豪杰劝陈涉自立为王，眼光则比较短浅，只是按照眼前情势而言。可惜的是，陈涉没有远见，没有大智慧，所以他没有接受张耳、陈余的建议，还是自立为王。陈涉称王，称为“陈王”，国号为“张楚”，意思是张大楚国，以此号召天下。于是，陈余又给陈涉一个建议，说：“大王现在带着梁魏、楚国军队往西打秦国，目的是要打入关中，无暇顾及收复河北之地。我曾去过赵国，对于赵国当地豪杰及地理形势都很了解，希望您派一支突击队给我们，让我们出其不意地攻打北方赵国地区。”于是陈涉让在陈地的旧友武臣做将军，让张耳、陈余做左右校尉，拨给他们三千兵卒，让他们去攻打赵国。

为什么陈余又会提出这个想法呢？因为陈涉听不进有远见的建议，没办法了，只能按照陈涉这种急功近利的心态来规划，既然要取胜，我就先帮你去攻打赵国，陈涉果然同意。初看这番叙述就只是叙事，其实司马迁把每一个计策的高下，人的智慧、能力等，都在叙述的过程中呈现出来了，让读者自己去明白领悟。会读书的人，就会从这些事情里面读出人、事的内在部分，看透其中的是非、高下，此处司马迁虽没有评论，但叙述就是评论。

三、蒯通出场了

话说武臣、张耳、陈余等人从黄河渡口白马渡河，到达诸县，游说赵地的豪杰说："秦朝暴虐严刑残害天下已经好几十年。北边有修长城的苦役，南有驻守两广五岭的戍役，国土内外都骚乱不安，百姓疲惫，用苛税苦役来支应军队所需，导致财力匮乏，人力穷尽，人民无法生存。现在陈王揭竿起义首先抗秦，统率楚地，方圆两千里人人都起来战斗，各自杀了各地的县长、郡守及县丞、郡尉。如今已经扩张旧有的楚国，自立为陈王，国号张楚，派遣吴广、周文（周章）率领百万大军西向击秦。在这个时候如果还不考虑成就做诸侯王的大业，那就不是人中豪杰了。各位应该开始盘算计划啊！天下同心都受秦国苦难这么久，应该倾全天下之力来攻打不讲道义的秦国暴君，既报了父老乡亲的个人恩怨，也成就了占地为王的功业，这正是有志向与能力的人的最好机会。"

赵国故地的人们本来就很痛恨秦朝的残暴统治，地方豪杰都认同武臣、陈余所说。起义军在行进过程中又扩充了好几万人，武臣号称武信君。武臣、陈余攻下赵地十个城市，剩下的都坚守城池，不肯投降。他们就率兵往东北方向去攻打范阳。

范阳某士蒯通，即后来游说汉朝的韩信三分天下的那个人，就去对范阳令说：“我听说您马上就要死了，所以来哀悼。但是，我也是来贺喜的，因为您通情达变而将获得重生。今天来您这里，一是来吊唁您，二是来祝贺您。”

这个吊唁和祝贺是冲突的，自然令人不解，所以范阳令就问他缘故。蒯通解释说：“秦朝刑罚严酷，您做范阳县令十年之久，杀人父母，把孩子变成孤儿，断人手脚、脸上刺字之类的酷刑，多到无从算计，人们只因畏惧刑罚而不敢杀您。如今天下大乱，秦朝法律已经用不上，那么多怨恨您的人都要杀您，所以来我吊唁您。然而，现在旧有的诸侯起来反叛秦朝，武信君的大军就要来到，而您坚守范阳城，城中的人又都争着要杀您，您不妨投降武信君，帮助陈王讨伐秦朝。所以，您应该赶紧派遣臣子去见武信君，表示归顺，就可以转祸为福，一切就看您如今怎么做了。”

四、武信君变成了赵王

范阳县令于是就派蒯通去见武信君。蒯通对武信君说：“您目前这样靠辛苦打仗去攻城略地，不是个好办法。如果肯听我的计策，可以不必打仗就让对方主动投降，自然就能达到目的，然后只要发出讨伐各地的檄文，不用真的打仗，就可以把千里之大的地方平定了，可以吗？”武信君问：“怎么说呢？”蒯通说：“现在的范阳县令应该整备军队来守城，但他是个胆小怕死又贪富贵的人，他实在很想率先起来投降，可是又怕您认为他是秦朝任用的官吏，就像前面那十个城的官吏被您给杀了。而范阳城内的那些年轻人正想杀了范阳县令，然后自己守城对抗您。您何不让我拿着封侯的印信拜见他，他就会将城拱手奉送给您，城里那些年轻人就不敢杀他了。而后，让范阳县令坐着豪华的车子，在燕、赵各国的城外走动，人们看到就会认为，率先投降的范阳县令有这样好的待遇，于是群起模仿，燕赵之地不用打就可以主动投降了。这就是我说的传送檄文就能平定千里领土的计策。”武信君听从蒯通的说法，于是就把赐给范阳县令的封侯印信交给蒯通带去。

范阳归顺武信君，于是赵地有三十几个城池，没有经过战争便纷纷向武信君投降。武信君、陈余他们一直推进到赵国旧都邯郸城，也就是说，起义军已经推进到赵国的核心地区。蒯通的计策听起来是很有道理的，实行起来也很有效果，但其本质说起来也还是战国以来那些说客常用的方法，以各自的利益游说两方，既不损人又可利己，所以还算是正派的术士。不过，这种游说，说道理时，时正时反，并无固定的正理，这种游说之辞的利弊，我们后面再细谈。

起义军攻至邯郸城，张耳、陈余听说周章的军队入关，在陕西戏水被秦将章邯打败。又听说一些为陈涉辛苦打仗的将领，因为有人进谗言，被陈涉杀了；军中也有人怨恨陈涉不听他们的计策，而且不封他们为将军，只授予他们中下级的校尉之位，很让人寒心。于是，张耳、陈余对武信君说：“从陈王在蕲起义，到陈地自立为王，并非一定立六国的后人为王。而将军您以当初三千人的军队，如今占领了燕赵几十个城池，独立拥有河北的一大片土地，在这种情况下，如果不自立为王，恐怕镇守不住这个区域。何况陈王喜欢听信谗言，睚眦必报，恐怕你最终也难脱祸患。陈王或许会立他的兄弟，不然，就立赵国后代为王。将军赶快下决心自立为王，不要错过这个时机，时间已经非常紧迫了。”武信君遂宣布自立为赵王。任命陈余为大将军，张耳为右丞相，邵骚为左丞相，也就是将张耳、陈余作为自己一文一武的左膀右臂。

有人可能会有疑问，张耳、陈余在陈地的时候，曾经很有远见地劝谏陈涉不要称王，现在他们在赵地，劝武信君赶快自立为王，是正确的吗？其实这是两个不同的状态，陈涉是第一个揭竿起义者，其他人都是跟随他纷纷起义，当时的陈涉有一种首领的象征意义，作为起义的代表人物，不论是实质的首领，还是只有象征意义的存在，他都具备一定的分量，所以陈涉的确是有机会取天下的。如果陈涉能好好地任用贤能的人辅佐自己，甚至于听从张耳、陈余的计策，赶快率兵西向入关，打败秦军，那就是统一天下的格局。所以，张耳、陈余劝陈涉眼光要放大。可是，武信君只是陈涉之下的一个将军，带了三千军队，打出目前一块疆域，并不足以号令天下，做天下的领袖，因此，依眼前情势来说，必须先保住眼前的地位，所以他们就要劝武信君赶紧自立为王。

五、陈王胸无大志，目光短浅

武信君自立为赵王之后，派使者告知陈涉，陈涉大怒，想把赵王武臣、张耳、陈余等人的家属统统给杀了，然后发兵攻赵。但陈王的相国房君劝谏说："我们现在的强敌秦朝还没有灭亡，大王诛杀武臣他们的家属，岂不又树立了新敌人。大王不如借此机会向武臣道贺，派他们赶快发兵往西攻打秦军。"换言之，也就是承认武臣称赵王，形式上还是接受陈王为领导者。陈王觉得有道理，就听从了这个计策，把赵王等人的家属接到宫中，表面上是善加款待，实际上当然是为了监视，并将其当作人质。又封张耳的儿子张敖为成都君，以示笼络。

陈王派使者去赵地表示道贺之意，叫他们赶快发兵往西去进攻秦军。张耳、陈余就跟赵王说："您在赵地自立为王，这不是陈王所愿意的，他派使者来庆贺，不过是将计就计而已。等到他真的把秦灭了，回头肯定会来收拾您。您千万不要真的发兵攻打秦，而是要往北攻打燕、代（约指战国时燕国、代国之旧地，秦置郡县），往南收复河内郡（郡治为怀县，在今河南省境内），以此扩充地盘和实力，到时候就算陈王把秦灭了，也肯定不敢来动赵国。"赵王认为有理，就没有发兵去攻打秦，派韩广率领军队攻打燕地，李良带兵攻打常山（郡治东垣，在今河北省境内），张黡（yǎn）攻打上党（郡治长治，在今山西省境内）。一切均颇具规模。

讲到这里，我们不妨将陈涉与高祖刘邦做个比较，那年韩信帮刘邦拿下齐国的土地，要求封他为代理齐王。刘邦也是很生气，马上就要带军队去打韩信，可是张良暗示刘邦，这种时候不但不能去打韩信，还应该封他为真正的齐王，顺他的心意，好让他帮忙打仗。果然，韩信因此非常高兴，自此一心一意地效忠于汉王刘邦。而陈国相国劝陈王时，所说的是虽是同样的道理，结果却不见得相同。因为张耳、陈余告诉赵王，对陈王的将计就计不要信以为真，要心存防范。而当时若韩信身边有人提醒要防范刘邦，韩信也不至于落得那样的下场；刘邦若得不到韩信这样的得力大将，最终也未必能赢项羽，一切或许将是另外的结局。至于后期蒯通劝韩信三分天下，成鼎立局面，左右大局。韩信以信义对刘邦，刘邦以兔死狗烹对韩信，最后只有酿成令人唏嘘不已的结局。

陈王陈涉与汉王刘邦都是从小吏而起义，但两人在争战过程中，为人处事的方式不同，陈涉性格不得人心，又胸无大志，眼光不够长远；刘邦处处以长者之风待人，心在统有天下，两人气象格局相去甚远。陈涉的见识和能力不足，失去张耳、陈余的忠心辅佐；刘邦却有萧何、张良、韩信三杰的鼎力相助，两者不可同日而语。

六、伙夫救赵王

武信君武臣自立为赵王之后，立刻派了韩广率军去攻燕地，当时燕地还是秦朝管辖的地方，设有郡县。可是没有想到的是，韩广率军进入燕地之后，受到燕地人的欢迎和拥护，韩广就自立为燕王了。赵王和张耳、陈余就率领军队去攻打韩广，驻扎在燕地的边境上。有一天，赵王自己悄悄外出，不料遇上燕国韩广的军队，当场就把他给俘虏了。然后，燕国扣赵王为人质，提出放还的条件是要赵国割让一半的土地。赵国派了很多人去跟燕国谈判，没想到派去的使者一个个均被杀了，燕国此举传达的信息很明确：没有什么好谈的，就是要一半的土地；如果赵国不给，那就把你的使臣都给杀了。因此，张耳、陈余也不知该怎么化解这场危机。这个时候，在赵国军队里有个负责砍柴做饭的伙夫，他对营舍中住在一起的人说："我有办法把赵王带回来。"大伙都笑了，赵国派去的十几个使臣都被杀了，一个伙夫有什么能耐救回赵王！那个伙夫坚持说自己肯定有办法，于是赵国就派这个伙夫去了燕国军营。

伙夫到了燕国以后，就问燕国将领："将军知道我来做什么吗？"将领说："你是来要回你们的赵王的。"伙夫又问："将军知道张耳、陈余是什么样的人吗？"将领说："他们是贤人。"伙夫接着又问："将军知道他们想做什么吗？"将领说："当然是要回赵王了。"伙夫就笑着说："你们还真不知道他们想做什么啊！武臣、张耳、陈余率兵打下赵地几十个城池，都很有野心，想南面称王，哪里是当个卿相就满足得了的？张耳、陈余跟武臣本来是一起打仗的，现在武臣为君王，张耳、陈余当臣子，这君臣的地位怎能相比？当初是因为刚打下赵国的地盘，为了安定赵地的民心，所以不敢三分地盘各自称王，权且按年纪辈分先立武臣为赵王。如今赵地已经归顺安服，张耳、陈余也想分赵地而各自为王，只是还没得到机会罢了。现在你们把赵王给囚禁起来，张耳、陈余表面上是要救赵王，其实是想着你们燕国能把赵王给杀了，他们就可以自然而然地得到机会，分赵国的领地而自立为王。”伙夫又说，“原本一个赵王就足以轻易地攻打燕国。何况若是燕国杀了赵王，张耳、陈余两个贤人称王，左右合作夹击，以你们杀赵王的罪名，联合起来讨伐燕国，想要灭亡燕国就太容易了。”这一番说辞真是严丝合缝、滴水不漏，燕国将领觉得实在是很有道理，就决定释放赵王，于是伙夫就亲自驾着车带回赵王。

司马迁写伙夫游说的言语，有几次的转折，来写明其中的道理。首先是张耳、陈余要救赵王，说起来毋庸置疑。其次表现出张耳、陈余是贤人，贤人称王就是贤王。第三个转折是这三人都有野心，想南面称王，而当王或为臣很是不同，这道理当然说得通。第四个转折是，燕国若杀了赵王，张耳、陈余正好得到称王的机会，两人夹击之下，灭亡燕国就更容易了。伙夫游说的话，在层层转折之下，轻重利害分明，燕国将军岂有不听从的道理？但是污蔑张耳、陈余此时要称王，却非是那些使者能说的，这就是伙夫的高明之处。

七、赵王武臣被杀

再说李良那边，当初不是派他去攻常山吗？李良把常山攻下来以后，就派人来向赵王报告说他已经打赢了，于是赵王就让李良继续去攻打太原（郡治晋阳，在今山西省境内）。李良率领军队，到了石邑（县治在今河北省境内），因为秦军严密地封锁河北通往山西的军事要塞井陉（xíng，在今河北省境内），所以李良的部队一时之间无法前进。在这个时候，秦军的主将想了个计谋，假装秦二世派人送信给李良，但这信没有封口，信里面说："李良你曾经跟随过我，得到重用而显耀，你现在如果能够弃赵归秦的话，不但赦免你背叛的罪责，还封你高官，让你显贵。"李良收到这封信以后，当然很怀疑，于是就回到邯郸，请求增加军队来支持他。但是，李良还没到达邯郸，在路上遇见宴饮归来的赵王的姐姐，她后面跟随着一百多个随从。李良看到如此的气势，以为是赵王，因此赶快跪在道路边叩拜参见。赵王的姐姐醉了，不知道他是将军，就让随从招呼李良起来。李良一向地位高贵，起来后知道事实真相后，觉得在部属面前很没面子而深感惭愧。李良的一个部下便说："天下人都起义反秦，有能力的人就先立为王。那个赵王的地位以前都在将军之下，现在他家的女子见了将军，竟然没有下车行礼，请让我追上去把赵王的姐姐给杀了。"

李良收到秦的来信后，本来已经有意背叛赵王，只是尚未做出决定，而现在心中的怒火一下子被激起来，于是就派人追杀了赵王的姐姐，然后随即率领军队攻进赵国的邯郸。邯郸城里的人们也不知道其中的缘由，以为发生了内乱，竟然把赵王武臣及邵骚给杀了。同时张耳、陈余在赵地，收了很多当地人当耳目，有人跑来向他们通风报信，因此他们得以逃出来。张耳、陈余一路收拾了一些残余的军队，得到好几万人。门客中就有人向张耳建议："你们都是异乡之客，想要依附赵王打天下，建立事业，是很难的事情。现在武臣死了，唯有找到当年六国时期赵国王室的后人，把他立为赵王，以仁义之道来辅佐，和暴虐的秦朝有所区别，才可以成大事立大业。"张耳、陈余是明事理之人，于是找到赵王的后裔赵歇，把他立为赵王，定居于信都（战国时期曾为赵国别都。秦设置信都县，县治在今河北省境内）。李良就带兵去攻打陈余，陈余反击把李良打败，李良就带着人马投靠秦朝大将章邯。

《史记》在《高祖本纪》里说到范增给项梁、项羽出了一个计策，让他们立楚国王室的后裔为王，就立了义帝楚怀王，这其实与张耳立赵王歇有异曲同工之妙，所不同的是，项梁、项羽想的是夺天下，自己称王，所以项羽后来面临的问题是已经有楚怀王在，自己坐拥天下反而遇到了困扰，最后只好派人把义帝楚怀王给杀了，结果留下了弑君名声，给高祖刘邦的声讨提供了口实。但是在张耳、陈余这里是没有问题的，因为他们真的去辅佐赵王，还没有想到自己称王。

八、张耳、陈余反目成仇

话说张耳立赵王歇之后，李良投靠了秦朝大将章邯。章邯就率领大军前来攻打邯郸，把城里百姓都迁到河内去，把整个邯郸城夷平。张耳和赵王歇就逃到巨鹿城（县治在今河北省境内），秦朝大将王离的军队紧随其后去包围巨鹿。陈余去北边收编常山那边的军队，也得到好几万人，驻扎在巨鹿的北边。这时，章邯的军队也开进巨鹿南边的棘原（在今河北省平乡县西南平乡南），建筑通道，运输人员、粮草直到黄河沿岸，供应王离的一切军需。真正主战围困巨鹿的王离军队，军粮很丰富，自然是积极地进巨鹿。而巨鹿城里的粮草已尽，守兵日益减少，情势很危急。

张耳多次派人去请陈余发兵来救援，但陈余觉得自己的兵力太少，打不过秦朝大军，不敢前去救援，就这样拖了好几个月。张耳大怒，开始埋怨陈余，并派张黡、陈泽去责备陈余："我与你是生死与共的交情，现在赵王歇和我随时都可能死于秦军的围困之中，而你有好几万兵力，却始终不来救援我们，这算什么生死的交情？你要有诚信的话，为什么不来跟我们一起和秦军拼死打一仗呢？何况我们还有一二分获胜的希望！"陈余说："我考虑的是，如果前往也救不了赵国，只会白白地去送死。我之所以不想一起送死，是想将来为赵王、张君报仇。现在你要求我和你一起赴死，就像把肉投给饿虎，有什么好处？"张黡、陈泽说："事情紧急到如此程度，重要的是用一起死来证明诚信与决心，还考虑什么将来呢？"陈余说："我死了肯定也无济于事，不妨就照你们的话去做吧。"于是给张黡、陈泽派了五千兵卒，让他们先带去试着攻打秦朝大军，结果全被秦军杀了。

当时，燕、齐、楚三个地方的诸侯（多是各国后裔自立为王，故也称为诸侯），知道赵国的形势很危急，都派兵来救援。

张敖也带着他收编的代地一万多兵力前来救援，大家都在陈余军队旁边扎营，不敢轻易采取行动。项羽的大军几次断绝章邯的通道，王离军队的粮食成了问题，于是项羽率领军队渡河，大破秦朝主力章邯的军队。章邯败走，各诸侯军才敢攻击围困巨鹿的秦朝军队，最后王离被俘虏，另一大将涉间自杀。最后攻克巨鹿主要靠的是楚国项羽的力量。这就是所谓的巨鹿之战，项羽因此一战成名。

赵王歇、张耳出城向各诸侯的援兵致谢。张耳一见到陈余，就责备他为什么不来救援，又问张黡、陈泽在哪里？陈余怒说："张黡、陈泽以一起赴死来逼迫为臣，为臣就拨兵五千人让他们先去试着对抗秦军，结果全军覆没，没能逃出。"张耳不信，怀疑是陈余私下把张黡、陈泽杀了，连续追问了好几次。陈余怒气冲冲地回应："没想到您这么怨恨我！您认为我是舍不这主将的职位吗？"就把大印解下来推给张耳，张耳不由得愣住了，不接受兵印。这时，陈余起身去厕所，有门客就对张耳说："上天要给您的，您若不要，就会有祸害。现在陈将军给您印信，您不收，违反天意不吉利，赶快收了这兵印吧。"张耳于是佩戴印信，收了陈余的军旗。陈余回来一看，张耳竟然一点儿不谦让，就迅速走出了兵营。张耳接收了陈余的军队，陈余与剩下的几百名亲信一起到河上泽地靠捕鱼打猎为生。从此张耳、陈余之间就有了嫌隙。

这两人交恶，双方都自认为有理，实际仔细分析，似乎也没有什么绝对的对错。陈余在危急关头按兵不动是不够义气，的确愧对生死与共的朋友情义。但是，如果考虑当时的实际情况，要攻打秦朝大军，摆明了是去送死，确实是没有什么意义。后来陈余解下将军印信，就是表明自己的真诚，说明自己没有恶意，希望张耳能够谅解。可是，没想到张耳竟然接受兵印，收编了陈余的军队，完全不体谅陈余的这番心意，表现出决绝的意思。如此说来，是张耳得罪陈余在先。按理说，生死与共的知己，应该充分包容、宽恕，张耳若能有如同鲍叔牙宽恕管仲之错那样的胸怀，两人也不至于交恶。

九、张耳、陈余都当了王

赵王歇依旧住在信都，张耳和诸侯都随着项羽向西进入关中。汉元年二月，项羽封立诸侯王，张耳的各路朋友，都替他在项羽那里说好话，项羽以前也听说过张耳贤能，就把赵国的地盘分出一块封张耳为常山王，首府设立在信都，信都改名为襄国。陈余的门客对项羽说："陈余、张耳都对赵国有功。"项羽认为陈余没有跟随他一起入关，又听说他在南皮，就在南皮附近分出三个县封他为侯，把赵王歇改为代王，都城迁至代县。

张耳到信都为王，陈余得知后更加愤怒，说："张耳与我同等功劳，如今张耳被封王，我却只是封侯，项羽太不公平。"陈余就一直在寻找机会，想要有所作为。齐王田荣也是非常不满意项羽对自己的分封，后来就反叛了项羽。陈余看到齐王田荣反叛，觉得这个人可以帮助自己，就派夏说游说田荣说："项羽执掌天下不够公平，把好地方都分封给追随他的人，把先前称王的人都封到不好的地方。赵王歇现在在代县，希望大王能借我一些兵力，以便南皮能有屏障抵抗侵略。”田荣想要结交赵国，结一同党来反抗项羽，就拨了一些军队给陈余。

陈余于是调动自己能调动的所有兵力去攻击常山王张耳。张耳被打败逃命时，想想各诸侯王没有可以投奔依靠的，就想：“汉王刘邦与我还有一点儿旧交情”，这就是我们前面讲过的，刘邦还是平民的时候，常常到张耳门下，有时候一住好几个月，就是这个旧交情了。可是，他又想到，在目前来看，项羽的势力很强盛，而自己又是项羽分封为常山王的，还是该去投奔项羽。这个时候，有个说客甘公，是个懂得星象学的术士，就对张耳说：“汉王刘邦入关时，天上五星聚集在东井，这是真命天子要出现的征兆，而东井属于秦地分野，先到秦地的人必定能成就统一大业。楚国项羽现在虽然强盛，但将来取得天下的必是汉王刘邦。”所以张耳就决定去投奔汉王刘邦。刘邦这时候正率兵平定三秦之地（项羽把秦地分成三块，封了秦朝三个降将为王，所以称之为三秦），正在废丘（雍王的国都，在今陕西省境内）围攻雍王章邯。张耳去见汉王刘邦，刘邦很欢迎，待他非常好。

陈余在赶走张耳之后，把赵王歇从代国迎请回来，仍旧做整个赵地的赵王，赵王歇非常感激陈余，立陈余为代王，希望陈余能够帮助和辅佐他。陈余认为赵王歇刚刚有了国家，实力还不是很强，就留在赵地辅助赵王歇，没有到自己的代国去，只是派夏说为相国，替他驻守在代国。

汉二年的时候，汉王刘邦向东去打项羽，派遣使者请赵国发兵一起攻打项羽。陈余说："汉王杀了张耳，我就听从你的命令，带兵来帮你。"汉王刘邦就找了个跟张耳长得很像的人，把他给杀了，拿着头送给陈余，陈余果然派兵帮助刘邦。但是，汉军在彭城西面大败，而这个时候陈余也觉察到原来张耳还没有死，于是就背叛了汉王刘邦。

汉三年的时候，韩信已经为刘邦平定了魏国的疆域。刘邦又派韩信、张耳率兵攻打赵国。李左车认为韩信军队士气旺盛，其锋芒锐不可当，需暂时避开。而汉军的军粮必须从千里以外运来，加上井陉口道路狭窄险峻，车马不能并行，因此汉军粮秣补给困难。遂向陈余建议：由他带领奇兵三万人马从小道出击，去夺取汉军的军粮辎重，切断韩信的粮道；而由陈余统率赵军主力坚壁清野，消耗汉军战力，最终必能消灭汉军；否则，赵军一定会被汉军打败。无奈陈余喜好儒术，信奉"义兵不用诈谋奇计"的教条，也就是正义之师作战也要端正。此外，认为韩信兵少且疲，不应避而不攻，否则会被诸侯各国轻视，于是没有采纳李左车的方案。

韩信得知李左车的计策没有被采纳，非常高兴，于是才敢带兵长驱直入。韩信利用陈余轻敌的心理，派出前锋部队，深夜越过井陉口，背靠河水布列阵势，运用兵家大忌的背水作战战法。同时派两千名轻骑，手持汉军旗帜，在半夜里抄小路到赵军军营旁潜伏。兵法上布阵要则是"右倍山陵，前左水泽"，就是扎营要背靠着山陵，使得易守难攻；面对水泽，迫使敌方渡河作战。韩信却是反其道而行之。两军交战后，韩信佯装战败撤退，赵军则乘胜追击，汉军士兵看到前有强敌，后有大水阻碍逃生，在无路可退之下，只能拼一死战，由此，完全打退了赵军的进攻。这时，埋伏着的汉军两千轻骑，乘着赵军大营缺乏防备，奇兵突袭，夺取了赵军军营。

韩信作战，采取兵不厌诈的策略，正好与陈余的“不用诈谋奇计”相反，兵法有所谓是奇正并用，韩信灵活用兵，出奇制胜；陈余不用李左车的计策自然是一大错误。赵军回营，惊见营帐插满汉军军旗，以为大势已去，就全散了。汉军最终以少胜多，在泜（zhī）水（即今泜河，在河北省南部）杀了陈余，并在襄国追杀了赵王歇。汉王刘邦改立张耳为赵王。

汉五年的时候，张耳去世，追谥为景王。他的儿子张敖继承为赵王。刘邦把自己和吕后所生的大女儿鲁元公主，嫁给张敖为王后，张敖成了汉高祖刘邦的女婿。对张耳来说，跟刘邦从当年的旧交关系、君臣关系，变成亲家关系，真可谓世事难料。汉五年，赵王张敖在齐王韩信等带领下，联合尊推汉王刘邦正式称皇帝。

扫一扫，
进入课程

第十七章 张耳陈余列传
——好友反目（下）

一、贯高于柏人害刘邦

汉高祖刘邦攻打匈奴后，从平城回来，经过赵地。赵王张敖早晚都会解开保护臂膀的护具，亲自去侍奉汉高祖饮食，态度非常谦卑有礼。可是有一次，汉高祖以很无礼的姿势，态度非常傲慢地大声呵斥赵王张敖。张敖的相国贯高、赵午两个人看到此情景，非常愤怒。他们本是张耳的门客，年事已高，性情豪迈。他们认为张敖太懦弱，于是请求张敖让他们把刘邦给杀了，赵王张敖一听吓得要命，竟然急得把手指都咬出血来，对他们说："哎呀！你们怎么能说这么大错特错的话呢？我父亲亡国之后，全靠皇帝的帮助才恢复起来，这恩泽还流传给后代子孙，你们看我现在不就继承了这个赵王吗？这一切的恩惠都是皇帝给的，希望你们以后不要再讲这样的话了。"

这之后，贯高、赵午等十几个门客就商量说："这实在是我们错了。我们的赵王是个忠厚的长者，不肯忘恩负义、背弃恩德。但是我们也不能接受别人这样侮辱赵王，所以，我们应该有自己的想法与做法，不如我们就自己行事吧！若成功了，替赵王出了气；失败了，我们自己做事自己当。"他们决定不告诉赵王张敖，要私自去刺杀汉高祖。

转眼就到了汉八年，汉高祖从东垣回来，再次经过赵国。贯高这些人就在柏人县馆舍的夹壁中埋伏下武士，等待机会杀汉高祖刘邦。刘邦到了柏人县，本来想在此留宿，可是忽然心里一动，便问这是什么地方？有人就说这是柏人县。汉高祖觉得这个县名不吉利，"柏人"的谐音就是"迫人"，逼迫于人的意思。于是，刘邦没留宿就走了。虽然有关汉高祖刘邦想法的记录不一定真实，但是不管怎么说，汉高祖刘邦成功地躲过了这次暗杀。

二、张耳的门客贯高忠心救主

汉九年的时候，贯高的仇家得知贯高等人的阴谋，就向朝廷揭发。汉高祖把赵王张敖、贯高等所有的人统统给逮捕了。当初共同商议过刺杀事件的十多个人，就都争着要自杀而不肯屈服，只有贯高非常生气地骂他们说："谁叫你们这样？我们的赵王实际上没有参与这件事情，如今也被逮捕，如果你们都死了，谁来替赵王洗刷冤屈呢？"于是自己上了紧闭的囚车，跟着赵王张敖一起到长安接受审判。

汉高祖下令，赵王张敖的臣子和门客，只要有敢随着赵王一起进京城的，就要诛其家族。贯高和门客孟舒等十余人，都主动剪去头发，将铁圈拴在脖子上，装成赵王张敖的家奴，跟随其来到京城。这中间要说明的是，前面说贯高是自己坐上囚车跟赵王一起过来的，这里又说他和孟舒等十余人扮成家奴过来，这篇列传的文字，在传抄之间可能是出了错误。准确地说，应是门客孟舒等十余人，同赵王张敖一起到了京城。

贯高在京城受审讯的时候，就一口咬定说："这个事情是我们做的，赵王张敖一点儿都不知道。"审案官严刑拷问，鞭打几千，甚至用铁锥刺他，直到他全身没有一个地方是完好的，他始终都没供出别人。吕后好几次去跟高祖刘邦说，张敖因为鲁元公主的缘故，应该不会害你。刘邦愤怒地说："要是张敖夺取天下，当了皇帝的话，他还会在乎你的女儿吗？"刘邦不听吕后的劝导，廷尉把审理贯高的情形和供词报告上来，刘邦说："是个壮士，找个相知的人私下去问问实情。"中大夫泄公说："贯高跟我是同乡，我与他一向相熟。他在赵国是个很有节义名气的人，为人不改初衷，重视承诺讲信用。"于是，刘邦就叫泄公手拿委任的信物，去床前见贯高。

贯高抬头仰看泄公，说："泄公，是你吗？"泄公寒暄慰问，如老友家常闲谈一样高兴地说着话，没有一点儿防范，很自然地问起赵王张敖是否真的密谋杀高祖？贯高说："按人之常情，有不爱自己父母、妻子、儿女的吗？我现在不但自己要被处死，还将被灭了三族，我岂是这般轻视我的家族？只是因为赵王确实没有参与刺杀皇帝这件事，真是我们自己要这样做的。”还把他们这些人怎样替张敖打抱不平，要杀高祖，张敖是多么的不赞成，后来他们如何阴谋策划，一五一十地都说了。泄公把这些情况报告汉高祖，高祖便赦免了赵王张敖。

贯高对泄公所言，既是真情流露，也是事实，当然容易让人相信。同时，汉高祖刘邦多少也考虑到了鲁元公主，这也是人之常情。最重要的是，汉高祖刘邦很欣赏贯高讲义气、重然诺，是个壮士，于是就叫泄公去告诉贯高，赵王张敖已经释放了，所以也要放了你。贯高听了就很高兴，问泄公是不是真的释放了赵王张敖？泄公给了肯定的答复，然后又跟贯高说：“皇帝称赞你，所以也赦免你。”贯高说：“我已一无所有，之所以不死，是为了替赵王辩白确实没有谋反。如今赵王已经被释放，那我的责任尽了，也死无遗憾。照道理说，我为人臣，而有犯上篡杀的大罪，还有什么脸面给君主做事呢？即便皇帝不杀我，我自己心里不惭愧吗？”贯高虽是赵王张敖的臣子，但汉高祖刘邦是众人的天子，他策划杀高祖当然是犯上篡杀的罪过，良心觉得惭愧，就仰头勒住气血，自杀死了。贯高因为这件事而闻名于天下。

日本学者泷川资言的《史记汇注考证》，提出当时的英雄、壮士懂得惭愧，令人敬佩。当时除了贯高知惭愧外，还有田横、项羽皆有英雄气概，心知惭愧。话说项羽在最后自刎于乌江的时候，也说过一段话：“我项羽带着江东子弟八千人渡江往西打天下，如今只剩下我一人，没有其他人生还。纵然江东父老怜惜我，愿意再给我机会，让我能够称王，可是我自己还是感到惭愧，觉得再也没有面目去见江东父老了。”这就是英雄壮士的一种气概。贯高、项羽可谓前后呼应。

三、田横五百壮士

再来谈谈田横。田儋、田荣和田横，都是六国时期齐王田氏家族的后代，田儋是堂兄，田荣和田横是亲兄弟。陈涉起义时，田儋起来响应，恢复齐国，并自立为齐王，后来被章邯灭了；田荣立田儋的儿子为齐王，后来在战乱中被敌人杀了；田荣自立为齐王，起兵反抗项羽，兵败而死。田横就收集散兵，组成好几万人的军队，立田荣的儿子为齐王并辅佐他。汉高祖刘邦统一天下后，田横带着五百门客，躲到海中的一个小岛上。汉高祖刘邦知道齐国的贤士多归于田横，怕将来田横作乱，所以就招降田横，以封王封地等作为条件，并表示如果不接受，将派兵征讨。这个时候，天下已经大定，田横要躲避汉高祖刘邦也很困难，迫于无奈，只好答应，就带了两个门客前往洛阳。

田横快到洛阳时，便对汉朝的使者说："臣子见天子，应该先沐浴。”就在驿站停下来。田横对两个门客说："当年打天下，我和汉王都是南面称王的人。如今汉王成了天子，我却成了亡国的俘虏，要向他称臣，这已经是很耻辱的了。而我还烹杀过郦食其，如今还要跟郦食其的弟弟一起去侍奉皇帝，就算他因为怕皇帝而不敢动我，我心里也会惭愧。皇帝想见我，只不过是想看看我长什么样子，如今距离洛阳这么近了，把我的头砍下来交给皇帝，他一样能看清。”于是就自杀了。

两个门客带着田横的头颅去见汉高祖，汉高祖非常感叹：“真是不简单啊！兄弟三人从平民起家，相继为王，怎么可能不是贤者呢？”并为之流下了眼泪。汉高祖派兵两千，用王侯的礼节安葬田横，并按之前的许诺封给这两个门客官位，但是这两个人也很有气节，拒绝官位，在田横墓旁边挖了个洞自杀了。汉高祖一看，田横身边的人竟如此气节高超，听说还有五百多位田横的门客在小岛上，于是就派人去小岛，用官位招降那些人。但是，那些剩下的人，也是为义气而不惜一死的义士，不想苟活，听说田横和随从的两个门客都从容赴义，于是也就都自杀了。后来，人们就把这个小岛称为田横岛。

显然，田横和五百壮士都不是可以用利禄去引诱的人，是宁愿为气节而死的人。孟子说：“富贵不能淫，贫贱不能移，威武不能屈，此之谓大丈夫。”这些人做到了大半。在战国时期充满利益之争的时代风气下，能谨守道德伦理，守住自己的气节的人实在不多，所以值得尊重、崇尚。

四、张耳后人的故事

汉高祖虽然释放了张敖，但也废了他的封号，因为鲁元公主的缘故，改封其为宣平侯。高祖非常欣赏张敖的这些门客，所以当初剪掉头发装作家奴，陪着张敖到京城来受审的那些人，都做到了诸侯国的相国或郡守。一直到汉惠帝、高后、汉文帝、汉景帝时代，张敖门客的后世子孙，还有俸禄两千石的高官。高后（也就是吕后）六年，张敖过世。张敖的儿子张偃被封为鲁元王，这当然是因为他的母亲是鲁元公主的缘故。高后又怜惜张偃年幼，兄弟又少，所以又封了张敖妾生的两个儿子为乐昌侯、信都侯。

吕后去世后，有所谓的诸吕之乱的事情，周勃等人起来平定并杀了吕家诸人，并废除张偃兄弟的封爵。汉孝文帝即位后，重新封张偃为南宫侯，虽然没有恢复他的王位，但让他承继了张耳、张敖的后世家业。这样看起来，汉朝对待张家还是很不错的。张敖当初对贯高他们说，张家世代都受了汉朝皇帝的恩惠，的确如此。

五、太史公评论

司马迁虽然认同张耳、陈余及其门客、臣子贤能，但是这两人在没有成名显达之前，能够互相信任，有生死与共的交谊情义，及至各自有了地位、权势之后，竟然互相攻伐，反目成仇。司马迁感叹说，为何以前的生死之交，那样诚信、敬重，而后竟然相互背弃、乖戾，岂不是因功利权势交往的缘故？司马迁并没有给出肯定的论断，但他的疑问口气，足以表明他认为恐怕有以利相交的情况。

司马迁从以利相交的角度来说，认为他们的德行不能跟吴太伯、季札相比。吴太伯、季札能让国，这是何等的清高道德，季札挂剑于墓树，不失信于朋友，这也是重然诺的表现。张耳、陈余为人处事恰恰少了礼义诚信的部分。自古以来，因权势利益而相交均为君子所不齿，人跟人的交往不能建立在权势利益的交换上。孟子说过，君子是以义相交，小人是以利相交。如果张耳、陈余真是贤能之人，应该不会以利相交才是。

六、对评论的再评论

有人认为张耳、陈余两人的最后交恶，并不是因为各自的利害关系，他们的出发点其实是一样的，都是为了保护赵国、赵王。陈余的不出兵不是贪生怕死，而是因为出兵也于事无补，并不是因为个人的利益。但是从忠心、义气的角度来说，是应该不惜一死而出兵的，那么陈余算不算是从利害的角度做出的决定呢？再从张耳的角度来说，当时大家都处在束手无策的情况下，陈余虽不讲义气，但念在生死之交的份上，是否能珍惜情谊？张耳责备陈余后又夺了陈余的兵权，只能说是个人的情绪发泄，对于辅助赵王，谋取天下是没有实际意义的。因此，客观地说，二人情谊是经不起考验的。

这整篇列传里，张耳、陈余使用大量的计策，处理事情有很多诡谲、奇特、巧妙的手法，可看出两人基本上是权谋之士，而不是仁义君子。从陈余最后不背弃赵王，再立赵王歇来看，他没有趁机自立为王，可谓忠心为主。相对于张耳去投靠刘邦，换取荣华富贵，这样的作为却是为己的。伙夫的那一番话，看起来是为救赵王而巧辩，实际上对张耳、陈余的看法，何尝没有真实的成分包含其中？这个伙夫虽然地位不高，但是他看尽官场现象，所以能看透这些人的内心。再想想贯高，真可谓天壤之别。

太史公在文末特别叙述了贯高，而且叙述得非常详尽，有一种反复咏叹的味道，显示无限的赞美，但又似乎有诸多的感慨。很多人说太史公受腐刑，亲友莫救，所以他对朋友之义的感受特别的深刻。再者，他能为李陵仗义执言，但是没有人愿意冒风险为他说话，让他产生了人情凉薄的感受，于是借《张耳陈余列传》，字里行间蕴藏着一层深意。

前面说到这篇列传里有很多计策谋略、说客言辞之类，例如蒯通等人，这些人实际上都还是承袭着战国以来的纵横家的作风。那些说客谋士的话术，游说中的技巧，时正时反，对同一个事情的见解，他可能从这个角度对这个人说，换一个角度对另一个人说，甚至立场观点完全是相反的，原则上都只有以利害来劝导引诱为宗旨，完全锁在利害上，完全因应时势和利害状态来改变。很多时候，你可以看到那个立场和观点不见得是正理，也不符合道德大义，但在当时的情况下，它的确是有用、有效的。要做到这样，这些人必须对情势有绝对准确的掌握，否则他所有的观点、计策之类都是没办法成功的。

我们读《史记》，看到司马迁对历史人物面貌的呈现和对他们的评论，会发现不管在任何时候、任何地方，都需要物色和任用贤能的人，大到国家天下，小到个人所处的环境，概莫能外。世上的机会其实很多，但我们要问自己有没有能力把握机会。当然，有人际遇不佳，没遇上机会，但世上对贤能的人是时刻都需要的。怎么才能做到“贤能”？原则上说，能力是可以学习、培养的，但是智慧的培养是比较困难的，因为智慧不是一时一刻可以修成的；而品格的养成和完善，就是更困难的了。

我们看看司马迁笔下的这些历史人物，除了圣贤以外，大体上都是有长处也有缺陷的，我们读历史的目的不是要去批判古人和他的人生历程，而是要借鉴古人古事学人之长，避人之短，在学习中可以增长自己的见识，由此来深化自己的内涵，然后转化成为智慧，形成自己的品格，这样才是解读历史的收获。

例如从伍子胥、白公胜的身上，我们能看到怨恨的可怕，怨毒的情绪让人成不了大事；这种情绪累积在心中，只会让人如活在地狱一般，最后形成冤冤相报，只能给自己树敌。而这种情况如果发生在自己亲近的人之间，那就是一种悲剧。如果反过来能通过宽恕，让这种情绪释放并去除，瞬间就变得海阔天空。宽恕别人，很大程度上是宽恕了自己。只是这种转换是需要智慧的。如果用宽恕对待仇恨，伍子胥也就不会在为吴国贡献了一生的情况下，最后还死得那样凄惨。透过历史人物的生平事迹，如果我们能够有这样深刻的体悟，就能学会转换认知，提高处世能力和智慧。

扫一扫，
进入课程

第十八章　廉颇蔺相如列传
——智勇双杰

一、廉颇蔺相如英勇又爱国

《廉颇蔺相如列传》的重点，当然是家喻户晓的蔺相如完璧归赵，以及廉颇的负荆请罪。这两个故事现在已经是大家经常使用的典故、成语。蔺相如是一个足智多谋，善于应变以及具有大无畏精神的文臣；廉颇则有赫赫战功，还有知过能改的美德。因此司马迁给这两个人写传的时候，传达的就是这样的精神力量。而这种力量对后人修养品格是具有启示作用的。

蔺相如完璧归赵是有勇有谋的作为，而廉颇则骁勇善战，屡立战功，却无居功自傲的缺失，而负荆请罪更是“知耻近乎勇”的最佳例证。此外，这一篇还记述了赵奢父子，以及李牧的主要事迹，他们都是战将，行事风格各不相同，恰恰可与廉颇相比较来看。

廉颇，姓嬴，廉是他的氏，不是他的姓。他是赵国非常有名的大将。他在大胜齐国的那场战役之后，就被封为上卿，职位很高。蔺相如封邑在蔺，便以封邑为氏，称蔺氏。他也是赵国人，原是一个宦官首长的门下客，完璧归赵立功后，成为赵国大臣，官至上卿。

二、缪贤荐举蔺相如

赵惠文王十六年的时候，得到楚国的和氏璧，这和氏璧价值连城，举世闻名。秦昭王得知后，派人送信给赵王，愿意以十五个城池交换和氏璧。赵王就跟廉颇以及其他大臣讨论：到底是给还是不给呢？给吧，怕和氏璧给秦国后，秦国食言，不给十五个城；不给吧，又怕秦国前来讨伐，所以一时很难决定。于是，决定找一个人出使赵国担任谈判工作，一时之间却又找不到合适的人选。

前面提到的那个宦官首长叫缪（miào）贤。缪贤非常知道蔺相如的才能，就推荐了蔺相如。赵王问他为何能确定这人可以不辱使命，缪贤就详细解说了其中缘由。

缪贤以前犯罪，想偷偷逃到和他交好的燕王那里去，蔺相如问他跟燕王交情有多好，缪贤说，有一次他随赵王到燕国去，在国境上饮酒，燕王私底下握着他的手，说愿意和他结交为朋友，所以他认为燕王会收留他。蔺相如听了以后，就说：“赵国要比燕国强大，燕王握手要做朋友，是因为看到你在赵王的身边，又很有能力的样子，所以他是在讨好你。如果你以罪犯的身份逃到燕国投靠他，燕王一定不会收留你、保护你，因为他是不会为你得罪赵王的。相反，他还会捉了你，把你送回赵国。”因此，蔺相如认为最好的办法是自己认罪，表示悔过，愿意接受刑罚，这样才会被赦免。缪贤照着做了，果然如蔺相如所说得到了赦免。

所以他认定蔺相如是一位足智多谋的勇士，是出使秦国的理想人选。

三、蔺相如护送和氏璧

于是，赵王就召见蔺相如，问他和氏璧是否要给秦国，蔺相如说：“秦国强而赵国弱，不答应是不行的。”赵王说：“那如果秦国欺骗了我们呢？”蔺相如说：秦国要求以城市换和氏璧，赵国不给，那么错在赵国，如果赵国给了和氏璧，而秦国不给那十五个城池，错就在秦国，衡量这两种情形，宁可让秦国担负欺骗的罪名。”赵王就问该派谁去，蔺相如说：“陛下您如果没有适当的人选，我愿意带着和氏璧出使秦国。如果秦国遵守承诺把十五个城划入赵国版图，我就把和氏璧留在秦国。如果对方不给我们那十五个城，我一定把和氏璧完整地带回来。”赵王觉得有理，就派他带着和氏璧出使秦国。

秦王在章台宫（是离宫）接见蔺相如，蔺相如双手捧着和氏璧献给秦王。秦王非常高兴地看完和氏璧，又传给左右的人看，他们都高兴地欢呼，认为秦王胜利了。蔺相如见秦王态度十分傲慢，毫无诚意，想来不会真的给十五个城。于是就走上前去对秦王说：这璧上有一点点瑕疵，请让我指给您看。于是秦王把和氏璧又交回给他，蔺相如把和氏璧紧紧握在手中，一步一步往后退，退到一个柱子旁边，就靠在柱子上，怒发冲冠，十分严肃地对秦王说："我们赵王为了是否将这块璧送给您，特别召集了所有大臣开会讨论，大家一致认为秦国是一个贪婪的国家，又自负强盛，肯定会欺骗我们，因此不愿给你们。赵王问到我，我想一般平民间来往，尚且彼此无欺，何况是像秦国这么大的国家，肯定不会欺骗人的！再说我们赵国也不愿为了一块和氏璧而违逆秦王。我们这样做，显然是尊重秦国的威望以及表示对您的敬意。所以赵王才派我做使节，带着和氏璧到贵国来。可是大王您呢，只在一个寻常的馆舍里接见我，礼节上非常轻慢。拿到璧以后又传给你左右的这些女子、臣子欣赏，这是戏弄人的样态，我由此判断大王您恐怕真没有诚意要割地给我们，所以我才拿回这个璧。现在璧在我手上，大王您要是在此逼迫我的话，我就用我的头和这个璧一起撞在柱子上。"

于是蔺相如高高地举起和氏璧，两眼斜视着柱子，做出要撞上去的样子。秦王怕他真把和氏璧撞碎，便马上向他道歉，叫他不要这么做，然后把管事的官吏找来，让他摊开地图，划出十五个城池给了赵国。

蔺相如看在眼里，心里却想，这也不能相信，有可能秦王只是故作姿态，实际上把璧给了他以后，他不见得真履行承诺。于是他对秦王说：“这个和氏璧是名闻天下的宝物，我们赵王敬畏大王，不敢不献出来，在我出使之前，我们赵王非常恭敬、谨慎地斋戒五天。从这一点来说，大王您是不是也该斋戒五天再来接受和氏璧呢？同时，您应该在大殿上，设下接待使节、宾客的九宾大典，我才敢把和氏璧献给您。”秦王一想，总不能强夺这个和氏璧吧，也就只好答应斋戒五天，同时也安顿蔺相如住在使节住的广成客舍里。

四、蔺相如完璧归赵

以蔺相如的聪慧，他判定秦王肯定不会履行承诺，所以为了保全这和氏璧，他就让手下的人穿上百姓的衣服，怀抱着和氏璧，抄小路逃回赵国，把和氏璧安全无恙地带回赵国。

五天之后，秦王斋戒完了，九宾大典的典礼上，蔺相如对秦王说：“贵国从秦穆公以来，已传了二十几个国君，可是不曾有哪一个国君，真正切实地信守过盟约，履行过承诺。我恐被您欺骗，就叫人抄小路将和氏璧送回，按时间推算，这时候已经到了赵国。不过，秦国强赵国弱，您在日前只不过派使者送了封信去，我们赵王马上就派我捧着和氏璧来。所以同样的，现在您若能够先割那十五个城市给赵国，赵国哪敢为了留住和氏璧而得罪大王呢？当然，我知道欺骗大王，罪当处死，那么就请用汤镬这种残酷刑罚对我吧！同时也请大王您和大臣们仔细商议先给十五城的事。”把人丢在鼎镬中滚烫的沸水里头，当然是酷刑，由此可见蔺相如真是有胆有识的大丈夫。

秦王和臣子们很无奈地苦笑，认为就算真把蔺相如杀了，也未必能得到和氏璧；如果先给十五个城，也怕拿不到和氏璧，所以无奈苦笑。这时候有臣子建议拿下蔺相如，先俘虏起来再说。秦王阻止说：“就算杀了蔺相如，也拿不到和氏璧，反而会破坏秦赵两国原本的友好关系。不如先放蔺相如回赵国去，想来那个赵王不会为了一块玉来欺骗我们秦国。”所以，就放蔺相如回国了。

蔺相如回到赵国以后，赵王很是高兴，认为蔺相如出使在外，不辱使命，于是拜他为上大夫。此后秦国没有割那十五城给赵国，赵国也就没有送和氏璧给秦国。这件事情就这样搁置下来。蔺相如认定秦国肯定不会割城，这只是个骗局，是有见识的。而蔺相如完成了他对赵王的承诺，完璧归赵，这是他的忠信表现。出使过程中的勇敢与善巧，则表现出了他的英勇与智慧。

完璧归赵这件事还给我们一个启示，就是蔺相如保全的不仅是和氏璧，还有自己国家的尊严，不允许以强欺弱的行为发生，这是任何国家的国民都该具备的态度，何况是出使在外的使节。同时也说明，当一个人的行为合于道理、正义的时候，就应该当仁不让，有勇有谋地处理事情。内存浩然之气，面对艰难险阻，不是首先想到自己的安危，而是无私地以国家为重，这样的表现就是所谓的大无畏精神。

五、廉颇深谋远虑为国

完璧归赵之事发生后不久，秦国攻打赵国，攻占了石城（在今河南省境内）。第二年又发兵攻打赵国，杀了两万多人，这时秦王派使者去告诉赵王愿意谈和，并在西河之南的渑池签订盟约。赵王很怕秦王，本来不想去，廉颇与蔺相如商量以后，对赵王说："君王如果不去赴约，不仅显得赵国的实力非常薄弱，还显得国君非常胆怯。"赵王不得已只好答应前往，并且让蔺相如跟他一起去。要走的那一天，廉颇送他们到边境上，同时他的军队就驻扎在边境，以示有强大的军队在那里保护国君。临行前跟赵王说："陛下，我推算大王这趟去，会盟加上来回的行程，总共不会超过三十天，如果满三十天您还没回来，请答应立太子为王，以此断绝秦国要挟的企图。"赵王答应了，遂到渑池跟秦王会面。

廉颇真可谓是一个忠心报国的老臣。他每一个想法、做法都是以国家为中心来考虑问题，为何立太子就可以断绝秦国威胁赵国的念头？因为国不可一日无君，秦国若扣住赵王，会造成赵国无君主主掌的局面，就可能乱了秩序，出现灾乱。立太子为国君，就不至于受此威胁。因此廉颇受到赵王的尊敬，以及在赵国有很高的声望，不是没有道理的。

六、蔺相如以机智纵横外交

赵王跟秦王渑池相见，酒过三巡，秦王借着一点儿酒意说："寡人曾听说赵王您喜好音乐，那么就请您来弹奏一下这个瑟吧！"赵王在大庭广众之下也不好拒绝，于是就弹了。这时，秦国的史官立刻拿着记录的册子走上来，当庭记录说：某年某月某日，秦王跟赵王盟会，令赵王鼓瑟。这个记载的确是事实，但是在国际礼仪上，这对赵王来说是非常无礼的行为。蔺相如马上就走上来说："赵王曾听说秦王擅长贵国的音乐，现在我给大王捧上瓦瓴，请大王表演一段，以示同乐。"秦王一听当然很生气，不肯弹奏。于是蔺相如再往前走一步，捧着瓦瓴跪请秦王弹奏，秦王仍然不肯，蔺相如就说："我离你不到五步，我脖子上的血可是会溅到大王身上。"也就是说，如果这个时候，不管是你派人杀了我，或者我自杀，我身上的血都会溅到大王身上，史官记录下来，也是不好的事情，他以此要挟秦王。此时秦王的侍卫臣子，举刀要砍蔺相如，蔺相如两眼一瞪，怒喝一声，秦国臣子一个个吓得闪躲退后。秦王在这种情况下，也只能很无奈地敲了一下乐器。于是蔺相如马上回头召请赵国史官，让他记录：某年某月某日，秦王为赵王敲缶。蔺相如以此回敬秦王，以求外交上的对等，顾全国家尊严，不失一个臣子的职责。

两个君王的演奏之事，并不是一件小事。一则这代表着秦王的轻慢无礼，因为他不能要求对方的君主为他弹奏，所以机智的蔺相如，立刻以要求秦王敲缶予以还击。再则，瓦瓯也叫盆缶，也可以称之为缶，这个缶字有两个意义，一个意义指装东西的器皿，瓦做的，装酒浆，腹部很大，口很小。另外指瓦制的敲击乐器，是古西戎的音乐。秦在西方，靠近西戎，所以民间也用这样的乐器，用四根木杖敲击，属于蛮夷之地的音乐。也就是说，秦王所弹的是蛮夷之地的音乐，那秦不就是蛮夷之国嘛！而瑟是中原的乐器，赵王弹奏中原音乐，显然又高过秦王，蔺相如的要求，其中有更多的嘲弄之意。

秦王当然很生气，他身边的臣子更是咽不下这口气，就说请赵国用十五个城作为对秦王的献礼，蔺相如马上也说，请秦国献上咸阳城（秦国的都城），表示对我们赵王的敬意。你来我往，一直到酒会结束，秦王都没能占上风，赵国毫不含糊，一点儿也不吃亏。再加上廉颇的大军驻扎在边境上，处于很森严的戒备状态，秦国不敢轻举妄动，怕引起战争。渑池之会秦王、秦国没有得到任何好处。

从这件事情来说，蔺相如纵横于外交，廉颇坚守着疆场，两个人合作保卫家国，功劳很大。正如蔺相如所说，为人臣子，保家卫国为先，个人恩怨在后，国家才能够安全、安定。

七、廉颇负荆请罪

渑池之会以后，因为蔺相如功劳太大了，赵王就拜他为上卿。廉颇、蔺相如都是上卿，看起来官位是一样的，但实际上仍有上下之别。在上朝的时候，站立位置的左右先后，是有位阶高低的区分的，而在序列上蔺相如位在廉颇之上。终于，廉颇忍不住说话了，他说："我身为赵国的武将，攻城野战，出生入死，保家卫国，有很大的功勋，而蔺相如呢！他不过就是动了动口舌，官职竟然在我之上，而且他是靠宦官的推荐入朝为官的，出身卑微，这种局面很让我难堪，我怎么能够忍受位居蔺相如之下呢！"因此他就扬言只要碰到蔺相如，一定要羞辱他一番。蔺相如知道廉颇的心思以后，选择尽量不再跟廉颇见面，每当上朝的时候，他常常假托生病，在家休养不上朝，这样就避免了上朝时候的序列问题。

有一次蔺相如出门，在路上远远看到廉颇，蔺相如赶紧让车子调头，躲开廉颇。他的门客就对蔺相如说："我们之所以离开自己的国家、故乡来追随您，是因为敬仰您的德行、作为。如今廉大将军公开抨击您，您却吓得躲躲藏藏地不敢见，未免太胆怯了，这种事一般人都会觉得耻辱，何况身居高位的您呢？我们没有您这样的涵养，请允许我们离开您。"蔺相如再三挽留，说："依各位来看，廉将军比秦王还厉害吗？"他们当然认为廉颇不比秦王厉害。蔺相如又说："以秦王的权威，我尚且敢责备他，羞辱他身边的臣子，难道还会怕廉颇将军吗？秦国之所以不敢来攻打我们赵国，是因为我和廉颇将军同朝为官，如果我们彼此斗气，就像两虎相争，必有一伤。我躲避，无非是以国家的安危优先，把个人的恩怨摆在后头。"

这番话传到廉颇耳朵里，他深感愧疚，马上解开衣服，露出上半身，然后带着荆条，由朋友陪他到蔺相如家去请罪。荆条是荆树的枝条，可以拿来编箩筐，古代也用荆条作为刑杖鞭打罪人。所以他袒胸露背又带着荆条的意思，就是请蔺相如鞭打他，表示他的歉意。他说："我真是浅薄而又粗陋，不知先生胸怀竟宽阔到这般地步。"于是两人欢喜相见，并且结交为生死与共的朋友。由此想到张耳、陈余，也曾有生死之交，最后却留下彼此的伤害。所以，所谓刎颈之交，必须以诚相待，更重要的是能够接受对方的过失。鲍叔牙对管仲，就是不计较管仲过往的缺失，而使他扬名天下。话说回来，廉颇若不知自己过错且不道歉，蔺相如若做不到原谅，那这两个人就做不成朋友，赵国也得不到安定。廉颇坦诚致歉和蔺相如宽大原谅可谓相得益彰。

从这一年开始，廉颇连着三年带军攻打齐国，攻下齐国的若干城市。后来廉颇又去打卫国，攻下卫国的防陵（在今河南省境内）、安阳（在今河南省境内）。又隔了四年之后，廉颇带军攻打齐国，一路打到平邑（在今河南省境内）。次年，赵奢在阏（yù）与（在今山西省境内）打败秦军。

八、赵奢大破秦军

此处要插叙赵奢父子的故事，因为赵奢父子都与廉颇有关，对赵国也影响甚大。

赵奢原本是赵国的田部吏，专门负责田租收税。这一年，赵国平原君的家臣不肯按规定缴纳赋税，赵奢就依法处罚这些家臣，九个管事的人都被杀了。平原君一听大怒，准备要杀赵奢来报复，赵奢就去见平原君，说："您是赵国的贵公子，如今您门下的主事者都不守国法，国法因此会受到损伤，国势就会因此而削弱。国势弱了，其他诸侯国就会来侵略。外患来了，赵国也就危险，恐怕旦夕之间就亡国了，到时候您这位赵国贵公子又如何还能安享如此的富贵生活呢？反过来说，如果您以富贵公子的身份带头奉公守法，这样全国上下都会一心一意为国家着想，而愿意缴纳赋税，那么国家因此就富强，富强以后，诸侯国也不敢来侵犯，您也会受到天下人的尊敬。"平原君一听，发现赵奢是个很有远见的人，于是把他推荐给赵王，赵王发现这个人的确贤能，就让他管理全国赋税，果然在他的管理之下，赵国赋税得到公平、公正征收，国库富足，百姓也安居乐业。

这一年，秦国攻打韩国，军队驻扎在阏与，这是韩国的地盘，韩国当然会向其他诸侯国请求援助。赵王问廉颇能不能去，廉颇认为从赵国的邯郸城到阏与，路程遥远又艰险，救援很困难。赵王又问另外一个大将，回答也是如此，问赵奢，赵奢说："这段路的确又远又险，要去救援，就如同两只老鼠在洞中打斗，骁勇的将领可以稳操胜券。"赵王决定派赵奢去救韩国。

赵奢就带着大军停在离都城三十里的地方，不再往前走，而且传令军中，不准任何人议论这场战事，凡劝谏的人一律判处死刑，于是没人敢来劝他。而秦国军队在武安（今河北省境内）的西方扎营，之后开始积极练兵，呐喊声震天动地。赵国一个侦察敌情的军候（古代军官名）请求赵奢援救武安，结果真的就被杀了。又停留了二十八天，还是不往前走，只把城池防御得更坚固。秦国的奸细潜入赵国军营，赵奢故意热情款待，款待以后还放他回去。那个奸细回去后把所看到的告诉了秦国将军，秦将非常高兴，认为赵奢军队在离赵国都城三十里地的地方就驻扎下来，还忙着修筑防御工事，显然是害怕作战，看来韩国的阏与是保不住了。

赵奢送走秦军的奸细后，立刻下令部队收起盔甲，轻便快速地奔向阏与，两天一夜就到达了。他派了一批善于射击的弓箭手，在距离阏与五十里的地方扎营，营设好后，秦军得知，整装武备而来。这个时候有个叫许历的军士请谏，赵奢请他进来，许历说："秦军没料到我们到此，他们训练那么久，气势正旺盛，将军必须集中军力对阵，不然会败的。"赵奢就要他听候军令。前面说过，来劝谏者将杀，许历就以为是让他等着发落，表示自己愿受铁（fū，斩人的刑具）刑问斩。赵奢说让他等邯郸（代表赵国国君）的命令。许历又劝谏说："先占据北山的将获得胜利，后到的失败。"赵奢立刻命万人赶往北山，秦军后到，要想夺取那个山头而无法上山，于是赵奢指挥士兵展开猛烈攻击，大破秦军，秦军溃散而去，解除了阏与的围困，赵奢军队凯旋。

赵惠文王封赵奢为马服君，许历也得到提升，赵奢、廉颇、蔺相如三人官阶一样。四年以后，赵惠文王去世，赵孝成王继位。赵孝成王七年，发生长平一役。秦国白起将军在长平战胜赵国，活埋赵国的四十五万大军。就在秦军跟赵军在长平对峙的时候，赵奢已经去世，蔺相如病重，赵王就派廉颇带兵去抵抗长平的秦军，秦军一再打败赵军，赵军就坚守防御不出来应战，秦军几度挑战，廉颇就是不理。秦国派间谍行离间计，对赵王说，秦国最害怕的是马服君赵奢的儿子为将带军。赵王信以为真，就用赵奢的儿子取代廉颇。阵前换将本是作战大忌，更何况换上的是赵奢的儿子。

九、赵括纸上谈兵长平惨败

赵奢的儿子叫赵括，这个年轻人熟读了他父亲留下的所有兵书，所以讲起兵法无所不通，看起来很像是个能作战的人。可是事实上他只能纸上谈兵，没有真正在战场上的应变能力，这是很严重的问题，可惜赵王不明白。蔺相如虽然病重，却知事情严重，就用“胶柱鼓瑟”这个比喻劝赵王，他说用胶把琴瑟调弦的柱给黏住，你想这样可以固定那个调儿，再也不走调儿，其实反而因此没办法弹奏。这就像赵括纸上谈兵，过于拘泥教条，不能体悟战略上的灵活应变，就办不了事情。可是赵王不听蔺相如的话，还是派赵括为将军去打仗。

话说赵括年少时学兵法、谈军事，自认为天下没人能与他相当。有一次他跟父亲谈作战布阵，赵奢都难不倒他，但是赵奢并没有因此而承认他懂兵法。赵括的母亲问他为什么？赵奢说："战场上会让人伤亡，而赵括竟然说得这么轻松容易，将来赵国不用我们的儿子为将则已，如果一定要让他率军的话，让赵国惨败的必然是他。"所以后来长平一役，赵括率军出发前，他的母亲想起丈夫当年讲的那些话，就上书给赵王，千万不能拜赵括为将，赵王问为什么，她说："当初嫁到赵家时，赵奢是个大将军，她看到赵奢亲自捧着食物、酒致送数十人之多，他以朋友一般敬重的人有数百人之多。大王及皇家宗室赏赐的那些财物，他全部都给军队的士官及士大夫。每次他接到命令要出征，就不再过问家里任何事物，全心全意放在打仗这件事上。可是今天赵括为将领，马上就摆出将领的架子，东向而坐，接见僚属，军中官吏都不敢抬起头来看他。陛下所赏赐的金币绢帛，他都带回家妥善地收藏起来，而且他每天还留意着田产，可以买的就买下来（指他心有旁骛）。大王认为这如何能跟他父亲相比呢？希望您千万别派他去打仗。"赵王让赵括的母亲不要再说了，他已经决定让赵括为将。赵括的母亲说："大王一定要用他的话，那么日后一旦他不称职（指战败），我可以不受到株连吗？"赵王答应了。

赵括取代廉颇以后，全盘改变原来军队中的法令，改用很多军队中的官吏。秦国大将白起听说以后，运用奇兵这种谋略，假装战败逃走，实际上却去偷袭赵军的粮道，把运送粮食的路线给截断。把赵军分成两部分，赵军因此军心大乱。经过四十几天，军士饥饿难耐，赵括只能选拔出精锐部队，亲自带着去跟秦军作战。秦军射死了赵括，赵括军队溃败，数十万大军投降秦国，秦国把他们全部活埋，赵国前后牺牲的将士总计四十五万人。第二年，秦军趁势包围邯郸城，一年多赵国几乎没有办法脱困，后来靠楚国，还有魏国的信陵君带兵来救援，赵国邯郸城才得以解围。赵王因为曾答应不株连赵括的母亲，所以没杀赵母。

邯郸城解围五年以后，燕国用宰相栗腹的计谋，认为赵国四十五万大军全死了，剩下的壮丁很少，其他男子都还在幼年，是赵国兵力最弱的时候，就发兵攻打赵国。赵国派廉颇率军迎击，大败燕军于鄗（hào，在今河北省境内），杀了栗腹，又包围燕国的都城，最后燕国以割让五个城池为条件请求谈和，赵国接受了。廉颇这次又立了大功，赵王将尉文这块地方封给他，作为他的食邑，封他为信平君，同时让廉颇代理相国的职权。

十、战国养士趋炎附势的风气

当年赵王用赵括替代廉颇，廉颇失去将军职位，也就失掉权势，他门下的旧有门人，统统离他而去。现在他代理相国，又有了权势，那些人又陆陆续续地回来了，廉颇就说："各位啊，都请回吧。"门人就对他说："哎呀！先生看事情，了解其中道理，何以如此迟钝？天下原本就是以利害交往，您得势我就追随您，您失势我就离去，原本就是这个道理，有何可怨恼的？"这番话让人想起孟尝君所感叹的"树倒猢狲散"，冯谖则以一早大家都争先恐后赶集，黄昏时候大家经过市场，连转头看一眼都懒得看来比喻人的趋炎附势和唯利是图。诸多例证表明，这是战国时期的一种风气与潮流。这样的时代，怎么能有清明的社会呢？

过了六年，赵王又派廉颇带军攻打魏国的繁阳（在今河南省境内），也攻下了这座城市。这件事令人想到魏国信陵君为救赵国，盗兵符，牺牲夷门老人，其情义不可不谓重，而今赵王令廉颇伐魏，其情义何在？战国七雄相互攻伐，不讲道义，只图利益，最终被强秦远交近攻，一一消灭，并非偶然。若六国以信义为基础，团结抗秦，那么历史将改变，也就无秦始皇焚书坑儒，暴虐百姓的浩劫。再说战国时代的养士风气，多是以利相交，要都有信陵君仁而下士的风范，才能拥有重情义的义勇之士。而时代风潮若以利为重，社会风气必不端正，仁义风俗也无从构成。孔子、孟子讲究义、利的区别，人与人之间行义或图利差异甚大。人是如此，国家也是如此，是以义来交往，还是以利害来交往，关系着各国之间的整体格局。

十一、廉颇老矣，尚能饭否

赵孝成王去世，太子悼襄王继位，启用乐乘（yuè shèng）代替廉颇为将军。廉颇一怒之下就去攻打乐乘，乐乘逃走，廉颇自知行为不当，就去了魏国的大梁。廉颇不是为了将军名位，而是不愿失去为国效力的机会，他认为自己一生戎马，只能在疆场上报效国家。第二年，赵王用李牧为将，去攻打燕国，攻克武遂、方城（这两个地方都在现今河北省内）。

廉颇在魏国的大梁城，因为不被信任而没有受到重用。而赵国这个时候，却屡屡被秦国侵犯，所以赵王又想起了廉颇，廉颇也想回赵国被任用，于是赵王派使者去打探廉颇是不是还堪用。秦国得知后，用重金贿赂那个使者，让他毁谤陷害廉颇。这个使者见廉颇年纪虽然很大，饭量还不错，两人吃饭时，廉颇吃了一斗米的饭，还吃了许多斤的肉，吃完饭以后还披上盔甲，要上马展示自己仍然健壮可用。但是使者回复赵王的时候，只说廉将军饭量还不错，可是跟我坐了一会儿的工夫，连着上了三次厕所。换言之，也就是不堪这样的食量，这样吃就吃坏了肚子。赵王一听，心想：哎呀！这个廉颇老了，不堪用了，于是就没有召他回国。

古代各国在争夺之间，使用各种计谋，造就了许多唯利是图的小人，君子却往往受制于此而不得志。且说楚国听说廉颇在魏国，就暗中派人去迎接他，廉颇就到楚国去了。到了楚国，首次率楚军作战，没有立功，廉颇自己说："哎呀！我心里想指挥的还是我那些赵国的子弟兵。"最后廉颇死在楚国的寿春（在今安徽省境内），他的一生就这样结束了。从这件事上看，他的勇猛作战是基于对自己祖国的热爱，保家卫国的忠心。可见廉颇是一个忠心耿耿的老将，充满为国带兵作战的热情，无奈受困于无情现实，使者陷害，君主不明，徒唤奈何！最后黯然神伤地客死他乡，这就是廉颇的一生。

十二、李牧与赵国灭亡

李牧是赵国驻守北部边防的优秀将领，驻守在代郡、雁门郡，防御匈奴。常依据情况的需要，自己设置官吏，是经授权后的方便行事。各地收到的租税都交给将军的幕府机构，作为军士的费用。每日杀好几头牛，犒劳战士；教导战士精进射箭、骑马技术；严格注意烽火台上的警戒；增加间谍的打探，给战士丰厚的待遇。对战士下令约定，一有匈奴侵入，赶紧回军营，坚守而不出战，若有敢追捕俘虏匈奴的就处斩。每次匈奴侵入战士都不敢迎战，这样连续好几年，赵国北部边防并无损失伤亡。但是匈奴认为李牧怯弱，边地士兵也认为自己的将领怯弱。赵王也因此责备李牧，可李牧依然如故。赵王很生气，把他召回国，派他人代他为将。

在之后的一年多里，每次匈奴来犯赵军都出战，失败多次，伤亡很多，边地也无法耕种畜牧。赵王再度请李牧出任，李牧谢绝，称病在家不出门。赵王再次要他率军，李牧就说必须用他过去的方式，才能答应，赵王同意了。李牧如约定驻守边地，几年中匈奴一无所获，但始终认为李牧怯弱。战士则天天拿到赏赐不用作战，所以都盼望有一战的机会。李牧就选定精良的兵车、马匹、士卒、射手，组织训练，在田野中放民畜牧。匈奴派一小撮兵卒侵入，李牧军队假装失败没有战力，故意给他们好几千人。单于知道后，率大军来攻，李牧运用许多奇特布阵，张开左右两边合击，大破匈奴十多万骑兵。又灭亡襜褴（chān lán）族及其国家，打败东胡族，降服林胡族，单于败逃远奔。这之后十多年，匈奴不敢接近赵国边城。

前面说过廉颇到魏国大梁，赵王用李牧为将，攻克燕国武遂、方城。又两年，庞暖打败燕军，杀了剧辛，他是赵国人，后来做了燕国将军。又七年，秦军打败赵军，在武遂（或说是武城）杀了赵将扈辄（hù zhé），斩首十万人。赵王再以李牧为大将军，在宜安（在今河北省境内）攻击秦军，秦将桓齮（yǐ）全军覆没，仅率少数亲兵逃出。赵王封李牧为武安君。

赵王迁（赵悼襄王去世，赵迁继位，史称赵王迁）七年，秦国派王翦率军进攻赵国。赵王派李牧和将军司马尚率军抵抗。秦国派人用重金收买赵王迁的宠臣郭开，用反间计，告诉赵王李牧和司马尚企图反叛。赵王迁便派赵葱和齐国将军颜聚取代他们。李牧不接受命令，赵王迁派人暗中抓捕李牧并将他斩首，且不再任用司马尚。三个月之后，王翦趁此机会急攻赵国，大败赵军，杀死赵葱，俘虏赵王迁及颜聚，赵国灭亡。

十三、司马迁的评论

“太史公曰”里对蔺相如有很高的推崇与赞扬，认为知道死的真谛者，必定是勇者。因为人终有一死，死并非难事，而怎样对待死才是难事。当蔺相如手举和氏璧斜视庭柱，以及呵斥秦王侍从的时候，大不了是被杀，然而一般士人是因为怯懦才不敢这么做。相如能有如此勇气，威慑敌国。后来又对廉颇谦逊退让，使得其声誉重如泰山，可以称得上是智勇双全。“太史公曰”里虽没有提到廉颇，其实，廉颇作战英勇，生死无畏，何尝不是勇者。而他对蔺相如有不礼貌的过错之后，不怕别人知道，马上就去道歉认错，又何尝不是智慧的表现，勇敢的作为。所以说廉颇智勇双全也不为过。

《论语·阳货》篇里有一段话：“子路曰：‘君子尚勇乎？’子曰：‘君子义以为上，君子有勇而无义为乱，小人有勇而无义为盗。’”“子曰：‘……恶勇而无礼者，恶果敢而窒者。’……子贡曰：‘恶不孙以为勇者。’”这段话的意思是子路问孔子，有德的君子崇尚勇吗？孔子回答说，所谓的勇一定要以义为主，君子或为政者，只是仗着勇敢，而作为不合于正义道理的话，那个勇常成为作乱；老百姓、一般人，如果行为仗着勇敢而没有义的话，就会偷抢、拐骗，做一些不合礼的事。他的作为不管对不对，在没有是非的情况下，勇气反而助长他做一些危害的事。孔子厌恶有勇而无礼的人，而他的另一个学生子贡厌恶不知道谦让而认为是勇的人。

由此不禁想到现今有些人常说的一句话，他说：“我就是个直肠子，想到什么就说什么，你可别介意啊！”但是实际上他却是搬弄是非，毁谤了人，用“直肠子”去掩盖伤害。直肠子的人做事就不需要谦让，不需要合义合礼？还有人凡事都要争，凡事都不让，将其视为勇敢不怕事，而认为不敢争是懦弱，这也是极大的错误。实际可争可不争之间，全在一个合不合于义，合义则争求，不合义则不可争。更何况君子的作为更应是无争，就算我合礼的可以争，我都谦让，那才是勇敢的表现，为什么？因为有智慧的人，才知施比得更有意义。

扫一扫，
进入课程

第十九章　滑稽列传
——诙谐讽谏见真章

一、滑稽人物的特质

前面提过《史记》七十列传包含各样人物，其中特别记载一些性质特殊的人，《滑稽列传》即是。滑稽（gǔ jī）者多有特殊才艺，这种特殊才艺的功用，并不亚于将相之功，也不亚于学术人物的作用。在《滑稽列传》一开始，司马迁分析《礼》《乐》《书》《春秋》《易经》《诗经》六经各自的教化作用，所以天下事理何其宽广，若有人能在言谈中说中大道的意义，他所发挥的作用，跟六经里的大道的作用不是也很相近吗？这就是太史公之所以特别要举出这些人物，为他们作传的一个缘故。司马迁既然没有忽略这样的小人物，那就值得我们仔细一读。

《史记·太史公自序》介绍一百三十篇的内容大要时，在《滑稽列传》这样说，这些人物既不跟世俗同流合污，也不跟别人争权夺利，对上不谄媚，对下不骄傲，从容大方地应对一切人与事，这正是道家以自然为一切行为准则所发挥出来的功用，因此像这样的人物，就不必担心别人会伤害他，因为他没有任何的争夺或强取，不过是因循自然而为罢了，所以作《滑稽列传》。

那么，《滑稽列传》中的这些人物，有什么样的特质呢？除了不同于流俗之外，他们多半会以一种诙谐的语气，借着一些事情去表达讽谏之意。当皇帝、诸侯王的所作所为有所不当的时候，他借着这种排优、诙谐的方式讽谏，去解决国家的纠纷、困难。这种诙谐讽谏的作用其实很大，是值得赞扬的，所以司马迁才会写这篇《滑稽列传》。

“滑稽”有两种意思，一种意思是《楚辞·卜居》中的滑稽二字，代表圆滑的意思；第二个意思是指一种装酒的器皿，倒酒时非常流畅，没有阻碍，所以拿滑稽酒器做比喻，指人说话非常流利、流畅而没有阻碍。司马迁的《滑稽列传》，取其言辞之间非常流畅，辩论的时候，思维敏捷，且善用一些巧技，又有高超的修辞技术，所以他讲道理能很流畅地表达，而且是暗示与旁敲侧击地达到讽谏的目的。这就是用滑稽作为这一篇列传题目的意思。

二、赘婿淳于髡

首先说的是淳于髡（kūn），他是齐国人，是齐国的一个入赘女婿。他身高不到七尺，为人滑稽，辩才无碍，很有学问。齐宣王的时候，有很多稷下先生。稷是地名，在山东。战国时期，齐宣王在齐国都城临淄的稷门附近的稷下，设立了一个学术中心，召集当时有影响的儒家、道家、法家、名家、兵家、农家、阴阳家等百家之学，会集于此，在此进行学术论辩或讲学、著述，人们就称这些学说为“稷下学派”。稷下学派也称“稷下学宫”或“稷下之学”。这些人就被称为稷下先生。其中包含邹衍、淳于髡等七十六人之多。齐王或赐为上大夫，但不是实际去从政，主要是学术思想的议论发扬。淳于髡不仅学问广博，又擅长记忆，陈述道理常用滑稽的方式表达。他很善于察言观色，反应迅捷、说理明晰。

在《孟子荀卿列传》里，对淳于髡有一段记述。有人引荐他去见梁惠王，梁惠王就让左右侍从统统退下，单独接见淳于髡，但淳于髡不发一言。梁惠王很生气，责备引荐的那个人说：“你极力推崇淳于髡，可是见了我以后，他一句话也不说，我一点儿收获也没有，这是怎么回事呢？”引荐的人问淳于髡，淳于髡说：“我第一次见梁惠王的时候，梁惠王一心一意只想着要去打猎。我第二次又去见他的时候，他一心一意想的都是歌妓和歌舞，我当然就不说话。”梁惠王听了转述，非常惊骇，说：“哎呀！这淳于先生真是个圣人啊！他怎么就能知道我心里所想的呢？他第一次来见我的时候，有人献了匹好马，可是为了见他，没来得及去看那匹马，可是我心里的确想着那匹马跟田猎的事；第二次他来，又碰到很多人献了歌妓，又为了接见他，来不及听她们唱歌，我心里的确眷恋，所以他说得都没错。”后来淳于髡又去见梁惠王，梁惠王这次可是心无旁骛，淳于髡就跟梁惠王谈了三天三夜，毫无倦意。梁惠王听完以后非常佩服，要封他为卿相，淳于髡却辞谢而去。梁惠王见他坚持不肯当卿相，就送给他一些礼。淳于髡一生不曾做过官，这就是他的处世态度。

三、淳于髡一飞冲天，一鸣惊人

齐威王喜好隐语，隐语有一点儿像现在所谓的谜语。齐威王又喜欢彻夜饮酒，逸乐无度，而不治理国家朝政，把朝政托付给卿大夫去处理。朝中的百官也都荒废政务，政治日渐败坏，诸侯各国均来觊觎齐国，国家的危亡就在旦夕之间。齐威王左右的人都不敢去劝诫，淳于髡就用隐语去劝谏齐威王，他说："我们的都城有一只大鸟落在君王的朝廷之中，但是这只鸟三年来不飞也不叫，请问国王知不知道这是为什么？"齐威王就说："这只鸟不飞则已，一飞就冲上云霄；它不叫则已，一叫就让所有人都惊讶。"

齐威王听得懂淳于髡隐语的用意，所以如此回答。然后他就召见七十二个郡县的长官来上朝，共商国家大事，处理的过程中，他既有奖励，又有惩罚，同时还发兵去抵抗来侵略的他国军队。诸侯国突然非常惊恐，发现原来荒逸无度的君王，突然间如此整肃国法吏制，又能够有这样的表现，各诸侯国把原先抢夺的齐国土地都还给了齐王。此后的齐国在齐威王的治理之下，强盛了三十六年，而这一段故事记载在《田敬仲完世家》里。

从这里我们就可以了解所谓滑稽的意思，就是用一些言辞，不正面去说这件事情，却在委婉含蓄中表达真意，由此劝醒对方，让对方明白其中的道理，回归正道，这就是滑稽的作用。

至于“一飞冲天”“一鸣惊人”这话也出现在《楚世家》中，楚庄王即位后日夜享乐，禁止劝谏，伍举（伍子胥的祖父）入宫请求进献隐语，请问楚庄王，高山上有只鸟，三年不飞不叫是什么鸟？庄王说，一飞必定冲上天，一叫必将惊人。可是经国几个月，庄王更加享乐，大夫苏从劝谏，庄王问他：难道你不曾听到不可劝谏的命令吗？他说：宁可牺牲生命，只要能使国君清明不享乐，心愿就足够了。庄王从此改善，国人大喜。

四、淳于髡以村人祭祀换救兵

齐威王八年的时候，楚国发兵进攻齐国，齐王派淳于髡出使赵国，请赵国出兵相救。齐王准备送给赵王百亿黄金，十辆四十匹的车马，淳于髡听了以后仰头大笑，笑得连系帽子的带子都断了。齐威王说：“先生你这样笑，是嫌少吗？”淳于髡说：“我怎么敢嫌少啊。”齐威王说：“既然不嫌少，那你刚才笑什么？”淳于髡就说：“今天我从东面来的时候，看到路旁有人祭祀土地，拿了一个猪蹄，用了一盅酒，然后就祷告说，在这高坡狭小的土地，希望土地神能够保佑，让我的收获装满整个笼子，那低洼地方能给我很多收获以载满整车，希求五谷丰收，粮仓满仓。我见他拿这么少的祭品，却祈求那么多的东西，所以我就笑了。”

齐威王立刻明白他是说自己以这么少的礼品，竟然想要换取赵国出救兵，是不切实际的。就增加了很多给赵王的赠礼，淳于髡带着这些东西来到赵国。赵王果然很高兴，当即给齐国提供了十万精兵，一千辆战车的援助。楚国听到这个消息，当夜就撤兵回去了。所以淳于髡的计策就是要以赵王救援来吓退楚国。肯定是用精兵来救援才管用，如果齐国给赵国的礼物很轻薄，人家怎么可能出精兵十万？这就是他当初嫌礼物太少的缘故，但是他若直说，齐王也许不高兴，经他这样诙谐一说，齐王既听明白了又无损颜面，事情也可圆满达成，这就是滑稽的作用。

五、淳于髡能饮几何

楚国的军队被吓跑以后，齐威王很高兴，就在后宫设宴，找来淳于髡，让他饮酒，说：“先生，你饮多少才会醉啊？”淳于髡说：“饮一斗也醉，一石也醉。”威王就说：“既然一斗就醉了，哪里来的一石才醉呢？”淳于髡说：“当着大王的面，执法的官吏站在旁边，记事的御史站在身后，我因为害怕而小心谨慎地饮酒，喝不到一斗就醉了；如果是父母有贵客来，我卷起袖子，弯着身子，捧着酒壶来倒酒，客人也许赏我一点儿酒喝，我一面敬酒一面喝，喝不到两斗就醉了；老朋友很久不见面，忽然相见，高兴地一起诉说着往事及彼此的情感，大约喝上五六斗就会醉；若是乡里之间的聚会，男女杂坐，敬酒到很晚，下棋或玩投壶这种游戏，相互呼朋引伴，男女之间握手也不会因为男女授受不亲而被处罚，眼神直视也不会被视为不端，前有女子醉得掉了耳饰，后有女子掉了簪子，我内心暗自高兴，喝八斗酒恐怕也就醉个两三分；若是酒宴喝到日暮天晚的时候，大家合席并桌，男女坐在一起，脱下的鞋子杂乱地放在一起，桌上杯盘零乱，大堂上的灯也灭了，主人把我留下来，送走其他客人，这个时候女子醉得衣襟也解开了，隐约闻到一些香气，这时候我心中可就快乐到极点，喝一石酒才醉。”

淳于髡接着得出结论：“所以说喝酒喝到极点就会生乱，欢乐到极点就会产生悲哀，所有的事情都是如此，也就是说，一切事都不能过分，过分就会引起衰乱。”换言之，淳于髡借饮酒的状况不同，解释他为何喝一斗也醉，喝一石也醉。实际上他要说的是，在礼法之内喝酒，跟礼法之外喝酒情形是不一样的，在礼法之内喝酒，喝一斗就醉了，自然不会出乱子，因为醉得不是很严重。在礼法之外喝一石才醉，醉得不省人事，什么事都做得出来。齐威王听了以后，认为淳于髡说得很好。从此以后停止彻夜饮酒这件事，还任用淳于髡帮他处理很多事务，而齐王在宗祀、家宴的时候，也召淳于髡来一起饮酒，让他来约制自己，不至于做不合礼法的事。

佛家有所谓五戒，五条戒律，就是杀、盗、淫、妄、酒，饮酒跟杀人、偷盗、淫欲、妄语的罪过一样大。为什么呢？就是因为酒后会神智不清醒，迷乱心性，为非作歹，不守礼法，不知道会伤害多少人，耽误多少事，最终乐极生悲。齐威王如果不改彻夜饮酒的习性，一定会耽误国家政事，这是影响国家盛衰的大事。可见，淳于髡对齐王饮酒的劝谏是有道理的。

六、楚国排优优孟葬马

《史记》说：在淳于髡以后一百多年，楚国有一个人叫优孟。司马迁这个记载恐怕是错误的。《史通》中说优孟是春秋时代楚庄王时期的人，而淳于髡是战国时代齐威王时期的人，所以在时间上来说，淳于髡在后，优孟在前，《史记》中的说法的确有错。

优孟是一个以乐舞谐戏为职业的艺人，称为“排优”，也写作“俳优”。他名字叫孟，但他并不姓优，因为他是排优，以职业的名称为氏，就叫优孟。当时的君王或贵族，家里都会养一些身怀技艺的人，有能唱的，有能舞的，也有能说的，譬如说话很滑稽的。优孟不仅有技艺，而且有辩才，常借着说笑话去讽谏楚王。当时楚庄王非常喜爱一匹马，给它穿着五彩锦绣的衣服，养在一个富丽堂皇的房子里，还让它睡在没有床幔的床上，用枣干喂它，不让它吃一般的粮草。后来这马因为长得太胖而死。庄王就让臣下替它办丧事，还想要用大夫的礼仪及棺木殓葬它。左右的人都在议论这件事，大家认为很荒唐，怎么能用对人的方式去葬一匹马呢？楚庄王就下令谁再敢以葬马之事来劝谏，就杀了他。

优孟听了以后，就入殿了，然后号啕大哭，庄王惊讶得问他为什么哭？优孟说：“这匹马是国王所喜爱的，就凭楚国这么大的一个国家，有什么事办不到，国王想用大夫的礼仪来埋葬它，说起来未免也太轻视了，我请求用君王的礼仪来埋葬它。”庄王就问用君王的礼仪怎样埋葬它？优孟答说：“请求国王用雕刻的玉做棺，用有纹理的梓木做护棺的椁，用梗、枫、豫章等上等木材来保护棺椁，派兵士挖坑穴，用老人和小孩背土筑坟。然后让齐国、赵国的使节陪祭在前，韩国、卫国的使节护卫在后，以庙堂的祭礼祭品来祭祀它，封万户大的地方作为这匹马的封邑。诸侯们听说后，就统统会明白大王是多么爱这匹马，但是同时也会让人知道，大王是轻视人而重视马。”

庄王一听，说：“真是我的过错啊！我竟荒唐到这种地步了吗？那该怎么办？”优孟就说了：“请大王把它当作牲畜来埋葬吧！以土灶为椁，铜锅当作棺，调入姜、枣，加入木兰香料，以粮食祭奠，大火烧它的火光如同衣饰，最后葬在人的肚子里，让人给吃了。”楚庄王懂优孟的意思，就派人把这马交给主管膳食的官吏，并禁止天下再去议论他轻贱人而重视马这件事。

优孟的方式的确很有趣，他不从正面说，而是顺势切入，层层归谬，君王就听懂了其中的不是。可见许多事情正面直接劝说，君王听不进去，唯有滑稽之下见其弊端。

七、优孟衣冠扮孙叔敖

春秋时期，楚国有个宰相叫孙叔敖，在水利、兵法、农业方面都有过贡献，而且贤能有德，一生廉洁，死后甚至没有棺木可以入殓，因而受到百姓的称颂。司马迁在《循吏列传》中说孙叔敖是循吏第一人。所谓循吏指做事合乎道义的官吏，而不是执法严峻的酷吏。孙叔敖年幼的时候，在路上遇见一只双头蛇，坊间传说见双头蛇的人必死。孙叔敖怕别人再看到这蛇，就把它给杀了，可见孙叔敖心地慈仁善良。

孙叔敖看出优孟是贤德的人，所以对优孟很好。后来孙叔敖在临死的时候，嘱咐他的儿子，在他死后去见优孟。孙叔敖说："我死了，你一定很贫困。你去见优孟，就说是孙叔敖的儿子就可以了。"因为孙叔敖知道儿子向优孟求救，优孟不会不管。过了几年，孙叔敖儿子生活穷困，靠打柴过日子。有一天他在路上背着木柴遇到了优孟，就自我介绍，并且把他父亲临终的嘱咐说了一遍。优孟便嘱咐他不要到远处去，以免君王找不到。

优孟回去之后，制作了孙叔敖的衣服帽子，然后穿戴起来，再去见孙叔敖的儿子，跟他寒暄聊天，然后乘机练习孙叔敖的言谈举止，这样练习了一年多，练到一举一动都非常像孙叔敖。有一天楚庄王设酒席宴客，优孟穿上孙叔敖的衣服，戴上孙叔敖的帽子，前去为楚庄王敬酒，楚庄王一见大为惊讶，以为孙叔敖又复活了，就想拜其为楚相。优孟说："请让我回去和妻子商量商量，三天后再来做相国。"楚庄王就准许了，三天后优孟又来见楚庄王，楚庄王就问他的妻子怎么说。优孟说："我妻子说千万不要去做楚相，因为得不到尊敬，像孙叔敖当年做楚相，为楚国尽忠廉洁治理楚国，死后，他的儿子却穷困到无立锥之地，每天靠打柴为生。如果要像孙叔敖那样做楚相，还不如自杀。"接着还唱了首歌："住在山里耕田的人很辛苦，很难获得食物。出来做官的话，若是想让自己死后家庭非常富裕，就得做个贪官；可是做贪官，败坏法纪，又会触犯大罪，甚至于被杀，或者灭族，所以由此来看贪官是不能做的。若做个清廉的官吏，奉公守法，到死不做坏事，像孙叔敖这样一生廉洁，家人最后却要靠着打柴生活，看来清官也不值得去做啊！"楚庄王听完之后，向优孟谢罪，然后召见孙叔敖的儿子，封他在寝丘这个大约有四百户人家的地方，供奉祭祀孙叔敖，之后十代奉祀不断。所以这个地方也称为孙丘，在现在的河南省境内。

曾另有记载，说孙叔敖还在人世的时候，就告诫他的儿子不要做大官，只要有一块小小的地方，生活足够就可。孙叔敖知道他的孩子资质平庸，也知道为官不易，所以怕儿子在官场上受到迫害。汉朝的萧何也曾经说过，不要让孩子过有钱有势的生活，避免他人为了争夺权势而伤害他的后人。可见贤能的官吏都明白这个道理。而前面说优孟扮作孙叔敖的故事，就是"优孟衣冠"这个典故的出处。优孟的这番劝谏，显见其智慧足以把握时机，所以效果很好。相较于此，日人泷川资言说："史公不知时而言，以遭惨刑，六字有感而发。"就是说司马迁在汉武帝面前，替李陵说话的时机不对，说法也不如《滑稽列传》中的人那样委婉，所以才会直接触怒帝王，惨遭腐刑。司马迁写《滑稽列传》，也是有感于此。这也显出滑稽者与正直官吏的不同，委婉讽谏与直言的差异。

八、侏儒优旃体恤侍卫

优旃（zhān）是秦国歌舞演戏的优伶，个子很矮小，擅长说笑话，但是他所说的笑话中都蕴含着大道理。

秦始皇的时候，有一次在宫中设宴，正好遇上大雨，在宫殿台阶下拿着盾牌站岗的卫兵，难免淋湿衣服而浑身发冷，优旃怜悯这些卫士，就问他们想休息，卫士都说非常想休息。优旃就让他们好好站着，听到叫他们的时候，就高声响应。过了一会儿，大家开始向秦始皇敬酒，优旃靠在栏杆旁，大声呼叫卫士，这些卫士一起答应说："诺！"优旃就说："你们虽然长得很高大，可是有什么好处啊！这么可怜地在雨中站着受冻，我虽然长得很矮小，可我很幸运地能在屋里休息。"秦始皇听懂了，就让一半的卫士休息，一半的卫士站岗，排成两班轮替着来，站岗就不至于那么辛苦了。

九、优旃命令禽兽抗敌

秦始皇曾召集臣子商议，扩大他养禽兽以供狩猎的园林，这个园子要扩大到什么地步呢？东面到函谷关，西面到雍和陈仓。优旃就说了：“很好，多养一些禽兽在里头，敌人从东边来侵犯的时候（秦国位于西边），命令这些禽兽去抵抗就够了。”秦始皇听懂了他的戏谑，因此停止扩大园囿的计划。明朝刘伯温写的《郁离子》中，记载齐宣王喜好鸟兽鱼鳖，盼子也以戏谑之言劝谏齐宣王，最后齐宣王开放园囿、沼泽，与百姓共享。盼子与优旃说辞类似，其中的道理就是：打猎、养禽兽这些快乐永远没有满足的时候，难免为了享受快乐而一直扩张，这样的作为不足以治理国家。齐宣王、秦始皇扩大园林，追求享受固然不对，但能接受劝谏而改正作为也是好的。

历史上来说，君王享乐，喜好田猎、歌舞，其实很普遍。久而久之，臣子多习以为常也就不敢或不想劝谏，唯有贤能的人，知道帝王如果在享乐中过日子，自然不会把心思放在治国理政上，这是国家的灾难。贤臣往往不惜正面直言劝谏，甚至于以死相谏。滑稽者以反言来说正面的道理，同样也能达到劝谏的目的，而因为他的劝谏是在戏谑诙谐谈笑中完成的，不会触怒帝王，较容易为人接受，故效果可能更大，未尝不是很好的劝谏方式。

十、优旃说漆墙抵挡敌人

秦始皇过世，秦二世即位，想要漆咸阳城外的城墙，优旃就说："这真是个好主意啊！就算皇上不提出来，我也会请求皇上这么做。虽然油漆咸阳城墙很浪费人民的钱财和劳力，使得百姓愁苦，可是墙漆起来的确好，为什么呢？因为墙漆得很平滑，敌人来了爬不上来，而且敌人接触到墙，就会沾到漆。只是很难建一个很大的房子去盖住整个城墙。"为什么要盖住城墙呢？因为城墙油漆过之后要阴干，这油漆才不会龟裂，才能平滑。秦二世听完就笑了起来，也就取消了漆墙的计划。优旃这谏言表面好似赞成漆墙，实际上批评他这是劳民伤财。城墙油漆得再平滑再美观，能够抵挡敌人吗？优旃的戏谑之辞既爱护了百姓，也维护了秦二世的声望。秦朝亡了，汉朝建立，优旃归属汉朝，过了几年就死了。

最后太史公评论说，像淳于髡的仰天大笑，优孟的优孟衣冠，使孙叔敖子孙得以封地，优旃替卫士解劳等这些事情，岂不也是很奇特而伟大的事吗！《滑稽列传》全文的宗旨就是司马迁在文章开端说的那九个字："谈言微中亦可以解纷。"就是说这些滑稽人士，能在戏谑、诙谐的言谈中，说出其中的深刻道理，足以解除纷扰。

淳于髡谈一斗也醉，一石也醉那个故事，言辞或许粗俗了些，可是这种戏谑的确发挥了讽谏的作用。优孟扮孙叔敖这个事情，是表示连他足不出户的妻子都懂得要善待自己的臣子，要礼遇贤士，作为君主的人，怎么会连这种道理都不懂呢？所以他特别用妻子来说，戏谑而劝谏的张力就更大。

司马迁写《滑稽列传》，彰显有特殊才能者的事迹，歌颂滑稽者不与世俗同流合污，也不争权夺利，对上不谄媚，对下不骄傲，从容大方地应对一切人与事，是德行特别好的人。也就说明能为国家尽心力，不只是学而优则仕的人，小人物也同样可以！而尽心力虽是所有人皆可，却也需明理知仁义，忠心有德行与才能，方可不误国误事。历史上忠奸之人皆有，成败之事不绝，一再重演，循环不已。我们今天读史书，读尽千古英雄血泪事，望尽古今天涯路，就是要记取古人经验，转化为你我的智慧，近则端正自身的为人处事，远则为家国尽一份心力，如此方不枉为人一生。

扫一扫，
进入课程

附录 1

一、司马迁之家世

（一）司马迁的先人

现在，我们来看看《史记》作者司马迁的家世。

司马迁的先祖从颛顼帝开始，一直到夏朝、商朝的时候，都是管理天地的官，地位非常高；到了周朝周宣王时，后人被终止主管天地的职守，改掌军队做“司马”，因此就称为“司马氏”。此后，司马家又掌管着周朝“史官”的职责，周朝的各级史官除负责天文历法之外，还负责当时朝廷的一些重大事件、典章制度的记录、史料的保管、史料的编写、典籍的掌管等很多事务。

周襄王时，司马氏族人离开周朝，分散到各个诸侯国，在秦朝和汉朝司马氏的人都做过官，例如司马迁的八世祖是秦国后期的名将司马错，曾祖司马无泽在西汉初年做过长安市长（长安四市有四长）。

司马家族虽然后来一度有些沉寂，但在汉武帝时，司马迁的父亲司马谈因为博学多才而被任命为太史令。司马谈过世后，司马迁也做了太史令。太史令属于史官，品级在汉代虽属于中下层官员，但因身在皇帝近旁，能亲自见证和记录国家的很多重大历史事件。

司马谈父子的一生都有一个非常重要的理想，就是除了能对当代有所记录外，还要写一部能传承《春秋》精神，足以流传后世的史书。这样一种强烈的愿望，既是基于对史官职责的认知，也是对史官家世荣光的发扬。所以，司马谈临终时，因为自己没有完成这样一部史书而深以为憾，并且握着司马迁的手，殷切地嘱咐他一定要完成自己的遗愿。

（二）史官职责的演变

下面我们就来简单地谈谈当时史官的职责。

在文字产生之前，当然没有文字记载的历史。史官这个职务是在黄帝时设立，那时史与巫的职责与身份不分，“巫”就是巫祝，史官掌管国家最主要的两件事：一个是祭祀，祭祀是国家大典，属于礼仪的部分；一个是战争，战争之前要占卜。

殷商以后，史巫职责分开，史官的主要工作是记事记言，也管着占卜之事。根据《周礼》记载，当时的史官有太史、小史、内史、外史等，以下各个阶层的史官都是辅助太史的。此时史官变成一个专职官吏，其职责范围扩大，掌管的事情增多，而他涉及国家政治制度的部分，也就非常明确。王国维说过：“史为掌书之官，自古为要职。”这个“史”是掌管记录的官员，职责是很重要的。

到了周朝，史官所负责的礼，不再仅仅是祭祀之礼，比如外交上的礼、朝廷宴会的礼、所有典礼的礼、战争祭祀的礼。商朝崇尚鬼神，所以是先鬼而后礼，重视巫祝。周朝是敬鬼神而远之，虽也侍奉祖先神鬼，但更重视人，也就更重视史官所负责的部分。礼之外，史官还要管理国家藏书，要管理从天子以下的记言记事，要修史书，要掌管典章制度等典籍，也就是档案的保存，以至内宫所有的规范仪则，由此可知史官职责很多。

（三）王官之学

官学指当时国家典章制度的制作等关乎礼乐教化之事，以至于很多教育教化问题，都由史官掌管，因此，这个史官就变成所谓的“王官”，王官也就是指天子之官；周朝时将一切有关典章制度方面的知识学问，称之为“王官之学”。而总体的典章制度就是后来孔子修订的六经，也就是《诗》《书》《礼》《乐》《易》《春秋》。周朝是官师不分，政教合一。

《易》揭示万物的变化、人事的吉凶祸福，关乎国家政治、经济和社会各种的制度。《书》是记录天子国政、制度、诰命等。《诗》是由专人采集之后交给太史作序，作序之后就成为国子们（公卿大夫的子弟）的讲诵之书，并从诗中取其“美”“刺”，也就是对于朝政有所指责劝谏或赞美颂扬的部分，教化四方。《礼》《乐》关乎礼仪典制、乐章律法，也是行教化之道。《春秋》即史书，周天子记载周的国史，各诸侯国也有自己的历史。鲁国有鲁史，孔子根据鲁史而写成《春秋》。

这些就是王官之学，也就是国子们在受教育时所要读的典籍。这些典籍既是所有典章制度等的记录，也存在着许多天道、人事之理。而这些天道、人事之理在圣人孔子整理后，传扬下来，形成深远博奥的中国传统思想义理。

（四）《春秋》大义

《春秋》曰："天子失官，学在四夷。"简单地说，就是指周朝到了春秋战国时代，周天子的威仪权力已经式微，天子等同虚设，而封建制度也逐渐瓦解。在此情况之下，由天子朝廷管理的"官学"局面被打破，而有所谓"私学"兴起，最典型的是孔子的讲学。私人教育兴起后，"士"这个阶层发挥了不小的作用。此外，修史工作也不再受限于官方的史官机构，孔子述作《春秋》，就是私人修史。更重要的是，孔子修史所阐释出的《春秋》精神，从此成为史书的典范。

所谓《春秋》精神，即"明王道，定是非，正人伦，行褒贬大义"。使史家述史具有"应世匡时"的作用，既可借古代人事的是非对错改正世局政事，又可匡正时势，有益于为政者行王道的方针制定。《春秋》中寄寓的褒贬大义，是孔子个人的政治理念与理想，孔子述作《春秋》不是单纯地记言记事，其由褒贬大义形成的《春秋》精神，奠定了《春秋》述史的历史地位。

至西汉，司马迁作《史记》，就秉持孔子的《春秋》精神记史，所以，我们如今读《史记》，不能不了解《春秋》精神。《史记》形式上以纪传体为主，详尽摹写人事，全不同于《春秋》

文字的谨严，但是褒贬微言蕴藏其中丝毫不爽。其托寄方式或在形式上，例如体例的变化，题目的改动；或在文字间，似正若反，似抑实扬；或寓之于“太史公曰”。司马迁作史的心志非常明确：即前承《春秋》，后开后世史书的格局与意义。因此，读《史记》绝不能只看文字的表面意义，更重要的是领悟文字中所蕴含的褒贬大义。

二、游历之情怀

（一）万里壮游与写史

司马迁是西汉时期左冯翊（píng yì）夏阳人。汉代长安三辅分别是京兆、左冯翊和右扶风，简单说左冯翊当时是京师长安的一个地方，中间有个夏阳县，也就是现在陕西省的韩城市。经过考证，司马迁出生在夏阳的龙门一说最为可靠，就是黄河以北，龙门山附近。

司马迁幼年过着耕种放牧的生活，十岁开始读书，读古文的经典，二十岁时，开始南下淮河长江一带游历。古人说：“读万卷书，行万里路。”为的是增广见闻和学识，而司马迁的游历显然并不仅仅如此而已，当然更不会是一般人的游山玩水。司马迁有心要对前人往事的发生地做访问，以便深入了解书中记载的事件及传闻轶事，使自己亲临现场，有如亲身经历一般，也可以对传闻、旧事实地考察，访问有关的故老以及那些人的后世子孙、亲友后代等，了解资料中的细节，分辨事情的真伪，印证自己的判断。

司马迁亲临故国山河，不只在观山河之美，更重要的是这种游历可以带给他一种充满故旧情怀的感动，这是一个对学问、见识有要求的人，必然企图拥有的一种心灵感动。怀想故国山河历经多少朝代的兴亡、人事的兴衰，多少风云变化，在这山河之间游走中，存在着一切古人古事的生动与还原。出身于史官家庭的司马迁，必然会有增广见闻的迫切感，那种对历史求真的精神，自然会贯穿于这番游历之中，他的游历也就必然是一种生命的提升和人生经验的成长。

这样的累积见闻及生命提升、经验成长，在司马迁日后写史书时，眼中不见，笔下所写，便不再只是在室内编排国家所典藏的那些资料而已。很显然，司马迁的《史记》，是结合他一生的经历及个人的见识、学养和道德习性而成就的，因而成为千古传诵的“史家之绝唱”。

（二）探访大禹的遗迹

那么，司马迁都去了哪些地方呢？

他去了浙江，登上会稽山看禹穴，是夏朝大禹到过的洞穴。会稽山的“会”，名称上念“kuài”，方言念“guì”，根据研究辩证，此字念“kuài”为宜。据说大禹曾经在茅山集合各诸侯国，论功封爵，所以后人就把茅山称为会稽山。大禹死后葬在会稽，会稽山上有一个很深的洞穴，传说大禹曾经进入这洞穴，人们就称为禹穴。司马迁登会稽山看禹穴，既证实禹穴之说，还观察山川之间的地理和水利等，而对大禹治水的历史有所理解，对他写《夏本纪》当然有直接的益处。

会稽也是越王勾践建国的都城，勾践是大禹的后裔。司马迁写《越王勾践世家》，在“太史公曰”中，赞勾践继承大禹的伟大功业。会稽是越王勾践与范蠡、文种共创越国历史的地方。

（三）探访大舜、屈原和贾谊的遗迹

除了浙江的会稽，司马迁也去过湖南的九嶷（yí）山，也就是苍梧山，那是大舜的陵墓所在地，司马迁过访其地，除了呼应历史外，也去瞻仰舜的遗迹。司马迁在《五帝本纪》中说舜：“南巡狩，崩于苍梧之野，葬于江南九嶷。”这是司马迁实地考察后得出的结论。

司马迁在湖南游历期间，渡过湘水。提到湘水必会想到屈原，进而想到贾谊。贾谊也是一个因谗言而遭迫害的臣子，曾经写过《吊屈原赋》，以自己的经历、身世相比于屈原，对自己的遭遇有很深的感慨。司马迁写《屈原贾生列传》时就收录了贾谊的《吊屈原赋》全篇。而且特别为战国时代的屈原与汉朝的贾谊，属于不同时代的两个人写合传，就是因为二人之间有这样一种关联。同时，司马迁也很自然地表明心中对屈原、贾谊人生际遇的凭吊，这其中何尝没有自我感触？

（四）考察孔孟故里和古礼

司马迁必然会去齐鲁之地（今山东），这是孔圣人教化的地方。司马迁去当地，不但在当地与一些学者讨论学术，增加学问，也到孔子的故里曲阜，参访孔子讲学的地方，探寻体察

孔子所留下的风俗教化，并通过对宗庙故里的实地考察，探究保留下来的礼器及礼教。这是对孔圣人的一种最实际的崇敬与礼赞。

司马迁还去了山东的邹邑峄山，这在山东的西南部，北边靠着曲阜，南边望着滕州市。邹邑现在叫邹城市，战国时代曾经是诸侯国邹国的首都，那里也是孟子的故乡。峄山也称东山，在邹城市里。其重要性在于此地举行乡社大典这种古礼，史官家世让司马迁明确认识到对古礼有认知的必要，所以必将参访这个地方。

司马迁还到过鄱县，县治即今天山东的滕州市。鄱县这个“鄱”字读“fān”音，用在江西鄱阳湖时就读“pó”音，用在河北鄱芜时读“pān”音，同一个字用在三个不同的地名，发音不同。除了鄱县，还去了山东的薛县，这两个地方都属于古代的齐国。薛县曾是战国时代孟尝君的封地，从孟尝君父亲开始，封邑就在薛县。孟尝君养的食客有三千多人，而食客里有些是有名望、有才能的人，也有很多是犯法逃亡的人，还有一些所谓鸡鸣狗盗之徒。司马迁到薛地后发现，相对于曲阜等礼教上非常严谨的孔孟之地，这个地方风俗比较粗鲁，而这与当年孟尝君养士有关。所以在《孟尝君列传》的“太史公曰”里提出游历心得，表明自己曾经到过薛地，从民风上来看，薛地的子弟大多较粗暴而强悍，和周、鲁两地讲礼仪的风俗有很大区别。当时司马迁就打听原因，据说是因为孟尝君招徕天下的侠客以及一些犯法之徒，约有六万户人家，人数非常多，而这么多的人就形成了这个地方的风俗习气。由此可见司马迁的游历是为了见证，而他在游历时所得的心得，是他日后写作《史记》时非常重要的依据。

（五）寻访汉高祖的足迹

齐鲁之后过访江苏彭城，大约在今江苏省徐州市。对汉朝人来说，彭城是一个非常重要的地方，因为这里是当年汉高祖刘邦跟项羽的必争之地，是西楚霸王项羽分封天下时的都城。再者，彭城的丰县和沛县，是刘邦发迹的地方，因此，司马迁不可能不亲自走一趟。他在当地访问一些长者老人，了解一些遗闻轶事，在《高祖本纪》里就记录了大量的传说及听闻。他跟樊哙（kuài）的孙子樊他广是朋友，故能间接知道一些汉初大臣的旧事，而这些也都写入了相关的纪传里。司马迁说，自己在行经鄱县、薛地、彭城等地的时候，遭遇了一些困难。

除了以上地方，司马迁行经大梁，也就是今天河南开封，曾经是战国时魏国的首都。在《信陵君列传》里，司马迁说，我路过大梁的故城，向人打听所谓的夷门，原来就是城的东门，这也是游历心得。之所以特别提到夷门，是因为这就是侯嬴所守的城门，而侯嬴这个老者对信陵君来说是非常重要的，没有他出盗兵符的主意，就没有信陵君“窃符救赵”这件事情，因此，司马迁特别要去看看夷门。另一方面，刘邦非常崇拜信陵君，青年时期曾经要去大梁追随信陵君，只因半路得知信陵君已去世了才折返，当皇帝后，不但亲自祭奠信陵君，还设专人为信陵君守墓和按时祭祀。

（六）西北扈从和西南出使

在司马迁还小的时候，司马谈已出任太史令，他就随父亲住在长安。司马迁二十三岁时做了郎中，这个官职位不高，但很幸运地能跟随汉武帝到处巡幸。司马迁三十四岁，随汉武帝往西边去到了崆峒，大致是现今甘肃省平凉市一带。三十六岁时，奉武帝之命，出使西南巴蜀之地巡查，大约就在现今四川省、贵州省的西南边，这对于日后写《西南夷列传》当然有很大的帮助，而且这趟出使走得很远，也立下很大的功劳。往南视察邛（qióng）、笮（zé），两地都在现今四川省境内，甚至到了古代昆明地区，都达成使命还报朝廷。

总之，司马迁无论在未当官或做官之后，无论是随皇帝巡幸或自己奉命出使，都有过很多经历，到过很多地方，而这些亲身见闻，对写作《史记》有着重要意义。

三、写史的动力

（一）君王都有封禅梦

现在我们来谈一个新的主题：司马迁写作《史记》的动力是什么？或者说，是哪些因素促使他一定要完成这部《史记》？

司马迁的祖先是史官，他的父亲司马谈也做了太史令，也是史官，因此，为国家做记录，写史书，是其职责所在，如果没有写就史书，对一个史官而言就有未尽职责的遗憾，司马谈的莫大遗憾即由此而生。

且说司马迁做官之后，出使西南回来的那一年，即汉武帝元封元年，皇帝要去泰山封禅（shàn）。封禅是皇帝表示其受命于天的一种典礼，往往在皇帝初登基后，举行受天命的大典。“封”指祭天；“禅”指祭地。封禅典礼一般都在泰山举行，因为泰山是天下第一山，古代认为那是最高的山。这个仪式在《管子·封禅》篇曾有详细说明，也提到有十二位君王曾到泰山行封禅大典，不过这篇文章已经遗失。古代帝王登基之后，需要显现祥瑞征兆，才能被认定是得天命，方可举行封禅大典。

秦始皇二十八年巡幸东方，在泰山举行过封禅大典，在峄山举行禅礼，在泰山岱顶行封礼，在梁父山行降禅礼。汉朝初年，汉文帝也讨论过要封禅，但是当时经济比较萧条，而封禅是很花钱的事，也就只好作罢。到了汉武盛世，皇帝当然想要去封禅，但是窦太后反对，所以暂时作罢；元封元年，汉武帝确定要举行封禅大典，但仪式不是由史官订定和主掌，而是由方士负责。方士是指一些能求长生不老之术，占星问卦、预知吉凶的术士。

由于汉武帝信任方士，故由其草定封禅大典的规程，史官不知道其中详细的状况，司马谈对此不可能没想法，但人微言轻，无可奈何。太史令司马谈本该参加汉武帝的封禅大典，但因为染病而滞留在洛阳，未能亲自参加，错过此一重大事件，伤感与遗憾实是必然。

（二）司马谈的遗憾和遗愿

司马谈是一个有理想的史官，却不得参与封禅盛典，心中抑郁愤懑，无比失望，致使病情更加严重。司马迁出使西南夷等地方回来后，从长安赶到洛阳看望父亲。司马谈于临终之前，握着司马迁的手，流着眼泪，叮嘱了几件事情。

第一件事：司马家先祖史官功业十分显赫，可惜中断而衰微，难道这样的家业就要断送在我的手里吗？希望你能够继续任太史的工作，振兴家传事业，不要有愧于先人。

第二件事：我遗憾没有参加封禅大典，这是命啊！但是日后如果你做了太史，千万别忘了要写史书，记录历史，完成父亲的心愿。我没有完成的这一部史书，一直是心头的一个最大的事情。

第三件事：《孝经》上说过，孝顺从侍奉双亲开始，而后是忠于国家，为君尽忠，然后是立身于天地之间，名扬万世。周公能做到这一点，他推尊他家的历代祖先，光耀祖先的教化，因此孔子称赞周公为大孝。换言之，你一定要光耀门楣，这才是大孝啊！

第四件事：孔子整理六经，依据鲁国历史写成《春秋》这部史书，至今已经四百年。战国以来征战兼并，秦朝焚书坑儒，史书多半都被丢弃。汉朝建立而天下安定，这中间有很多的英明君主、贤君以及忠臣、能臣，还有很多可歌可泣的义事，这一切本该由我这个太史记录下来，但我没有完成，十分惶恐且自责。所以，你要深思！

司马谈的这番话，成了司马迁坚持完成《史记》这部书的最大动力。司马迁流着眼泪低下头，很恳切地承诺，一定要完成这部史书，实现父亲的遗愿。这个需要以坚定意志去完成的使命，是对父亲的一种承诺，也是继承父亲遗志的一种具体行为，更是司马迁个人生命的最大意义。

（三）司马迁开始写《史记》

司马谈死后三年，司马迁任太史令，继承父亲的职务，太史可以阅读国家所收藏的一些珍贵资料和书籍。

秦始皇焚毁天下藏书，再加上战乱使书籍遗失破坏，所以，在民间可以阅读到的书极其稀少。萧何当年随刘邦军队进入咸阳城的时候，就大力保护收存图书典籍。汉朝立国以后又广搜天下图书，并开放民间进献书籍的渠道，经过连年的征集，到汉武帝时，国家藏书已较丰富，还有很多以前留下来的“史记”，就是指各国一般的史书。司马迁根据这些资料开始写作《史记》。

汉武帝太初元年，决定不再用秦朝历法，要改行新历，身为史官的司马迁奉命修历法，创立“太初历”。所谓太初历，就是改以农历元月为正月的历法，它是现今所谓的夏历或阴历、农历的前身。因为起用太初历，这一年也改元为太初元年。修历完成后，司马迁开始写作《史记》，当年他四十二岁。

（四）司马迁的志向

我们再谈一下司马迁写作《史记》的志向，这与他写作《史记》的宗旨、精神有密切关系。司马迁曾经与壶遂讨论孔子述《春秋》这件事情，讨论得非常深入。从讨论的过程中，可以看到司马迁对《史记》写作的一些想法和目标。换言之，这就是他写作《史记》的志向。

首先，司马迁曾经说，周公去世后大约五百年有了孔子，孔子到现在又过了五百年，根据孟子有所谓每五百年出圣人的说法，到现在谁能来继承孔子作《春秋》的志向，而继续这项伟大的事业呢？我司马迁要立志继承先父的志业，并向周公、孔子这样的圣贤看齐，在这方面，舍我其谁？这是司马迁对自己志向的第一次表达。说这段话的时候，周公到孔子大约是五百三十五年，孔子到汉武帝太初元年大概是三百七十五年，所谓的“五百年”是取了一个整数，是一个象征意义的数字，并不是一个确切的数字。这就是说，继孔子之后，司马迁要发奋写出具备《春秋》精神的史书。

第二，孔子作《春秋》，是因为孔子看到周朝后期，也就是春秋时代，周朝政治非常衰败，而孔子自己的理想又无处可发挥，于是就根据鲁史而写《春秋》，为天下指出一个所谓的“王道”，也就是为后来的万世万代指明政治大道。

根据王道，孔子贬斥诸侯，讨伐大夫，就是说凡是做事不合天理，不合礼法，不尊周天子，而互相攻伐、灭人家国的这些诸侯大夫，其不忠不义的行为都要讨伐。因此，孔子述《春秋》讨伐君不君、臣不臣这样的错误行为。孔子更明确地说：“我欲载之空言，不如见之于行事之深切著明也。”只谈一些空泛理论来说教，不如写成史书，就着历史中具体的人与事，来证明人事之间的是非得失，这样留下的劝诫才切实。所以，孔子述《春秋》，建立政治的伦理法则。因此，这部《春秋》既有其政治性，还有道德性，这是后代史书所承继的精神和特性。

《春秋》所发扬的王道指的是：往上指出尧、舜、禹、汤、文、武、周公等这些圣王的治理之道，往下指出明君忠臣的伦常纲纪，然后“兴灭国，继绝世，举逸民”，把已经绝灭了的朝代或国家的名称保留下来，提振那些已经被废的圣王体制，而且强调为政一定要明辨是非，推举贤能，罢斥不肖。这就是《春秋》的王道，也就是所谓的“春秋大义”。

司马迁认为，伏羲画八卦，受人景仰；尧、舜圣德，《尚书》记载；商汤、文、武、周公功业，《诗经》歌咏赞叹；《春秋》褒贬，辨明是非，行褒贬大义。自己身为史官，岂可忘记父亲遗言，所作史书虽不敢自比《春秋》，但春秋大义必须传扬下去。

四、学养渊源

（一）史官的四大素质

史官需要记录典章制度、国家纲纪、礼仪规范，以至于其他言语事情等，记录整理所形成的典籍，作为太学的教材和教化天下的准则。史官掌管图书典籍，要精通上自天文星算，下至地理人文，又是帝王垂询的对象，显然，史官必须是一个博学者，虽然未必是各样学问的专精者，但是博学通达是必须的。

唐朝史学家刘知几提出史家三长，也就是写史的人必须具备三大长处：史才、史学、史识。清朝章学诚认为刘知几说得很对，只是尚需再加一个史德。章学诚认为史官要具备这四个长处，缺一不可。

史才，是有写史的天赋和能力，包括对于资料的剪裁运用、驾驭事件的始末、写作功夫的纯熟、文字表达的高超等。谈到写作能力，顺带说说司马迁的文章风格，当然，最主要的是这部《史记》，《史记》文章所展现出的才华极其高超，写作技巧娴熟绝妙，因此，司马迁的《史记》有“中国散文之祖”的称号。后来的文章家，尤其像唐宋八大家的文章，有很多的技巧风格都出自《史记》，而且都以此为最高的写作法则。正因司马迁写作才华高超，所以驾驭事件始末方法多变，顺写、逆写、插叙，总能将人事说得周到。更有互见法，使文章内容不重复，简详之间各取所需。

史学，当然指的是史家应具备的丰富学问、学养。上文已说史官要精通上自天文星算，下至地理人文，还有各个时代的典章制度，譬如礼乐制度、历律法则等，此外还有博读图书典籍所内化成的学养。当然，史官对古今历史事件尤需详细掌握，并且要融通其中的道理，明白人事所依循的自然之道。而后才能运用学问，巨细靡遗地写作，并且所记人事之中存在通透的人事之理。

史识，指的是史家的见识。如果见识不够、见识不高，无法用超越常人的眼光来解读人事，更无法阐发前人所未曾阐发的见解。那么，这部史书就仅是记载历史资料而已。孔子《春秋》之价值，就在于它记事简朴谨严，然而叙事中充满褒贬大义，且不是一般人的通俗见识，而是充满建设性的创见。司马迁秉承《春秋》精神写史，当然要具备史家的见识，来成就他所谓的“一家之言”。史识关系着史书意义的深浅、广狭以及是否独创，因此决定了此书价值的高下。

史德，指的是史家的品德。史德决定写作一部史书的公正性、确实性。史学家章学诚的《文史通义》里专门有一篇《史德》，其中强调史家必须具有一定的德性，不会因为一己的好恶，而偏颇历史事件的真实状态；也无畏于权威力量的施压，而屈服于恶势力的主导。有史德的史学家治史，是大公无私的执笔，行褒贬大义在深微之处，既不影响历史事件本身，事件必如实还原而不被扭曲，这样的史书才有其品格。

上面说的这四种长处，少了其中任何一个都不足以成为良史。而四者之中以史德为根本，另外三者与之配合，就可成就史书的一家之言。古往今来的史家，并不是每个人都具备这四长，司马迁不但具备，更是秦汉以来史家中的翘楚。

（二）司马迁的学养

司马迁的学养来自师承与家学。师承是跟着老师学习所得的学问；家学是从家庭长辈传承而来的学问。

在师承方面，司马迁曾从当时的著名学者孔安国研习古文《尚书》、从当时的大儒董仲舒学习今文《春秋》公羊学说，对于汉朝今古文经学，司马迁不偏废任何一方，对于融合阴阳、刑名之学，也完全掌握。他综合各家学术思想，融通互用，但又是以纯粹的孔子、老子思想为根本、基石，为他卓越学识打下了坚实的基础。

在家学方面，司马谈对他的教育是重要的学习渊源，司马谈的学问、学养都传给了司马迁。这个家学有两部分：一是天文历法等史官必须具备的相关学问；二是司马谈本身钻研的道家学说。司马谈曾跟随唐都学天文星算之学，又随杨何学《易》学，因此具备关于人生吉凶祸福或占卜等学问，还跟着黄生研究“黄老之术”。司马谈着有《论六家要旨》，论述阴阳、儒、墨等六家学说的得失，建立“道家”一称，对道家学说给予极高的评价。

至于黄老之术，指黄帝之道与老子学说的结合。虽然所谓的黄帝之术未必真源自黄帝，也可能只是假托黄帝之名而已，但是后人仍遵从黄帝之道与老子学说结合的说法。黄老学派产生在战国时代，是当时齐国“稷下学派”中的一派。

黄老之学以老子学说为主，兼及其他学派。汉文帝开始，黄老之术受到朝廷重视，而其学说以老子的无为而治为主，既讲道德，也讲刑名；既讲无为，又讲法治，这是黄老之术跟老子的道德学说不同的地方。不过黄老之术所讲的法治，并非严刑苛法，也不随便用法，而是因循万物的自然之道去做，最终归于无为。

由以上可知，司马迁以其丰厚的学养，使得自己在写作《史记》时，能完全会通当时的人事背景，思想源流；在纲纪伦常上，不失基本理则，不违背天理人道及圣贤之言。

五、李陵事件

（一）不遇时与天幸

前面讲过，司马迁在造太初历之后，就开始写作《史记》，那一年他四十二岁。五年之后，司马迁遭遇了一件对他的人生影响很大很深的事情，即“李陵事件”。

李陵是汉朝名将李广的孙子。李广是秦朝名将之后，精通骑马射箭，武艺高强，在汉文帝时，攻打匈奴立过战功，又在随皇帝出行时，因表现勇敢而得到赞扬；在汉景帝时，随周亚夫平定“七国之乱”，名声显扬。李广长于镇守边关，抗击匈奴。唐朝王昌龄名诗《出塞》：“秦时明月汉时关，万里长征人未还。但使龙城飞将在，不教胡马度阴山。”其中“飞将”就是指李广，匈奴称李广为“飞将军”，匈奴人只要听到李将军三个字，就会很畏惧。可惜汉武帝时，李广多次苦战都没有立功，而且在一次战役里迷路，损失很大，最后他担负起一切责任，自杀而死。

司马迁写《李将军列传》，在“太史公曰”里，引用《论语》说：在上位的人自身行为端正，不强用命令，事情也能实行；自身行为不正，下命令也没人听从。这就是说像李将军这样的人吧！我看到的李将军，老实谨慎像个乡野的人，不善言辞，可在他死的时候，天下不论认识他或不认识他的人，都极尽哀痛。他那忠诚信实的品行，得到将士们的信赖。这是对李广很高的褒奖，是说李广除了武功之外，他的人格更受人景仰。

司马迁写《李将军列传》，主旨在于“不遇时”，不遇时就是际遇不佳，没有得到很好的时机。李广其实立下的功劳不少，可是每次都被忽略，未得赏识，实在是遗憾。而司马迁写《卫青传》时，整篇传记以“天幸”二字为主轴，指上天给予幸运，能受到皇帝喜爱，因此每立战功就得到升迁、封赏。唐代王维诗《老将行》里说：“卫青不败由天幸，李广无功缘数奇。”也是这个意思。而其中褒贬之义暗含在文字中，司马迁表示，卫青的作战能力或者立的功劳真的比李广大吗？若论功，李广不亚于卫青；可是论际遇，卫青比李广好太多了。回到主题说，李陵是李广的孙子，承继祖父的风范，必然也是不平凡的将军。

（二）李陵事件本末

李陵事件，在班固的《汉书·李广苏建传》中有很详细的说明。这篇传是李广与李陵、苏建与苏武的合传，李陵是李广的孙子，苏武是苏建的儿子。其中对李陵征战以及败降的经过说得很清楚。

汉武帝天汉二年，派贰师将军李广利率领三万骑兵，从酒泉（原是匈奴统领之地，即今甘肃省境内）出发去攻打天山一带的匈奴。汉武帝的用意很明显，让自己宠爱的李夫人的哥哥李广利出兵打仗，立功回来就好封赏，李夫人也会高兴。

李陵像李广一样，擅长骑射，作战勇敢，爱护士卒，有名将之才。汉武帝命令李陵为李广利的大军运送粮草，但李陵希望自己能带兵作战，就请命协助李广利攻打匈奴，汉武帝说没有兵卒可提供，李陵自愿率自己屯边的将士出行。当时武将带兵，战时去打仗，和平时期就驻扎在边境屯垦种地。李陵所带的五千步兵，其中很多是荆楚之地的勇士，能独当一面地去攻打匈奴。但李陵这支军队做不了主力军，只能是李广利主力部队的辅助。

汉武帝同时又派将军路博德领兵在中途等候李陵军队，一起作战。路博德职位较高，羞于做李陵的后卫，就上奏武帝说，现在正是秋天，匈奴马最肥，军队势力最强盛的时候，希望等到来年春天再与李陵一起攻打匈奴。汉武帝很生气，以为是李陵后悔而让路博德上这个奏章，就发了两个诏令，一令路博德出兵赶往西河，守住钩营之道（在今内蒙古境内），那是单于要害之道。一令李陵九月发兵，到东浚稽（jùn jī）山，南面龙勒水（即今蒙古国境内西南部）一带出战。

两人接到诏令后就出发了。李陵带着五千步兵进军至浚稽山，遭遇匈奴三万多骑兵包围，经过一番攻防，开始尚有捷报，大臣纷纷向汉武帝恭贺胜利，武帝也非常高兴。李陵往南且战且走想突围，几天后却被困在山谷里，连日苦战，很多士卒受伤，兵器也损失惨重。路博德却按兵不动，未做接应。但李陵带兵一向能“得人死力”，下属愿为他牺牲性命，且与士卒从来是“绝甘分少”，好东西都分给下属，必须要用的东西自己也分得最少。因此，很得士卒敬重，所以，李陵军队在这场恶战中，士卒没有武器就赤手空拳迎战，受伤后血流满面，仍然继续攻打匈奴！尽管双方兵力悬殊，人数众多、兵器众多的匈奴军队连连进攻，但是李陵军队拼死杀敌，让匈奴没有办法取得最后的胜利，甚至准备撤军。

可是，在这时发生了一件事：有个军侯（是俸禄六百石的中级军官），因为不堪忍受上司校尉的凌辱而叛逃匈奴军队，告诉匈奴头目，李陵军队的箭矢已经快要用尽，剩下的兵力有限，李陵和韩延年各自带着八百人排在阵仗的最前面，已经没有更多人力可作战。匈奴单于听后非常高兴，于是率大军猛攻，从山坡向山谷里四面射箭，一时间箭如雨下。在这般惨烈的困境里，李陵仍然带着军队顽强突围，往南行进。可叹的是匈奴断了汉军的退路，汉军被彻底困住！匈奴兵用大石头从高处往下砸，汉军死伤惨重，未至鞮（dī）汗山（今蒙古国西南），终于兵败，韩延年壮烈殉国。李陵自觉无颜回去见陛下而决定暂且投降，以待日后再找机会报效汉朝。李陵让残存的部下带着有限的粮食四散逃亡，最后回到塞内汉地的只有四百余人。

消息传回朝廷，汉武帝震怒，满朝文武官吏开始痛斥李陵，也无人能为武帝解烦减忧。汉武帝询问司马迁的意见，司马迁以中正之心说，以李陵的为人，忠贞不贰，不会是一个胆小忘恩之人，他一定是不得已才投降的，想来应是借着投降，等待一个更好的机会，再为汉朝打败匈奴。

司马迁有一篇书信《报任少卿书》（也称《报任安书》），信中说：自己跟李陵虽然同在朝廷为官，可是并没有什么交情，不曾有过应酬往来，但是据自己的观察，觉得李陵为人操守不凡，侍奉双亲非常孝顺，与人交往非常诚信，做人是正义、谦让、恭俭、廉洁，带兵打仗更是奋不顾身，一心为国尽忠，是一个非常有风范的人才，故有“国士”之称。可见司马迁之所以认为李陵是假意投降，期待另寻机会再为朝廷效命，是有其道理的。

但是对于司马迁的说法，汉武帝并不认同，反而误以为司马迁在维护李陵，而其言外之意是指责贰师将军李广利未负起主力军队的责任，路博德的军队没有适时出兵相助，致使李陵率五千部卒受困于匈奴大军。换言之，指责汉武帝唯亲是用，为了宠妃而用人不当。汉武帝盛怒之下，命令把司马迁关进监牢。

过了一段时间，汉武帝明白李陵是因为没有救援而被逼无奈降敌，于是派使者慰问李陵的残部，又派将军公孙敖带兵深入匈奴境内，找寻机会接回李陵，然而却无功而返。公孙敖误将李绪听作李陵，回报武帝说李陵在帮匈奴练兵要对付汉军，所以没有接回他。汉武帝大怒，将李陵家处以族刑，把他的母亲、兄弟、妻子和儿女全杀了，司马迁也被判了死罪！

（三）司马迁遭受宫刑

在汉武帝时，死罪是可以赎免的，一是用钱来赎罪，二是有很得力的人为他美言解说，可以免死，从轻发落，不过，司马迁这两样都没有。原本死罪难逃，幸好最后免于一死，改判“宫刑”，也叫“腐刑”，就是阉割男性的一种去势行为。受过宫刑的人，都会在“蚕室”休养一段时间，所谓蚕室是指温暖的房间，因为受宫刑的人怕风寒，在“蚕室”休养容易存活。

这件事情是司马迁人生中的一个重大考验，为什么呢？宫刑不但肉体上极其疼痛，而且对一个读书人来说更是精神上的奇耻大辱，尤其自周以来就有“刑不上大夫”的政策，也就是刑法不能轻易加在读书做官的人身上，因为读书人的气节不能随意侮辱，尊重读书人的气节高于一切。司马迁是一个读书人，又是史官的身份，对宫刑，他是接受还是不接受呢？

不接受宫刑，那就是死刑，死刑的结果就是要写一部史书的心愿再也没法达成；接受宫刑，就要受到极大羞辱，但还能有机会写作史书。因此，要不要用宫刑去换死刑，对司马迁而言，是非常难以抉择的。当然，司马迁不是一个贪生怕死的人，也理解所谓的“士可杀不可辱”，更懂得“人固有一死，或重于泰山，或轻于鸿毛”的区别，他不是不明白，也不可能不明白，所以，他怎么可能去接受宫刑呢？可是，他最后确实接受了！

司马迁接受宫刑后，身体不完整，也意味着气节有损，他的存活就是人们所说的苟活而已，也就是苟且偷生。换言之，司马迁为了苟且偷生而接受了宫刑的耻辱。司马迁受宫刑后，经过蚕室休养，仍然作为罪犯，被继续关押在监牢里。

可是，他何以要这么做呢？他认为宫刑乃奇耻大辱，也明白一个读书人要保存气节，更不可贪生怕死，但他为什么要这样做呢？因为他在做抉择时，对生命的意义有了新的解读，对荣辱观、生死观有了新的定义。

六、生命的意义

（一）两个补充

在谈生命意义之前，我要补充两件事情：

第一件事情，前面谈到李陵事件，公孙敖向汉武帝报告，听说李陵在替匈奴练兵。但这个消息是一个误传，其实帮匈奴练兵的人是一个叫李绪的，并不是李陵。但这个误传的消息，造成了李陵的亲属被族灭，让李陵非常伤心和气愤，对汉朝彻底心灰意冷。多年以后，汉朝使者来匈奴，见到李陵并示意他找机会一起回汉朝，李陵断然拒绝了，说不想再受第二次侮辱。李陵终生没有再回过汉朝，在匈奴生活二十多年后病故。

第二件事情，前面讲到刑不上大夫，读书人做官以后，政府为了保有读书人的气节，不会轻易将刑罚加于他们身上。读书人为什么要保有气节呢？因为读书人是普通百姓的表率，因此当在他们做官之后，需要好好维护他们的气节。

（二）司马迁的荣辱观

司马迁并不畏死，却接受宫刑，忍辱偷生，对他生命意义有什么影响呢？

司马迁对于损伤气节这件事情，当然是非常难过，觉得无颜面对天下的读书人。可是若仔细探究，对司马迁来说，面对一死并不难，难的是如何面对父亲的叮咛、父亲的遗愿，不能完成《史记》又如何面对史官的职责呢！这个时候，要权衡的是颜面节操重要，还是完成父命，成就立言之功绩重要。考虑再三，他认为，只有活下去才能完成父亲的遗愿，更重要的是，孔子说过："君子疾没世而名不称焉。"这句话指的是真正有德性的君子，不是在所谓的颜面上，即不在自我的某一种操守上，更重要的是一生为天下做事，有功于天下，有利于苍生，这样才不枉费一生。

在这里，我要特别强调的是，孔子所说"君子疾没世而名不称"的"名"，不是通常所说的那个一般名望，不是做官、发财有的名，不是当明星或沽名钓誉得到的名，简单来说，不是各种虚妄的名声！"名"指的是你的思想言行有益于天下，有益于社会人群，人们不会忘记你，而且这个声名、赞扬，将一代又一代流芳后世，这才是孔子所说的"名"；换言之，这个"名"将世代传扬不朽。

《春秋左氏传·襄公二十四年》，晋国范宣子问叔孙豹，"死而不朽"指何而言？鲁大夫叔孙豹曰："豹闻之，太上有立德，其次有立功，其次有立言，虽久不废，此之谓不朽。"立德，指以德行创立风范，树立法则，统御人心，广助众生；立功，指建立功业，拯救天下，为民除难，有功于时代；立言，指发言著述，得天道人理，流传要理，足可传世。"立德、立功、立言"为什么叫作三不朽？就是人的身体生命大不了百年而已，但是有的人生命没有了，其名却长久流传，甚至永远流传。譬如孔子，奠定中国大道，开启中国学术思想，使社会伦常有依循准则，经数千多年一直流传到今天，如今，大家仍视他为圣人，对他有无限的敬仰，这就是不朽。因此，不朽的前提必是有益于天下，有益于社会人群，而且不只是一世，而是更加久远。这不朽之“名”，才是“君子疾没世而名不称焉”的“名”。

回头再说司马迁，当时他在做抉择的时候，选择忍一时的耻辱，留下他的“一家之言”，使有益于天下，得到更大的荣耀。他的这部《史记》一直流传到今天，是公认的二十五史里最重要、最具有价值的一部史书，是自古以来中国读书人不能不读的一部好书，也是研究历史不可或缺的一本书。司马迁因《史记》获得立言功业，因《史记》而名垂青史。

司马迁不认可这种一死了之，而不去承担更大的责任的做法，他认为自己应该继承父亲的遗志，承担更大的责任，完成更大的志向。于是，司马迁宁可选择接受宫刑，接受耻辱，忍辱苟活，也要完成《史记》。

（三）司马迁的生死观

司马迁的荣辱观，显然不同寻常。由此进一步看司马迁的生死观，生死在他那里就不再是一种简单的存在与结束，而是变成了有超越意义的存在。简单的存在与结束，也就是那种生物意义上的、肉体上的生与死的简单概念而已。有超越意义的存在，指的是这个生与死不再只是肉体的存在与消失，而变成了一脉永久流传的精神。这是司马迁面对生死所呈现的精神境界。

什么叫作生命意义？生命不是苟且活着，不是满足生存而已，而是有大作为下创造出的新生命，就叫作生命意义。司马迁写《史记》，就是为生命找到极大的意义，给生命赋予新的意义。

司马迁在《报任安书》中说："耻辱者，勇之决也；立名者，行之极也。"意思是勇敢的人面对耻辱，必定能够果敢地做决断，立志有功于天下苍生的人，一定可以垂名于后世，这是一个人品行的极致。为什么司马迁会这么说呢？因为真正的勇者以仁心为本，以立名为志向，面对耻辱时，一定会懂得勇敢抉择。再者，"知耻近乎勇"，没有勇气的人既不敢面对耻辱，也不知感到羞愧，反倒是逃避羞愧而成为不知耻的人。司马迁不但知耻，更能在知耻的行为中不违背仁义，成就其一家之言，完成尽责、立名的志向，化耻辱为荣耀，进入最高的精神境界，成就了属于他的人生品格。

《报任安书》是司马迁回任安（任少卿）的一封信，此事发生在司马迁出狱，担任中书令以后。任安曾写信给司马迁，请他推贤进士，为朝廷推举人才。但也有人这样解读，认为推贤进士只是表面说法，实际上是求司马迁营救他，因为任安受到巫蛊之祸牵连。太子被杀后，任安以坐观成败之罪，被汉武帝判了死刑，所以求人搭救。不过此说不足以尽信。至于司马迁不敢答应推贤进士的原因，是因为他认为自己受过宫刑，"大质已亏缺"，就是身体已经不完整，所以，无法让贤士因为他的推荐而感到光荣；如果说是营救任安，想来他也觉得自己如此卑下，有什么能力开口救人呢？由此可见司马迁是知耻的，所以不敢答应推贤进士这件事。

司马迁说“垢莫大于宫刑”，最大的耻辱是受宫刑，既被乡里的人耻笑，又侮辱了自己的先人。他描述自己在受宫刑之后，“肠一日而九回，居则忽忽若有所亡，出则不知其所往。每念斯耻，汗未尝不发背沾衣也”。遭受宫刑耻辱的司马迁，颜面尽失，每天活在纠结中，常常精神恍惚，甚至出门后都不知道要到哪里去。每每想到受宫刑的耻辱，背上的汗就沾湿衣服。

在《史记》还没有完成的时候，司马迁碰到这样一场灾祸，而司马迁在受刑时，他心里想的不是受刑这件事，而是要留传给后世这部史书，用它来雪耻。这就是司马迁新的荣辱观、生死观、人生观。

扫一扫，
进入课程

附录 2

一、成书经过

（一）司马迁出狱升了官

前面谈到过司马迁的史官家世，承继祖先的事业是他的志向。司马迁受到过史官应有的博学教育，远道的游历考察探访，搜集很多遗闻轶事，更开阔了他的眼界，增长了他的见识。司马迁当太史令之后，每天都在国家藏书馆中博览群书，熟读历代的典章制度等典籍资料，成就了他的学识和学养。更重要的是，司马迁的志向在于：以孔子《春秋》精神为指标，以君子道德为规范，最终以天道天理为最高原则，进行《史记》写作。

司马迁四十二岁那年，汉武帝太初元年，正式开始《史记》的写作。司马迁四十八岁受宫刑，五十岁的时候，碰上汉武帝大赦天下，他因此得以出狱。汉武帝让出狱后的司马迁担任中书令，这个职位要高于太史令，但也算不上高官。中书令是在皇帝身边的官员，帮助皇帝处理政务，整理宫内文库档案，属于内廷宦官机构，可以出入内廷，大多是有相当资历的太监来当职。因为司马迁受过宫刑，所以委派其任此职，对他而言，等于时时刻刻在提醒着他受过宫刑、身体残缺，因而对司马迁而言，担任中书令并不是一种荣宠。

周边的人却很羡慕司马迁，为什么呢？一则中书令与皇帝经常接触，再则中书令掌管朝廷的诏书表章等要务，机密文件由他先看，朝廷内的很多公文也由他发和收。于是，司马迁受到很多人重视，任安写信请求他为国家推贤进士正是因此之故。可是，司马迁并不热衷于官场，没有因为当中书令而在官场中周旋，而是全心全力“网罗天下放矢旧闻”，搜罗天下遗失流落于民间的历史传言、记载或资料等，处理历史的材料，梳理出事件的始末，总结出事件中的成败兴坏的缘由，一心写作《史记》这部书。

（二）心血凝结成史书

经过十四年的辛苦写作，大约在汉武帝征和二年，司马迁五十五岁时，《史记》全书脱稿。司马迁在《史记·太史公自序》中做了说明：这部书记录的历史，上从黄帝开始，下到作者所处当时武帝时代，作了十表、十二本纪、八书、三十世家、七十列传，共一百三十篇，五十二万六千五百字。

我们在前面说过，司马迁是知耻辱、明是非的勇者，面对再大的痛苦都不逃避，始终具备为自己生命赋予新的意义，展现君子人格的大勇。他在《报任安书》中说：“要之死日，然后是非乃定。”可能要等到我过世之后，一些事情的曲直是非才能被人们所认清，才会有定论，才可以还我清白。由此可以看出司马迁不意气用事，不以一己之见判是非，而是为大局着想；而且能置个人荣辱于度外，的确拥有大智慧、大气象。

《太史公自序》里说：《史记》的成书宗旨是："究天人之际，通古今之变，成一家之言。"又说："厥协六经异传，整齐百家杂语，藏之名山，副在京师，俟后世圣人君子。"太史公司马迁作《史记》，是协和六经大义，稽合传疏异同，整理诸子百家论述，折中取裁而成。作者不敢希求这部书完成后能够马上流传开来，或很快地受到重视，但是，祈求这部书能保存下来，等到有朝一日流传出去，让有见识的贤达君子或志同道合的人评阅，以达成史书以古鉴今的作用。司马迁觉得，如果能做到这个地步，那就可以洗去其偷生苟活的耻辱，也完成自己一生的志向；假设因此而能够名传后世，那就不辜负父亲临终前的叮嘱，以及他自己追求做个君子，做个尽责的史官的心愿。

（三）《史记》的流传

对司马迁过世的时间有不同的说法，大约是五十八岁到六十岁之间。司马迁的后人并没能承继太史令的职位，这部《史记》也没能在当时流传开来。后世研究《史记》的著作中，南朝刘宋时期裴骃（yīn）的《史记集解》、唐朝司马贞的《史记索隐》和唐朝张守节的《史记正义》三个著名注释本，被称为《史记》三家注。《史记》的书稿保存在哪里呢？所谓正本藏于名山，以防流失；副本留在京师，便于流传。司马贞考证认为，《史记》的正本藏在"书府"，副本留在"京师"，但对"书府"究竟指哪里，研究者也有争议。《史记》有正副两个版本，流传时是以副本在先，然后正本才流传出来，这个说法最为大家所接受。

司马迁把《史记》留给女儿司马英。司马英有一个儿子，也就是司马迁的外孙，叫杨恽（yùn），非常好学且博学，十分喜爱《史记》，而且官位很高，后来还封侯。杨恽封侯以后，看到当时国家政治安定，社会一片祥和，觉得这是一个好时机，就向汉宣帝提出请求将《史记》公开于世，得到了皇帝的许可。于是，杨恽家藏的这部《史记》书稿开始在民间渐渐传开；可是宫廷收藏的《史记》书稿，也许有小部分的传播，却没有正式面世。

根据东汉时的《汉书·艺文志》中提到这部书的名称、卷数等信息，可见那时已经把它登录到国家藏书目录里了，而且是归在《春秋经》一类，就是说，在东汉时，《史记》的宫廷本，官方修史的人可以见到，但并没有广泛传播，是后来慢慢地解禁才传开的。

二、《史记》全书概述

（一）《史记》成为专有名称

现在，我们来对《史记》的一些基本问题做一些概要叙述。

《史记》的最后一篇叫《太史公自序》，自序就是自己给这部书写的序言，在这篇文章里，司马迁从他的祖先说起，然后讲到他父亲的《论六家要旨》，讲到他自己的生平、求学经过、二十岁时的游历等，以及其他的一些事迹，如父亲临终前对他的交代，他跟壶遂讨论六经，尤其是发表自己对《春秋经》的看法，《史记》前一百二十九篇的题目及写作的重要意义，这部书的体例、宗旨，这部书大致的完成状况等。这篇自序是研究《史记》的第一手资料，因此，根据自序可以解决诸多问题。

第一是书名问题。其实一开始，“史记”不是司马迁这部书的书名。“史记”两个字指史官记事及拿笔记事，所以“史记”本来是史书的统称，周朝时各诸侯列国都有各自记述的史书，都称为“史记”，像鲁国的史记可以叫作鲁史记，当然有的史书也自定名称。

司马迁在自己书中也用过“史记”两个字。《周本纪》说：“周太史伯阳读史记，曰：‘周亡矣。’”这当然不是说周朝太史伯阳已经读过司马迁现在写的《史记》，时间上完全不对，显然指的是伯阳读以前的史书。《孔子世家》说：“孔子因史记而作《春秋》。”显然，这个“史记”指的是鲁国的史记，也不是指司马迁的著作。诸如此类，足以证明“史记”就像唐朝孔颖达所说，是史官“记事之书”而已。

司马迁自己怎么称呼这部书呢？自序里说：“凡百三十篇，五十二万六千五百字，为太史公书。”他称之为《太史公书》。后来简称为《太史公》《太史记》，或者称《太史公记》《太史公传》。传也是记的意思。司马贞《史记索隐》注引桓谭云：“迁所著书成，以示东方朔，朔接，署曰‘太史公’。”意思是说，司马迁这部书完成以后，给东方朔看，东方朔非常喜欢、称赞，就给这部书署名《太史公》。大概到东汉时，《汉书·杨恽传》才有《史记》一称，但不是杨恽所称，也不是固定名称，《汉书·艺文志》中也称《太史公记》。总之，此时《太史公书》尚无专有名称，只可说《太史公书》称为《史记》，开始于班固的《汉书》。三国时期，越来越多的人以《史记》称呼司马迁这部书，魏晋以后，《史记》作为名称已很普遍，逐渐到了后期，《史记》就成为司马迁这部书的专有名称了。

（二）何以自称太史公

第二个是关于司马迁自称“太史公”这个问题。《史记》几乎每一篇的最后，都有“太史公曰”，除了《表》之类及少数篇章后没有。司马迁任的是太史令，为什么要称“太史公”？而且有的时候，司马迁是用太史公称他的父亲，那他怎么可以因为尊敬自己的父亲，就把太史令改为太史公，以“公”字来尊称父亲呢？更奇特的是，他还以“公”字来尊称自己。令人难以理解。

参考诸多前人考证，得出一个结论，就是司马迁做太史令而称“太史公”，不过是沿用古制，就是太史令在古代制度即天官太史的官名身份，他自称“太史公”，只是沿用古制的官职作为称谓而已，并非为了推崇或抬高自己。古代太史公这个官职很高，上古时候位在天官，有一种说法是太史公在丞相之上。《汉书·百官公卿表》就有记载，“位在三公上”，实际上，这是古代的一个制度。可是，到了汉朝的时候，司马谈、司马迁父子任太史令，太史令的职位已经很低了，太史令并没有太史公这样的称谓。但是，也应指出，司马迁在内心坚持认为，史官在古代职责是很重要的，官位是很高的，所以，就以古代制度的名称来称他当下的这个职位，而不存在抬高自己的问题。若要说是尊敬，司马迁尊敬的是史官在古代拥有的那个非常崇高的职位，而不是用来有意推崇他的父亲或他自己。

用古代的职位去称呼当代的同等职位，这样的做法，这种现象，也不是司马迁所独有，历代以来这种情形很多，一直到清朝都有。例如，清朝时的翰林，地位相当于古代的太史，因此就常称翰林为太史或太史公；清朝的兵部尚书相当于古代的大司马，所以就常用大司马来称兵部尚书。

（三）《史记》记事的起讫年代

第三个是《史记》记事的起讫年代。《太史公自序》曰：“于是卒述陶唐以来，至于麟止，自黄帝始。”但是，他在《太史公自序》的后一段中又说：“余述历黄帝以来至太初而讫。”就是从黄帝以来到汉武帝太初年间。仔细分析其中的区别，后者说法很明确，前者则是一个大概的说法。

这个大概指的是：因为《尚书》记述的是从尧舜开始，故仿《尚书》而说“述陶唐（尧）”，因《春秋》记事止于“获麟”，而武帝时也有获麟之事，故说“至于麟止”。这部书何以要仿《尚书》《春秋》？作者是要表明《史记》乃承继《尚书》《春秋》而来。《尚书》是中国最早的信史典籍，是圣王治国之道；《春秋》精神是史书大义所在，是孔圣人所述。司马迁虽不敢自比圣人，却有承继并效法他们的志向，故有“卒述陶唐以来，至于麟止”的说法。实际上下文仍明确说从黄帝以来开始叙述，至武帝太初为止。

至于《史记》记事大多都认为记至太初四年，然而书中也记载了太初四年以后的事情，缘故何在？后人颇多考证，今不一一说明，总之是因《史记》流传之后，必有删除节录等更动，除了褚少孙补作《史记》阙文，后人增减亦难免，所以会加入太初四年以后的事情。但相较全书，增减字数终归是极少数。另一种看法是，司马迁自己说的起讫年代，是他写自序时估计的开头与结尾时间，但在叙事过程中难免有顺便记述的情况，而全书起讫年代仍是以黄帝到太初年间为主体。

（四）《史记》篇章的增损

今日读到的《史记》并非原有样貌，早在汉朝班固《汉书》中就已经说：“凡百三十篇……而十篇缺，有录无书。”所谓十篇有题目记录而没有内文的情况，经历来史学家考证，有诸多不同说法。或说十篇全亡佚，皆是补写；或说是司马迁草创未成……多数认为：《礼书》正文残阙，取《荀子》的《礼论》《议兵》补足，序是原文；《乐书》正文残阙，取《礼记》的《乐记》和《韩非子》补足，序是原文；《兵书》序是原文，正文残阙而未补；《武帝本纪》取《封禅书》补阙文。《汉兴以来将相名臣年表》《日者列传》《三王世家》《龟策列传》残阙，褚少孙补；《景帝本纪》《傅靳蒯成列传》，崔适、梁玉绳主张是原文。

三、《史记》的体例

（一）五种体例的综合创新

现在我们谈《史记》的体例。

体例就是一本书的统一体系和完整的组织架构。一部书因为有体系和组织架构，所以内容聚合在一起之后，可以分门别类、有条理地去理解其中的内容。《史记》体例有五种，就是"本纪""表""书""世家""列传"。把这五种体例合到一起，变成一本书的组织架构，可谓是史书体例的一个创新构造。

《史记》中的这五种体例，分别来看的话，在古代的书里已有一些类似形式的存在，例如《史记·河渠书》讲水利，就与《尚书·禹贡》写大禹治水的部分非常近似；《史记》也有《禹本纪》之类，可见本纪的形式在古书里也可能是存在的。尽管五种体例在之前应该是单独出现过，但这样合起来而成为一部书的组织架构的体例运用，则是从司马迁开始的。自司马迁以后，中国史书的体例，就几乎都不出这个范围，原则上都只在这五种体例之中稍做一点儿变化而已。

潘重规先生曾经说，古代的世系谱牒《世本》应该是司马迁体例遵循的源头。这个说法并不妥当，但也有些道理，《世本》是一部记述从黄帝以来有关帝王、诸侯、卿大夫的家族世系承传的史书，应该是先秦时代史官所修撰，有《帝系》《王侯世》《卿大夫世》《氏族》《作篇》和《居篇》及《谥法》等十五篇，大致上跟司马迁的五种体例有相近处，因此，《世本》可以说对司马迁《史记》体例的形成是有影响的。

（二）编年、记事与纪传体

古代史官记事，有所谓："古王者，左史记言，右史记事；言为《尚书》，事为《春秋》。而诸侯王国亦有之，惟鲁《春秋》，则孔子手定之。"《尚书》是记言，《春秋》是记事。后来就呈现两种状况：一是"编年体"，就是以年代为本，随着年月记载当时发生的事情。编年体的特点是以时间为线索，所以系统清晰；缺点是每年记载各种事件，单一事件的始末发展势必被割裂，一件事分隔在好几卷中，无法一次完整叙说。另一是"记事体"，就是以一件事情的始末为主体，记录那件事情。缺点是同一时间发生的相关事件，未必能面面照应。司马迁《史记》开创新体制，即"纪传体"，是以本纪、列传人物为主，按照时间先后，随顺时间发展，去记录叙述这个人一生的事情。这种体例也有其弊端，《四库全书总目提要》说："一事而复见数篇，宾主莫辨。"就是相关事件分叙在不同人物传记中，一再重复，以致不能分辨人物的主次。于是司马迁创立互见法，解决这个问题。南宋时出现的纪事本末体，可去除编年、纪传二体缺陷而得其优点。当然，纪传体的开创，仍是司马迁对史书的一种贡献。纪传体也成为后来各代官修史书共同使用的体制。

（三）本纪是全书纲维

《史记》的第一种体例叫"本纪"，其所记载的内容，可说是全书的纲维。

本纪的内容是记载帝王的世系、事迹、兴废，所以秦始皇统一天下而有《秦始皇本纪》。刘邦统一天下而有《高祖本纪》，记录高祖年轻时的状况，起义的经过，治国事迹，直到去世。这个“纪”字，有整理、梳理、统理的意思，也就是把某一帝王整个时代所发生的事情，依据发生时间先后，清楚详尽地记录下来。

《史记》的本纪部分，前面四卷是先秦时代五帝、夏、商、周的历史，因为时代久远，又经过秦朝焚书，历史数据更是销毁严重，所以无法为每一个皇帝一一列传，至汉朝就是汉高祖到汉武帝分别立本纪。其中吕后、项羽不是帝王，不合本纪体例，使体例有了变化，称之为“变例”。

（四）表用表格来表明

《史记》的第二种体例叫“表”，共有十篇。“表”是明的意思，用经纬纵横的表格形式，于其中记录事件。

这表格形式有什么功能呢？第一是时间的整理，例如春秋战国时代，以周朝的存续年代为主，各诸侯国因事件而使各个历史时期得以汇合整理。第二是可以将人、事、时放在纵横线条表格里整合会通，清晰地表明相互间的关联。第三是提纲举目，表格是重要事件的表格化、纲要化，不是文字叙述式的详尽说明，因此有提纲举目、让人一目了然的效果。第四是表格有节省文字的好处，不需前因后果细述，省了很多文字。此外，赵翼《二十二史札记》说，历史中功名、事迹卓著者已经立传，其他一些人物，传之不胜其传，无法一一作传，而又不容全隐没，就可以表格记载，使相关人与事得以完整表达，故是非常好的一种形式。唐朝刘知几《史通》虽有“废表”之说，认为与本纪、世家的文字记述重复，但从前面所说表体的功能，就知不是文字叙述可以替代，因此更多史学家主张不宜“废表”。

更何况《史记》十个表的前面都有序（唯有最后一篇的序失传）。序是司马迁用简单的文字提示作表的重要意义，其中含有司马迁的见解，也就是所谓史观，所以尤其有价值。读表不读序，是掌握不住作者赋予的重要意涵及其见解的。

《史记》表有三种表现方式：世表、年表、月表。世表是指夏、商、周三代的事件，因为年代久远，所依据的也只有《谱录》《尚书》等，只能一代一代地列表，故作《三代世表》。年表是一年一年地记事。春秋战国以下时代较近，参考文献多，即用年表。月表是事情发生得太快速，只有年份还不足以说明所有事情，因此就作月表。主要是秦朝末年，秦与楚项羽、汉刘邦之间争战天下，在短短五年中，战争势态进展纷杂快速，需按月份来记录方足以说尽，故作《秦楚之际月表》。汉朝以下皆是年表。

（五）八书内容很丰富

《史记》的第三种体例是书。《史记》共有八篇“书”，“书”即“志”的意思，也就是志、记、记录。记录自远古以来到汉武帝为止，中国文化的重要制度、政治民生方面所设的法度、制定的规则等，并予以整理说明，以贯穿古往今来的变化，让读者可以在总览从古至今相关内容外，还能了解其中的变迁。

八书包含：《礼书》《乐书》《律书》《历书》《天官书》《封禅书》《河渠书》《平准书》。八书内容有礼乐、典章制度、兵法、祭祀、阴阳、水利、经济等，内容相当丰富。八书写法跟本纪、世家、列传的写法不一样，本纪、世家、列传都是以人为主，根据这个人系联所发生的事，事附丽于人，八书则是以事为主，人附丽于事，这是不同体例的不同写法。

人们平常读《史记》篇章的时候，不太会选读八书，因此，在此我们不妨简单地解说一下其基本内容。

《礼书》是记“礼”的制度的发生、功用和发展。原则上，古代圣王所定的礼的制度，基本意义与精神不变，但各个朝代的礼制会顺应当时时代的需求，合乎人情的需要，遵从王道的精神，在这个原则下做一些改变。可以说，礼是社会运作的基础规则，社会人事运作如果没有礼的制度，就会伦常失守，秩序纷乱。春秋战国时，周朝礼乐崩颓，很多国家崇尚严刑峻法，军事争斗不已。用霸道治理天下、国家，而不是王道。用严刑峻法约束百姓、官吏，可以收到立竿见影的效果，可是不会长久，百姓、官吏总有受不了的时候，就会有所抵制和反抗。礼则不然，礼是用温和的方式，以道德去规范人与事，是从人性出发，功效自然可以长久。所以，《论语》子曰：“道之以政，齐之以刑，民免而无耻；道之以德，齐之以礼，有耻且格。”礼的制度非常重要，所以，八书把《礼书》放在第一篇。

《乐书》讲音乐的起源与作用，与政治盛衰、教化得失密切相关，涉及古今音乐的变迁。音乐在现在的功能主要是娱乐，但在古代的功能其实是很大的，尤其是周公制礼作乐的时代。乐是遵循着夏商以来的古乐，而求音乐对风俗的改变，所谓“移风易俗”，所以是对人心的一种教化。古乐也有雅俗之别，司马迁尊孔圣，崇尚雅乐正音，去除靡靡之音的引人邪行，搅乱社会习气。“礼乐”要配合在一起，相辅相成，礼是外在行为的约束，乐是内在性情的感化、改变。由内而外，内外结合，人的性情就可以不乖戾而温和，行为就能合乎道德规范，达到圣人所说的温柔敦厚，而后国家行政当然安定顺畅，所以八书第二篇是《乐书》。

《律书》讲六律，因为六律是设立律吕，推算历法，设定度量衡等的根本依据，而六律用于军事兵法更受重视，因为六律与人心、情性有关，也就与用兵相关。故《律书》前半部分说明古今帝王用兵的得失。国家不能没有兵力，也不能没有道德教化，要使国家兴盛，要以道德教化为主，而以军事实力为辅，二者需结合起来运用。后半部分讲律历，日月五星、二十八星宿的生气，属自然造化，对万物的成熟有作用。当然，这跟八方、阴阳等都有关系。总之，一切皆依循天地的法度而来。

《历书》说明历法，历就是推算年、月、日和节气的方法。从黄帝开始，考察星象，订定历法，建立五行理论，发明阴阳消长的道理。垚时推明时令，匡正历度，使得阴阳谐和，风调雨顺。历法是帝王极重视的法度。每当帝王秉受天命，改朝换代，统有天下，必改定正月，推算历法的起始，以顺应天命。中国古代社会经济以农业为主，历法的阴阳变化、气象物候、二十四节气等与农业生产的关系密切。中国古代历法特别重视星宿的运行，古人认为日月星辰运行的星象，与国家、人事的吉凶祸福有关，观天象可以知天意，上天出现灾异现象是对人进行的谴责和警告；如果政通人和，上天就给予祥瑞现象加以鼓励。此即所谓“天人感应”。

《天官书》是古人观察天象，把天分为五大区域，称为五宫，又把相邻或相近的星组合命名，而做专门的探究，各星象的变化都与治理天下相关，例如：斗魁下方六星成为三组，称为“三能”，三能颜色一致，表示君臣谐和，反之就是君臣将相有冲突。所以史官研究天数，观察星象、云气，对国家、帝王很重要。在《天官书》的最后，有司马迁对星象、占卜提出的个人见解，并说明要完备天官这门学问的条件。

《封禅书》是记载古代帝王举行封禅大典的情况。实际上因诸多原因，真正行封禅祭典的帝王很少。《左传》说：“国之大事，在祀与戎。”祭祀是国家很重要的大事情。帝王举行封禅大典，祭天祭地，祈求天地的福佑，向天地表示感谢，向天地禀告自己的政绩。也通过祭天祭地和祭祀祖先，向全国臣民宣示，自己的地位是来自“天命”，自己的统治具有“合法性”。古来史学家多认为司马迁对汉武帝封禅大典的安排，文中颇多微词。

《河渠书》非常有系统地记录了大禹治水以来的水利史。水能为害，也能为利，对于民生有极大的影响。大禹治水，平息水患，九州百姓因而可以生活安定，此功绩一直延到三代，百姓皆得渠水灌溉之利益。秦国也因郑国渠的开凿而富强。汉朝更有甚多水患，而需治理河渠，处理水情。在《河渠书》的

“太史公曰”中，司马迁特别提到自己二十岁江淮游历时，南登庐山，看大禹疏导的九江。又看五湖，并且走过淮、泗、济、漯洛各渠，以及其他与水利有关的地方，深感水造成的利与害都很大。

《平准书》论述的是经济问题，司马迁从史学家的角度，把经济提高到关乎国家治乱的高度来看待，也可说属于经济学的内容。清代学者吴齐贤（见思）说得对，平准是汉朝的经济法度，平准令是汉朝的官吏，故《平准书》只叙汉朝的经济制度与状态。《平准书》通篇以铸钱为主，间写经济活动中的人马、商贾、卖爵、吏治、风俗、刑罚等。所立均输、平准法，立意很好，但执行时不见其利，只见其弊，这与吏治好坏有非常大的关系。以后期经济制度来说，《平准书》所言，即货币的发行、士农工商的运作、贸易交易的方法、交易技巧以及防止弊端的发生等。因为汉武帝连年征战，耗费了大量的财力，因此大量的财务运作只能倚赖酷吏，酷吏重用刑罚，致使民怨四起。于是司马迁在末段叙述自古以来，经济与政治、军事、法律、道德等相互依赖和影响，其中深具批评之意，寄寓之辞深微而可观。

（六）世家记载诸侯的传承

《史记》体例的第四个种类是世家，共有三十篇。简单说，世家就是叙述诸侯王的年代、世袭以及兴亡的全部事迹。“世”的意思是世袭，“家”指其家族。世家就是“世禄之家”，因做官而被天子封赏土地，这些土地上的收入就成为做官者的俸禄、经济来源；受封为诸侯王的，若不出变故，一般会子孙代代传承，即世袭爵位，享受这些土地出产之禄。

世家跟本纪写法的不同，只在于本纪所记是统治天下的帝王，世家记的是统治某一个地区的诸侯王。三十篇世家中，写汉朝以前的诸侯国的有十六篇，《孔子世家》和《陈涉世家》是两篇变例；写汉代的，则是宗室有八篇、外戚有一篇、封侯有两篇、相国有三篇。孔子、陈涉都不是诸侯王，写他们看起来不符合世家的体例规则，但是这正是司马迁别有用意之处。有人认为世家这一体例是司马迁新创的，也有人不认同。世家叙述诸侯王的事情，但在后来的朝代里没有分封诸侯以后，后来的史书自然也就不存在世家体例，像《晋书》里有记载地方政权的称之为“载记”，很类似于世家，却又不完全相同。

（七）列传故事很精彩

列传是《史记》体例的第五个类别，有七十篇，包括《太史公自序》以及之外的六十九篇，主要是记述贤德者，或者才能特殊者，或者对国家社会有功绩的人，为他们的言行事迹作传，以及叙述边疆列国的情况。列传的“列”可以解释作序列，“传”可以解释为流传，流传于后世，也有人解释为传记，总体来说，这个“传”字也就是记述之后加以流传。这个体例首创于司马迁，这是没有问题的。

列传是个人传记的写法，在《史记》里分为四类：本传、合传、附传、类传。本传也可以称之为“单传”“专传”，指专门记一个人的事迹，《史记》中一共有三十篇。合传就是当两个或者两个以上的人，他们的行为相似，或事迹相随，互有牵连，合起来写成一个传，《史记》中有二十七篇。附传是附带附加的传，在以某个人为主的传记中，跟这个人相关，而又不需要为其作专传的情况下，附带记录的一个简单的传记。类传的“类”是种类，把形式上、事迹上相类或者性质相同的一些人联合起来作传，说明他们的成就、事迹等，类传也有人称之为“杂传”，《史记》一共有十一篇。

列传可能是很多读者最感兴趣的部分，除了记述个人事迹，跟本纪、世家往往也有关联。列传的传主是朝臣时，跟那个朝代的帝王或诸侯王，当然有密切关系，所以读列传往往需要和本纪、世家合起来读，才能够对传主了解得更完善。

四、《史记》的变例

（一）再说变例

体例既然是全书的组织架构，也就是司马迁的写作原则，前面已经简单讲过《史记》的变例，指的是表面上看起来似乎不是那么符合其写作原则的部分。这部分很显然司马迁是有意而为，目的在于表达其某种独特的见解，而这正是《史记》最可贵的部分，也是《史记》之不同于其他史书的地方。

在《史记》之后，从班固的《汉书》开始，多坚守体例的原则，每个体例里没有变例的存在，而这个修正被后来写史的人视为一种规范。体例整齐划一，的确可以减少体例纷乱的状况，可是话说回来，也就缺少了史家的个人见解，所以也可以说是一种遗憾。因此，如果以体例不够整齐划一而来挑剔司马迁的《史记》，是不妥的。不能说司马迁的变例是种缺失。

（二）本纪中的变例

《史记》本纪的变例先说《项羽本纪》。

项羽没有真正统一天下或长期称帝，本来没有资格进本纪，可是司马迁又这么做了，究竟是什么用意用心？其实最主要的目的就是反映历史的真相，即从灭亡秦朝到楚汉相争这一段时间里，项羽实际上是统治过天下的，这个事实不容抹杀，所以，司马迁在《项羽本纪》里说：“将五诸侯灭秦，分裂天下而封王侯，政由羽出，号为‘霸王’位虽不终，近古以来未尝有也。”项羽带头推翻秦朝之后，自称西楚霸王，分封天下，政治号令实际上是项羽发出，虽然没有称帝，但也是近古以来所没有的事情。对这个历史事实，司马迁认为不能否定，也不能抹杀。

对于灭秦的功劳，司马迁很重视项羽的功劳，认为不能将其全算到刘邦头上。为什么这么说呢？项羽对抗秦军极其勇猛，“身七十余战，所当者破，所击者服，未尝败北”，取得过许多胜利。其中最重要的是巨鹿之战，这是反秦起义军跟秦国主力军之间的一场决定性战役。巨鹿之战中，项羽所部英勇作战，致使秦国大将章邯率军投降，秦国军力大伤，可以说，巨鹿之战决定了秦朝亡国命运。虽然当初楚怀王约定先攻入秦朝咸阳城者在关中称王，但是，若没有项羽巨鹿之战的胜利，刘邦就不可能率兵先入咸阳，推翻秦朝。刘邦在项羽之先入关进咸阳，后来就发生了“鸿门宴”那段故事。司马迁不愿意扭曲历史真相，抹杀项羽功劳，所以，依然把项羽归入本纪。

司马迁这样做，知道与全书的体例不合吗？他当然是知道的，所以特在题目上有所表明。本纪各篇题目都是以帝号相称而不是姓名，例如《秦始皇本纪》《高祖本纪》，独有《项羽本纪》是直称姓名，而不叫《西楚霸王本纪》，这足以证明司马迁非常清楚项羽非帝王，虽入本纪，但是在名称上做了区分。可见司马迁的安排，极其细致且有其用意，而不是死守规则或乱了规则。

（三）班固不如司马迁

再看《高祖本纪》之后的《吕太后本纪》。照理说帝王入本纪，王后不入本纪，司马迁为什么将吕后放进本纪却没有给继位的汉惠帝写本纪，而是与吕后合在一起写？司马迁这样做也是为了反映历史真相，所谓“政之所由出”，也就是这一段时间里的政治是谁在发号施令，政权真正掌握在谁的手里，以这个来做判断依据。汉惠帝在位的这段时间，权力全在他的母亲吕后手里，天下掌握在吕家而不在皇帝刘家手中。这个时候吕后夺权而没有篡位。司马迁所呈现的是这样的历史事实。

班固的《汉书》，凡是汉朝武帝之前这段历史，都大量引用《史记》原文，很多完全一致，有的地方也只是做些增删而已，但《汉书》也改变了一些记录，例如《史记·吕太后本纪》记载吕后残忍处置戚夫人的事情，吕后断了戚夫人的手脚，把她当彘一样对待，又挖掉她的双眼，使她的耳朵失聪，割去她的舌头，丢在茅坑里让她自生自灭。《汉书·高后纪》将这段全删了，把这部分放在了《外戚传》中，这和司马迁的历史观是有区别的。至于《史记》所写到的吕后的为人刚毅，辅佐高祖定天下，杀了很多大臣，这些关键性的事情，《汉书·高后纪》也删除，但是司马迁则如实记载，司马迁的《史记》的确是反映了历史的真相，真正呈现了拥有最高权力的吕后的所作所为，不隐恶，不扬善，有史家风骨。

《汉书·高后纪》称“高后”，意思是汉高祖的皇后，代表天下还在刘氏手里；《史记·吕太后本纪》称“吕后”而不称“高后”，代表的是权力在吕氏手里。两者相较，司马迁更为中正清明。后代把所有皇太后都列入本纪，成了东施效颦。

（四）孔子的伟大和陈涉的功劳

唐朝的刘知几对司马迁《史记》把“韩、赵、魏三家分晋”的三家，以及田陈最后篡齐国，都放在世家中有所批评。因为诸侯国不同于三家分晋的卿大夫所建立之国，所以严格讲是不符合规则的。的确，韩、赵、魏三家原来是晋国的卿大夫，田完也是齐国的卿大夫，不是分封的诸侯，不该入世家。可是，三家分晋以后，韩、赵、魏变成了诸侯国，田陈篡齐之后也是诸侯国，因此，在规则上也没有完全冲突的地方。

但《孔子世家》呢？孔子既不是诸侯，也没有世袭，这是事实。司马迁不但把孔子放入世家，而且着墨甚多，材料搜集完备，最后“太史公曰”里还说：“天下君王至于贤人众矣，当时则荣，没则已焉。孔子布衣，传十余世，学者宗之。自天子王侯，中国言六艺者折中于夫子，可谓至圣矣！”这段话说很重要，由此了解司马迁是因尊圣人而将其入世家。

司马迁把老子、庄子、孟子、韩非子等各家，都放在列传，独独孔子在世家，简单地说，孔子虽不是诸侯王，但孔子的学说却是上承文、武、周公以来的道统，之后数代都将其奉为学术中心，而这样的态势，并不是只有几代就结束，而是一直传到今天，还将影响未来。一介布衣孔子，其思想学问由弟子和无数的思想家、学问家代代相传；如果说，王侯世袭所传的是爵位，那孔子世代所传的是思想学说。影响的不仅是国家的文化、思想，更深入至社会民间。

孔子的思想学说非常精微，是尧、舜、禹、夏、商、周以来历代大道、思想与精神的集大成，我们称其为“道统”，这个道统由孔子来继承。孔子的学术地位，当然不能等同于其他诸子，孔子不是单纯的一家思想而已，而是中国整个道统的发扬光大者和确立者。所以，司马迁特别推崇孔子。司马迁是西汉人，非常了不起的是，早在那个时代，他已经看出孔子的思想道统将会继续传承到未来的千秋万代。所以，他以史家的远见卓识，为了凸显孔子的伟大成就和特殊地位，特意把孔子放在世家里。就是因为《史记》将孔子列为世家，孔子“素王”的地位也就可以得到彰显。所谓“素王”，指具有帝王之德而未居帝王之位者，对人世影响存在不朽的永远力量，故称为“素王”。

当然，把孔子放在世家毕竟是变例，所以，司马迁不依照孔子的生卒时代依序摆放，而是把《孔子世家》摆在春秋战国各个诸侯国的最后，排在世家第十七篇，这也为了表明《孔子世家》是特殊情况。

宋朝王安石曾经说：“其（《史记》）列孔子为世家，奚其进退无所据耶？孔子，旅人也，栖栖衰季之世，无尺土之柄，此列之以传宜矣，曷为世家哉？”说《史记》把孔子放在世家是进退失据，孔子在那时不过是个东奔西跑也没有当官掌权的人，放在列传里就可以，何必放在世家呢？司马迁是“自乱其例”。清朝学者王鸣盛《十七史商榷》却认为，王安石的批评，“全不考三代制度时势，不识古人贵贵尚爵之意”，指出王安石没有明白司马迁的用心意义。

陈涉就是陈胜，也放在世家里，在《孔子世家》的后面。陈涉虽自立为陈王，毕竟不是天子分封的诸侯王，司马迁将其放在世家，是表彰陈涉揭竿起义反秦的功劳，没有他与吴广的揭竿而起，很可能就没有后面的楚项羽、汉刘邦等的兴起，也就没有最后刘邦统一天下。陈涉起义及作战的时间有限，没有项羽、刘邦等的功绩大，所以，项羽入本纪，陈涉入世家。题目上也是直接称陈涉的名字，而不像诸侯是用爵位来称谓，以此来显现在体例上改变的用意。

（五）司马迁对王侯的褒贬

刘知几《史通》提出汉初功臣，比如萧何、曹参（shēn）、张良、陈平等这些人，虽然被封为“列侯”，可是列侯跟古代诸侯的性质不一样，所以不可等同于古代诸侯而进入世家。古代诸侯是被封土地后，在那个区域就是一个国家，他是一国之王，拥有很大的自主权、统治权，有相当重要的地位，是朝廷的屏障。列侯是受制于中央朝廷的，虽然有封地，也可以自己收取封地的税收，但没有军事权等，列侯国里的“相”也是朝廷派任。尽管都是封侯，侯的性质却差别很大，所以应该做个区分，刘知几这个说法是有道理的。

不过，司马迁之所以特别把萧何、曹参、张良、陈平、周勃等这些人放到世家，显然是表彰这些开国功臣，他们辅佐汉高祖打天下、王天下，立下了很大的功劳。何况列侯的子孙除非有重大过失而被取消继承权，否则皆可世袭爵位，因此改入世家。至于汉朝宗室被封为诸侯王，如果他或子孙犯过大罪，司马迁也不把他放入世家，像吴王、淮南王、衡山王等即是。司马迁这样的一种安排，完全是行使《春秋》褒贬大义，对有功者褒扬，对叛国者贬抑。

《史记》中还有很多现象，很多人也当变例来看待，但是不像前面所提到的这些变例那么典型，在此不赘述。

五、《史记》的宗旨

（一）人事与天道的相合

现在换个话题，谈《史记》的写作宗旨：“究天人之际，通古今之变，成一家之言。”

第一句“究天人之际”：“究”是穷究的意思；“际”不是边

际、边界，而是合、相合的意思，取此意思的不只《史记》，《易经》坎卦："刚柔济也"，指刚柔相合；《淮南子》："与道为际"，指和道相合，《史记》此句是说天道与人世的道理相合。至于"天人"的解释，若要从先秦诸子各家谈道的立场一一去解说，非常繁复深奥，所以，此处就深入浅出地简单说一说"天人"。

"天"，指天道，也就是万物生成的道理，或者说万物生成的原理原则，也可以直接称为"道"，或者称作"自然之道"，或者简称"自然"。这个道是什么呢？例如说"太极生两仪，两仪生四相，而后有万物"，也就是太极之中的混沌，没有形状，没有气味，无法碰触，无法具体指称，但它实际是万物生成的原理原则，它是存在的，这就是道。也可以用老子的说法："一生二，二生三，三生万物"，二指的是阴阳二气，二生三指的是阴阳和合之后就创生万物，这也是指那个道。而万物中的各物，有各自生成的道理。"道的理"存在于人、事、物里，道的理是靠着人、事、物的显现而表现出那个理的所以然，换言之，人、事、物就是那个道的理表现出来的现象，让你观察得到。因此，我们说道生成万物，道的理存在于万物中，万物是靠道的原理原则而得以生成，万物是那个理所表现出来的现象。

再回头想，那个道、理，跟人、事、物必然相合，这叫作"天人之际"；一旦不相合，也就是人、事、物违背、违逆天道天理，产生的现象就是不符合于道的原理原则，这时自然就会呈现灾害祸患的现象。司马迁写这部史书，记录历史的人事，但是，他更要借助记述人事的过程，让读者能够通透理解人、事、物中的道理，这才是读史者更需要明白的部分。读史书不是看历史故事，更是要弄明白、懂得事件里的深刻道理。

（二）古今变化的道理何在

第二句“通古今之变”：司马迁强调历史中“变”的律则、意义。时间一直在古往今来中流行，人、事、物也在时间中不断变化着，这个变化有什么样的规律性或非规律性呢？这是司马迁就着历史事件所要说明的部分。透过时间的长河，历史的运行，你会发现，“物盛而衰”这种现象不是偶然、单一地发生，而是必然、全面地发生着的，这就成了一种变化的规则性。变化不是突然生出，古代创生出来的那些叫作“根本”，守着根本，顺着时间，而后会有盛衰变化，变化是由本而来的。所以，解读历史事件的时候，一般仅注重变的部分是不对的，更应该强调那个根本的部分，没有根本何来变化？

司马迁告诉大家，从解读历史里发现根本的重要性，没有根本的变化，就像无根的树木，是开不出花结不了果的。我们常常强调新创，强调符合时宜，但绝不能凭空变化，要抓住根本。司马迁记录历史、解读历史，展现出来的是效法古代而又不拘泥于古法，效法古代是求其本，不拘泥于古法就是变。司马迁强调要重视“本立而道生”的道理，所以《史记》里非常肯定尧舜的禅让，将其视为一种政治典范，时代变迁后，出现夏、商、周三代的仁政，这个变是守着禅让制度以民为贵的根本而变化出仁爱天下的政治，司马迁依然给予褒扬。

及至于周天子礼乐教化式微，春秋战国时，失去了原来的仁政，而有君不君，臣不臣，不合礼法，不合天理的现象，孔子就述《春秋》，以微言大义来规范诸侯治国的政治乱象。等到秦统一天下，用严刑峻法苛刻对待天下苍生，行使“霸政”，自然符合“暴政必亡”的规律，这是本不立而道不生的现象。以下各朝更替，政治制度、理念、环境也必然有所变化。总起来说，历史充满变化，变化是必然而不是偶然，而变化不能不依循根本之道，如果研究者仅看表象就会显得苍白浅陋，必须像司马迁这样通古今之变才有意义

天道有盈虚消长，你看四季、天象、阴阳等各方面，盈满以后又会虚，消了以后又会长，起起伏伏。人生的祸福穷通、人事的兴衰成败，莫不如此，这就是天理。把这个天理放到人事中去看，随着时空变化，历史充满着兴衰成败、盈虚消长，都是变化，没有永恒；但变化有一个最根本的依据，那就是天道。因此，我们不过是历史中的过客，如草芥一般，又何须执着于人生必有的兴衰成败、盈虚消长的表象呢？只要依循天理，端正行为，不昧于天道，不损于良知良能，也就无愧一生。

（三）司马迁的思想成就

第三句“成一家之言”：“一家”指《史记》的作者自己；“言”是通过言论表现的思想、观点或看法。司马迁著《史记》，不只是要记录讲述历史事实，而且要对历史上的人、事、家、国、天下的兴衰成败等发表自己的看法，要表达出自己的独特的思想。

“成一家之言”的重点不是讲故事。历史上的真实人、事就是那样，已经发生，既成事实，也都过去了，只要不歪曲事实，谁讲都一样。但司马迁可以成为“一家”的“言”，是在于司马迁对待历史、记录历史、研究历史、写作《史记》的宗旨，是“究天人之际，通古今之变”而成就“一家之言”，在此基础上的“一家之言”才有特殊的地位与意义。

《史记》的写作宗旨归纳总结，就是以历史中个别的人、事、物，以及历史中国家政治的成败兴衰，印证天道的盈虚消长，而穷究天理人事相合的道理；同时，又条贯古今历史事实，了然其中演进的原则，而贯通古今变化的道理，由此来显现《史记》这部伟大史书的重要意义。如此这般写下历史上的人、事、家、国、天下的兴衰成败，表达出自己独特的看法与思想，完成自己的史书。

六、班固评《史记》

（一）班固来找碴儿了

对《史记》这部经典名著，历来有很多的研究和评点。东汉班固的《汉书》是部断代史，讲西汉历史，为司马迁立传。《汉书·司马迁传》最后的“论赞”，对司马迁与《史记》有诸多赞扬，但是也批评说：“是非颇谬于圣人。论大道，则先黄老而后六经；序游侠，则退处士而进奸雄；述货殖，则崇势力而羞贫贱。此其所弊也。”

这句话的意思是：司马迁写《史记》的是非论断和圣人所说的不一样。在论大道的时候，比较重视黄老学说，比较轻视六经，把黄老的地位摆在前，六经摆在后。《史记·游侠列传》叙述“处士”这种有才德却不在朝为官的人，多不赞扬，却特别推荐逞凶斗狠的奸雄。《史记·货殖列传》是崇尚财富势利，而以贫贱为耻。班固认为这几点都是《史记》的缺失。

那么，班固批评得对吗？

（二）司马迁尊重圣人和处士

班固第一个指责“是非颇谬于圣人。论大道，则先黄老而后六经”，这个完全不尊重事实！首先，司马迁尊敬孔学的最好证明，是把孔子放到世家，老、庄、深、韩等子家都放在列传，这显然是“先六经而后黄老”，因为六经是孔子整理、修订和编辑的，尊敬孔子就是尊敬孔子的思想，推崇孔子的思想就是推崇孔子。

其次，《史记·太史公自序》盛赞六经，说“《易经》显示了天地、阴阳、四时、五行的相互关系，所以长于其中变化的道理，以此见人事的吉凶祸福；《礼》规范订定人伦尊卑关系，故长于用在行为纪律；《尚书》记载上古先王的事迹，所以长于政治制度的流传；《诗经》记载了山川、溪谷、禽兽、草木、雌雄、男女等一切人情世故，所以长于讽谏教化；《乐》是音乐所以成立的根据，所以长于陶冶、调和性情，改善风土人心；《春秋》明辨是非，褒贬贤与不肖，所以长于治理百姓，通达政事”。这都是尊重六经，推重圣王、圣贤的表现。司马迁从来没有说过以道家为贵，对父亲司马谈的《论六家要旨》，也只是把全文记录于《史记》而已，至于《论六家要旨》里面推崇道家思想，那是司马谈的思想。

班固第二个指责“序游侠，则退处士而进奸雄”，先说游侠的由来。战国时期，各诸侯王多喜好养食客，其中就有所谓的游侠，于是造就出一些地方上的奸雄势力，后来的朝廷，对游侠大多严加镇压。《史记·游侠列传》一开始就借韩非之言说：“儒以文乱法，而侠以武犯禁”，显然司马迁对游侠依靠武力犯禁违法是很清楚的。司马迁还说“今游侠，其行虽不轨于正义”，也批评有些游侠依靠武力做不符合正义的事情。但他为什么还要写游侠列传呢？

清朝学者梁玉绳指出，司马迁写游侠传，“盖见汉初公卿以武力致贵，儒术未重，举世任侠干禁，叹时政之缺失”，绝非“退处士而进奸雄”。梁玉绳认为，司马迁看到汉朝开国的很多权贵，都是跟着汉高祖打天下，靠武力立功而显贵起来；当时的儒家学术和儒家读书人却并未受到重视，世上流行靠游侠违法的私下打杀来快意恩仇，这也是感慨当时政治的缺失。而这些儒家学术的读书人也没有受到重视，因此这是当时朝政上的缺失。司马迁对此缺失很是感慨，因此他特别举出讲道义、救乡里人民的游侠，为他们立传，说明这些游侠其实比为非作歹的官员还要好，也就是说，这些人起码比伪君子更值得赞扬。

司马迁不是推举所有的游侠，他为之作传的几个游侠，是讲信用、道义的，喜欢打抱不平，没有矜夸自大、仗势欺人，更没有打家劫舍、强横施暴、为非作歹。司马迁并没有看轻有德有才但身处贫贱的处士，他对于坚守道义、不同流合污而导致处境穷困的儒者是抱有极大的同情的，但对于那些所谓学业有成却使用手段做官，利用权势欺压百姓的人是轻视的。因此，因为为几个有道义的游侠作传，就判定其为“退处士而进奸雄”，未免失之于偏颇。

（三）司马迁重视发展经济

班固第三个指责“述货殖，则崇势力而羞贫贱”，是这样吗？其实，《货殖列传》要与八书中的《平准书》合并来读。司马迁写的是他所建构的新经济思维，即如何发展国家经济，让百姓富足，以及如何解决民生问题等。用这个经济思想，讽谏汉武帝在经济措施上的过失。

《史记·货殖列传》讨论的是士农工商四民之中，商被压抑在最后的问题。司马迁主张，士农工商四民应该平等对待；一个国家的经济政策，应该是让百姓富足，而不是去压抑致富，而这肯定不是对贫贱感到羞耻；经济要做合理的发展，国家就应该实行自由经济，以供需平衡为原则，使得经济发达，民富国强。汉武帝时，学术讲求“独尊儒术”，经济政策上却倾向用法家的方式，主张充实国库，干预市场，很多产业由政府专营，而这些都是司马迁所反对的。司马迁非常赞成儒家主张的“藏富于民”，就是富足要体现在民生方面，民富国家才会强大，反对与民争利，及对百姓征收重税。

当然，《货殖列传》也明确表示，治国不能只靠经济贸易以致富，富起来绝不是国家强盛的唯一标准，真正的国家治理还在于从根本着手，就是教化民心，使社会风俗淳厚。因为，人的欲望无穷，一个富裕有钱的社会，不一定就是一个讲求礼仪的安定社会。所以，富庶之余，仍然需要道德教化来节制人的欲望。反之，贫困也不表示人就没有欲望，贫困的社会常出现偷盗抢夺的情况，造成社会的动荡不安。抑制商人并不意味着社会就自然清明，百姓求富足也不表示一定陷于不义，从人性的角度上讲，求富足并不可耻；民生匮乏却是社会不安的因素。总之，民生问题是国政之本，重视民生，提振经济，使国家富裕，这是治国必有的政策，没必要避而不谈，因此他就写了《货殖列传》。

《货殖列传》不是“崇势力而羞贫贱”，相反的，是要去除贫贱，让国富民安。清朝学者牛运震指出，司马迁在《货殖列传》中，有时用庄重之辞，有时特意用戏谑或诡激的言论，细察其旨意，都不谬于圣人。班固因司马迁提倡商业贸易，求民生富足，就说司马迁崇尚财富而羞于贫贱，有失公允，没有理解司马迁的真实用意。班固批评之所以错了，原因在于他没有深入理解儒家思想中的民富为本、不与民争利等经济思想的重要。

毓老师作品系列

毓老师说论语（修订版）	爱新觉罗 · 毓鋆讲述
毓老师说中庸	爱新觉罗 · 毓鋆讲述
毓老师说庄子	爱新觉罗 · 毓鋆讲述
毓老师说大学	爱新觉罗 · 毓鋆讲述
毓老师说老子	爱新觉罗 · 毓鋆讲述
毓老师说易经（全三卷）	爱新觉罗 · 毓鋆讲述
毓老师说（礼元录）	爱新觉罗 · 毓鋆讲述
毓老师说吴起太公兵法	爱新觉罗 · 毓鋆讲述
毓老师说公羊	爱新觉罗 · 毓鋆讲述
毓老师说春秋繁露（上下册）	爱新觉罗 · 毓鋆讲述
毓老师说管子	爱新觉罗 · 毓鋆讲述
毓老师说孙子兵法（修订版）	爱新觉罗 · 毓鋆讲述
毓老师说易传（修订版）	爱新觉罗 · 毓鋆讲述
毓老师说人物志（修订版）	爱新觉罗 · 毓鋆讲述
毓老师说孟子	爱新觉罗 · 毓鋆讲述
毓老师说诗书礼	爱新觉罗 · 毓鋆讲述

刘君祖作品系列

易经与现代生活	刘君祖
易经说什么	刘君祖
易经密码全译全解（全 9 辑）	刘君祖
易断全书（上下）	刘君祖
刘君祖经典讲堂（全十卷）	刘君祖
人物志详解	刘君祖

春秋繁露详解	刘君祖
孙子兵法新解	刘君祖
鬼谷子新解	刘君祖

吴怡作品系列

中国哲学史话	张起钧　吴　怡
禅与老庄	吴　怡
逍遥的庄子	吴　怡
易经应该这样用	吴　怡
易经新说——我在美国讲易经	吴　怡
老子新说——我在美国讲老子	吴　怡
庄子新说——我在美国讲庄子	吴　怡
中国哲学关键词 50 讲（汉英对照）	吴　怡
哲学与人生	吴　怡
禅与人生	吴　怡
整体生命心理学	吴　怡
碧岩录详解	吴　怡
系辞传详解	吴　怡
坛经详解	吴　怡
写给大家的中国哲学史	吴　怡
周易本义全译全解	吴　怡

高怀民作品系列

易经哲学精讲	高怀民
伟大的孕育：易经哲学精讲续篇	高怀民
智慧之巅：先秦哲学与希腊哲学	高怀民
易学史（三卷）	高怀民

辛意云作品系列

论语辛说	辛意云
老子辛说	辛意云
国学十六讲	辛意云
美学二十讲	辛意云

其他

易经与中医学	黄绍祖
论语故事	（日）下村湖人
汉字细说	林　藜
新细说黄帝内经	徐芹庭
易经与管理	陈明德
周易话解	刘思白
汉字从头说起	吴宏一
道德经画说	张　爽
史记的读法	阮芝生
论语新读法	崔正山
数位易经（上下）	陈文德
从心读资治通鉴	张　元
公羊春秋的伦理思维与特质	林义正
《周易》《春秋》的诠释原理与应用	林义正
易经经传全义全解（上下册）	徐芹庭
周易程传全译全解	黄忠天
牟宗三演讲集（10册）	牟宗三
易经之钥	陈炳文
唐诗之巅	朱　琦

人与经典文库（陆续出版）

左传（已出）	张高评	论　语	林义正
史记（已出）	王令樾	墨　子	辛意云
大学（已出）	爱新觉罗·毓鋆	近思录	高柏园
中庸（已出）	爱新觉罗·毓鋆	管　子	王俊彦
老子（已出）	吴　怡	传习录	杨祖汉
庄子（已出）	吴　怡	尔　雅	卢国屏
易经系辞传（已出）	吴　怡	孟　子	袁保新
韩非子（已出）	高柏园	荀　子	周德良
说文解字（已出）	吴宏一	孝　经	庄　兵
诗经	王令樾	淮南子	陈德和
六祖坛经	吴　怡	唐　诗	吕正惠
碧岩录	吴　怡	古文观止	王基伦

四库全书	陈仕华	说　苑	殷善培
颜氏家训	周彦文	闲情偶寄	黄培青
聊斋志异	黄丽卿	围炉夜话	霍晋明
汉　书	宋淑萍	元人散曲	林淑贞
红楼梦	叶思芬	戏曲故事	郑柏彦
鬼谷子	刘君祖	楚　辞	吴旻旻
孙子兵法	刘君祖	水浒传	林保淳
人物志	刘君祖	盐铁论	林聪舜
春秋繁露	刘君祖	抱朴子	郑志明
孔子家语	崔锁江	列　子	萧振邦
明儒学案	周志文	吕氏春秋	赵中伟
黄帝内经	林文钦	尚　书	蒋秋华
指月录	黄连忠	礼　记	林素玟
宋词三百首	侯雅文	了凡四训	李懿纯
西游记	李志宏	高僧传	李幸玲
世说新语	尤雅姿	山海经	鹿忆鹿
老残游记	李瑞腾	东坡志林	曹淑娟
文心雕龙	陈秀美	……	